L'ÉPURATION
1944-1949

PIERRE-DENIS BOUDRIOT

L'ÉPURATION
1944-1949

GRANCHER
EDITIONS

ISBN : 978-2-7339-1123-5
ISSN : 0298-8909

Collection : « Témoignages pour l'histoire »

Collection dirigée par Ph. Grancher
98, rue de Vaugirard, 75006 Paris
Tél. : 01 42 22 64 80 – Fax : 01 45 48 25 03
www.grancher.com – pg@grancher.com

Avant-propos

Visages tuméfiés d'hommes hagards encadrés par des gendarmes et exhibés aux photographes, condamnés s'affaissant sous la salve du peloton d'exécution, femmes tondues sous les sarcasmes de la foule hilare…

Longtemps l'épuration s'est résumée à ces quelques clichés qui marquent encore la mémoire collective française.

Ces photos paraissent notamment dans *Historia* vers la fin des années 1960 au moment où l'épuration, menée en France à partir de l'été 1944, devient sujet d'histoire, au plan national, avec la somme que lui consacre Robert Aron [1]. Dans le sillage de cet ouvrage pionnier, Henri Amouroux livre, entre 1980 et 1993, sa vaste fresque historique de « la vie des Français pendant la guerre » dont le XIe et avant dernier volume s'intitule très explicitement « Les règlements de compte » [2]. Les enquêtes fondées essentiellement sur l'exploitation des archives départementales, des ministères de l'Intérieur et de la Justice ainsi que sur le traitement des statistiques officielles contribuent par la suite à préciser la réalité de l'épuration. Ces recherches conduisent aussi à en

1. Robert Aron, *Histoire de l'épuration*, Paris, Fayard, « Les grandes études contemporaines », 1967-1975, quatre volumes in-8°.

2. Henri Amouroux, *La grande histoire des Français après l'occupation*, « Les règlements de compte. La page n'est pas encore tournée », septembre 1944-octobre 1945, Robert Laffont, 1999.

pondérer sensiblement le bilan, brandon de discorde par excellence entre les tenants d'une répression *in fine* relativement modérée et ceux arc-boutés à des évaluations considérablement majorées par les exécutions, difficilement dénombrables, perpétrées durant l'épuration dite « sauvage ». Celle-ci est le sujet central du livre de Philippe Bourdrel paru en deux tomes en 1988 et 1991[3].

Durant la décennie 1990, l'étude des premiers mois de l'épuration s'enrichit de travaux novateurs et fructueux portant sur certains de ses aspects jusqu'alors refoulés ou éludés tels que la tonte des femmes[4].

Le champ de nos connaissances, toujours plus approfondies, de ces années de proscription s'est élargi, en 2006, aux notabilités de Vichy emprisonnées à Fresnes[5]. Bien qu'il s'agisse d'une étude de l'élite du défunt régime, l'attention est enfin portée à l'épuré lui-même, notamment à sa psychologie et dans une certaine mesure à son cadre carcéral.

En cela l'ouvrage de Bénédicte Vergez-Chaignon sur la détention des responsables vichyssois à Fresnes amende sensiblement le constat d'inexistence de l'épuré que dressait en 1999 Robert Belot en présentant le *Dialogue de « vaincus »* que Pierre-Antoine Cousteau et Lucien Rebatet[6] entretinrent durant leurs années de centrale à Clairvaux. Les

3. Philippe Bourdrel, *L'Épuration sauvage*, tome 2, « 1944-1945 », Perrin, 1991.

4. Alain Brossat, *Les Tondues, un carnaval moche*, Éditions Manya, 1992.

5. Bénédicte Vergez-Chaignon, *Vichy en prison, Les épurés à Fresnes après la Libération*, Gallimard, 2006.

6. Pierre-Antoine Cousteau et Lucien Rebatet, *Dialogue de « vaincus »*, Paris, Berg international, 1999.

« vaincus, déclarait-il, ont été ignorés, néantisés par la mythologie "résistantialiste" triomphante de la Libération. »[7]

Le déni est d'autant plus saisissant qu'il intéresse directement, au plan judiciaire, et à ne considérer que les épurés frappés d'une peine privative de liberté, plus de cinquante mille hommes et femmes.

« Que pensent-ils d'eux-mêmes ? Comment perçoivent-ils leur engagement passé et sa sanction ? qui les frappe ? Quel avenir s'imaginent-ils, comment regardent-ils le monde qui semble se faire sans eux ? »[8] s'interrogeait Robert Belot à propos des vaincus de la Libération.

Retranché de la communauté nationale, privé hier encore d'histoire, l'épuré est donc depuis peu reconnu comme tel, pourvu d'un statut, doué d'une personnalité, d'une vie affective...

L'absence de ce protagoniste de l'époque nous apparut avec d'autant plus d'évidence que les épurés, eux-mêmes, s'étaient exprimés très tôt à travers leurs témoignages, journaux, mémoires et correspondances. Plaidoyers *pro domo* ou charges contre le nouveau régime que tous ces écrits ? Qu'importe.

Ces documents, analysés par Bénédicte Vergez-Chaignon, apportent les premières réponses aux interrogations de Robert Belot. Ils permettent aussi, si on leur prête toute l'attention requise, de reconstituer le parcours et le cadre de vie de l'épuré, de son arrestation à sa détention à Fresnes.

7. *Ibid.*, p. 7.

8. *Ibid.*

Ces écrits, comme l'on verra, témoignent aussi de la complexité de l'épuration jusqu'à sa complète et tardive régularisation.
La multiplicité et la diversité des cas passibles d'épuration, l'errance des suspects conduits d'un lieu de détention à un autre, l'intervention de groupes autonomes d'épurateurs agissant en concurrence avec le gouvernement provisoire contribuent en effet à compliquer le processus défini par les autorités légales.

Notre essai de reconstitution du milieu physique et humain de l'épuré arrêté, séquestré, interné administratif puis dûment emprisonné, s'inscrit entre l'été 1944 et 1953. Neuf années au terme desquelles la population carcérale politique va presque totalement se résorber[9]. Le nombre des épurés emprisonnés, il faut le souligner, est en effet rapidement décroissant. Ainsi, un rapport du ministère de l'Intérieur, daté du 28 avril 1945, précise que cent vingt-six mille vingt hommes et femmes ont été internés depuis la Libération. Or, on n'en dénombre plus qu'environ vingt mille au début de 1946. Au premier janvier 1949, ils sont dix mille six cent onze. Enfin, en octobre 1952, lors des débats sur l'amnistie, « il ne restait, du chef de collaboration, que mille deux cent quatre-vingt-quinze hommes et deux cent soixante-quinze femmes détenus. »[10]

9. « L'épuration judiciaire a concerné une centaine de milliers de personnes et elle a signifié avant tout, pour plus de la moitié d'entre elles, un séjour plus ou moins long en prison. » Bénédicte Vergez-Chaignon, *Vichy en prison*, p. 12.

10. Jeannine Verdès-Leroux, *Refus et violences*, Gallimard, 1996, p. 486. « En 1958, la dernière de ces femmes [condamnées pour faits de collaboration] est libérée. » Bénédicte Vergez-Chaignon, *op. cit.*, p. 392. La même année, on ne compte plus que dix-neuf prisonniers. Cette rapide décrois-

On se souviendra qu'après un premier projet d'amnistie, adopté dès 1947, mais d'une portée encore très limitée, trois autres lois d'une amnistie de plus en plus large se succédèrent jusqu'en 1953. Malgré l'hostilité des communistes à celle de 1948, puis des socialistes en 1951, l'épuration trouvera son épilogue officiel avec la « grande » amnistie du 6 août 1953.

La présente étude se fonde essentiellement sur une sélection de quelque cent ouvrages relatifs à l'épuration en France. S'insérant dans cet ensemble, trente-trois témoignages directs d'épurés constituent notre principale source documentaire. Ils circonscrivent notre aire d'enquête à Paris et sa périphérie.

Celle-ci inclut donc le camp de Drancy et la prison de Fresnes mais aussi d'autres lieux de détention moins connus, notamment la caserne de Saint-Denis et le fort de Romainville, au sujet desquels les informations demeurent encore rares.

Ce corpus de trente-trois titres publiés entre 1945 et 2001, s'il peut paraître très restreint rapporté au nombre total d'incarcérés, représente cependant la majeure partie des témoignages concernant Paris et sa région. Il s'enrichit des journaux, textes satiriques et pamphlets qui apportent une contribution de quelque importance à l'étude de la psycho-

sance du nombre d'emprisonnés est soulignée également par Jean-Pierre Rioux : « En décembre 1948, 69 % des condamnés ont été libérés, les cours de justice disparaissent dans l'indifférence générale en janvier 1951. Lors du vote de la loi d'amnistie du 6 août 1953, moins de 1 % des condamnés sont encore détenus. » Jean-Pierre Rioux, *La France de la Quatrième République*, tome 1, « L'ardeur et la nécessité, 1944-1952 », Éditions du Seuil, p. 57.

logie des épurés, comme à celle de leur cadre de vie. À ces écrits s'ajoutent les ouvrages de personnalités issues notamment de la Résistance qui réfutèrent fondamentalement ou partiellement l'épuration, ainsi que certains souvenirs d'épouses, de proches et d'enfants d'épurés.
L'ensemble compose sur un peu plus d'un demi-siècle une littérature hétéroclite et de qualité très inégale qui appelle une présentation bibliographique.

Présentation bibliographique

L'écrivain André Thérive, lui-même détenu huit mois après la Libération et auteur d'un article érudit sur « La Littérature clandestine sous la IVe République » [11], voit en Fernand Payen l'initiateur de cette littérature née à la fin de l'année 1944. Bâtonnier et principal avocat du Maréchal Pétain, Fernand Payen signe un article très apprécié des épurés, intitulé « Vers le grand parti de la Réconciliation » et publié en janvier 1945, dans la *Revue des Questions Actuelles*, fondée un mois plus tôt. Il y dénonce les conditions particulièrement iniques dans lesquelles les suspects ont été arrêtés et condamnés.

Cette littérature de combat a, en fait, pour texte fondateur *L'Enfermé* qu'Alfred Fabre-Luce, écrivain pacifiste [12], achève

11. André Thérive, « La Littérature clandestine sous la IVe République », *Écrits de Paris*, n° 51, janvier 1949, pp. 53 à 69. L'auteur passe en revue les plus éphémères et obscurs opuscules comme les ouvrages promis par leur ton et leur intérêt documentaire à une certaine postérité.
André Thérive (dit Roger Puthoste), 1891-1967. Agrégé des Lettres, auteur de nombreux ouvrages, il signa des articles littéraires dans la presse collaborationniste et dans le *Pariser Zeitung*, dont il dirigeait les pages spectacles. En octobre 1942, il participa, notamment avec Georges Blond, au second voyage des écrivains français à Weimar, en Allemagne.

12. Alfred Fabre-Luce, *L'Enfermé*, s. l., Éditions de Midi, 1945.
L'auteur (1899-1983) se risqua à publier sans autorisation de la censure le

de rédiger en décembre 1944 et publie dès 1945 aux parodiques éditions de Midi.

Dans ce « samizdat » de 48 pages, dactylographiées et agrafées, l'auteur relate ses détentions successives du Dépôt à Fresnes, depuis la Libération. D'une rareté insigne, ce témoignage d'épuré, tiré à mille exemplaires numérotés, est l'un des tout premiers de cette veine. Il convient de mentionner aussi la *Ballade de la geôle de Fresnes*[13], de Louis Truc, recueil de poèmes illustrés de lithographies. Mais cette année 1945 est surtout marquée par la publication clandestine et posthume, en mai, des *Poèmes de Fresnes* de Robert Brasillach[14]. Le recueil de ses vers, pieusement recopiés par maints condamnés, circulera sous le manteau au sein de toute la communauté des détenus politiques, tout particulièrement à Fresnes.

Un an après *L'Enfermé*, Alfred Fabre-Luce récidive, en 1946, avec *Double prison*[15]. Il y compare la prison du Cherche-Midi, où il séjourna quatre mois en 1943, et la geôle des épurateurs.

En 1946 paraît également *Voyage en Absurdie*[16], signé d'un certain Arouet mais dont la paternité, longtemps controver-

tome III de son *Journal de la France* (mai 1942-mai 1943), tome dans lequel il exprimait sa compassion pour les juifs persécutés. Le livre fut saisi et Alfred Fabre-Luce emprisonné plusieurs semaines par les Allemands à la prison du Cherche-Midi au cours de l'été 1943. Dans le tome IV de son *Journal*, Alfred Fabre-Luce critiquait de Gaulle et les exactions des résistants. Il fut à nouveau emprisonné.

13. Louis Truc, *La Ballade de la geôle de Fresnes*, Ateliers Flaguière, 1945, réédition Le Troll, 1964.

14. Robert Brasillach, *Poèmes de Fresnes*, sans nom d'éditeur, Louvain, 1945, 76 pages.

15. Alfred Fabre -Luce, *Double prison*, Imprimeur-éditeur Ika, 1946.

16. Arouet, *Voyage en Absurdie*, Éditions du Soleil, Bruxelles, 1946. L'édi-

sée, revient au dessinateur caricaturiste de presse, Benjamin Guittoneau. Première d'une lignée de libelles [17] du même genre, cette audacieuse et spirituelle satire, dont la couverture porte, en manière de défi, la mention « Chez tous les libraires », raille avec finesse et humour le régime issu de la Libération et l'Épuration. Elle connaîtra un très important tirage [18]. La première édition du *Voyage en Absurdie* est imprimée en Belgique où l'épuration sévit pourtant avec une particulière âpreté. Mais c'est en Suisse que sont édités, en janvier 1946, *Les Animaux malades de la peste* [19]. Georges Batault, l'auteur de ce pamphlet, l'un des tout premiers, place l'épuration dans la perspective des décennies précédentes.

En 1947, sept épurés, dont trois sous pseudonyme et un anonymement, livrent leur témoignage ou dénoncent les

tion « définitive » de 1947 est enrichie d'une « carte des continents » passablement refondue par les vainqueurs.

Arouet, *Voyage en Absurdie*, Les Éditions de la Couronne, Paris, 1947.

17. Deux autre récits également illustrés de dessins, toujours aussi plaisants qu'explicites, du même auteur-dessinateur, suivront : *Vie et aventure du général de la Perche*, puis *La vie de Jocrisse Morèze, fils du peuple et petit-fils du Petit Père des Peuples.* Bien que non datés, ces deux titres sont probablement antérieurs à 1950. Dans la même veine, paraît aussi en 1947 *Francfort-sur-Oise.* Ce roman satirique, signé Zadoc Monteil, mais attribué à André Thérive, brocarde à l'envi l'épuration.

18. Selon Henri Coston (*Partis, journaux et hommes politiques d'hier et d'aujourd'hui*, réédition 1990, p. 181), *Voyage en Absurdie*, ouvrage de très petit format (14,5 cm par 11,5 cm), mais de 212 pages d'un texte très serré, connut deux tirages successifs totalisant deux cent mille exemplaires ! Une telle quantité est d'autant plus impressionnante qu'à la même époque tous les journaux sont durablement touchés par les restrictions de papier et doivent réduire leur format et leur pagination.

19. Georges Batault, *Les Animaux malades de la peste*, Éditions À l'Enseigne du cheval ailé, Genève, 1946.

rigueurs et impostures de l'épuration. La critique se fait alors plus vive et l'expression plus acerbe, à l'exception toutefois d'Alfred Fabre-Luce dont paraît cette année-là *Au nom des Silencieux*[20]. Dans son troisième ouvrage d'après Libération, l'auteur, recul aidant, affine sa réflexion notamment sur l'amnistie, la responsabilité des écrivains et le général de Gaulle, mais sans jamais se départir, dans l'analyse et la critique, de sa coutumière sérénité.

Tout au contraire, c'est du ton du plus profond ressentiment que sont écrits : *Patrie, tu n'es qu'un mot* dû à « X..., bagnard (vingt ans de travaux forcés) »[21] ; ce sous-titre en forme d'épitaphe dit tout l'esprit du texte, et *Le Silence amer* de Pelvoux[22], dont l'éditeur précise que son « auteur a été durement frappé ». Le caractère pamphlétaire du *Silence amer*, allusion explicite à Vercors, est souligné par les

20. Alfred Fabre-Luce, *Au nom des Silencieux*, À l'Enseigne du Cheval ailé, imprimé en Belgique, 1947.

21. Condamné à vingt ans de travaux forcés, l'auteur, anonyme, de *Patrie tu n'es qu'un mot* est encore incarcéré lorsque son livre paraît en 1947.

22. Ces deux plaquettes, à la couverture d'un noir funèbre, sont éditées par Charles de Jonchières, directeur d'une modeste maison d'édition Les Actes des Apôtres, qui connut quelques démêlés financiers avec Louis-Ferdinand Céline. Il avait en effet publié de ce dernier, alors en exil au Danemark, *Foudres et Flèches* en omettant tout règlement. Le nom même de cette maison d'édition ne pouvait manquer de rappeler le récit de la délivrance par un ange de Saint-Pierre incarcéré à Jérusalem. En 1949, elle édite *Ubu justicier au premier procès de Nuremberg* de Gaston-Armand Amaudruz. L'ouvrage paraît sous la même livrée noire de litre que *Patrie, tu n'es qu'un mot* et *Le Silence amer*, mais en quatrième de couverture s'encadre cette apostrophe : « Les Actes des Apôtres combattent seuls, à visage découvert, et sans moyens matériels... Les avez-vous soutenus ? »

quelques mots de son bandeau : « Amnistie ? Ah non... réparation... ».
C'est cette même revendication qui est, en 1947, au cœur de la *Lettre à François Mauriac*[23] que signe, de son nom, Maurice Bardèche, le beau-frère de Robert Brasillach, fusillé deux ans plus tôt. Lui-même détenu à Drancy puis à Fresnes, Maurice Bardèche réclame pour tous les condamnés réparation des excès de l'épuration dont il dénie la légalité.
Une mention toute particulière doit être faite de l'album intitulé *Fresnes* et signé Rio, pseudonyme de Ralph Soupault[24], le plus réputé des dessinateurs de la presse collabo-

23. Maurice Bardèche, *Lettre à François Mauriac*, Éditions du Triolet, La Pensée libre, Paris, 1947.
Le livre se vendra à plus de quatre-vingts mille exemplaires en quelques semaines, améliorant sensiblement la difficile situation matérielle de son auteur. Aucunement impliqué dans quelque activité de collaboration que ce soit, il est cependant interné début septembre 1944 à Drancy, puis écroué à Fresnes. Il est libéré le 19 mars 1945.
Le 6 septembre 1944, son beau-frère, Robert Brasillach écrit : « Le 1er septembre, on a aussi arrêté Maurice dans un café ! C'est absurde, il n'a jamais été mêlé à la politique [...] et puis j'ai bien eu l'impression qu'on l'a arrêté faute de m'arrêter. » Lettre de Robert Brasillach à sa mère, 6 septembre 1944.
Maurice Bardèche aura encore maille à partir avec la justice. Radié de l'Université de Caen, il retournera en prison, à la suite de la parution, en 1948, de son pamphlet *Nüremberg ou la Terre promise* qui sera saisi par le gouvernement.
Maurice Bardèche est fréquemment confondu avec son frère Henri, surnommé Bérine. Celui-ci dirigea, durant l'Occupation, le département français de la Librairie Rive Gauche, place de la Sorbonne. Il fut lui aussi emprisonné à Fresnes avant de purger une peine de cinq ans de travaux forcés à la Centrale de Poissy. Volontaire pour des travaux dans les Pyrénées, il bénéficia d'une remise de peine en 1948 et mourut la même année dans un accident en montagne.

24. Ralph Soupault (1904-1962) était le dessinateur vedette de *Je Suis Partout*, membre du PPF, et réfugié en Allemagne. Il fut arrêté en Italie en mars 1946. Condamné fin janvier 1947 à quinze ans de travaux forcés par la Cour de Justice de la Seine, il quitte Fresnes en novembre 1947 pour la Centrale de Fontevrault. Il sera libéré en novembre 1950. Ses lithographies

rationniste et détenu en 1946 à Fresnes. Véritable reportage, ce recueil de trente-huit lithographies, assortie chacune d'un court texte en regard, est le seul document de cette importance, publié sur ce haut lieu de l'épuration[25].

D'autres ouvrages vitupèrent non moins âprement l'épuration. Ainsi, Sisley Huddleston[26] livre le « témoignage d'un embastillé », le sien, sous le titre de *Terreur 1944* qui paraît aux éditions de la Couronne.
Lourd de ses terrifiantes révélations, *L'Âge de Caïn*[27], sous-titré « premier témoignage sur les dessous de la Libération de Paris », fait également sensation. Ce récit, sans précédent, d'un séquestré d'une prison « privée », puis d'interné administratif à Drancy, est signé d'un certain Jean-Pierre Abel, pseudonyme qu'appelait bien sûr le sous-titre même de l'ouvrage mais dont se masque par évidente précaution

de Fresnes furent sorties clandestinement de la prison et parurent, en 1947, avec les commentaires, aux Éditions de la Couronne, sous le titre : *Fresnes, reportage d'un témoin.*

25. *La Ballade de la geôle de Fresnes*, de Louis Truc, et *Mes catastrophes*, de José Germain, dont le texte est agrémenté de quelques rares dessins, ne sauraient soutenir la comparaison avec ce document majeur et unique en son genre. Antérieurement au reportage de Rio, rares sont les livres sur Fresnes illustrés de dessins ou de peintures. Signalons plus particulièrement de Jean Dugrenot, *Fresnes, Les ordres de Chevalerie*, 1946, in-4°, illustré de vingt-quatre aquarelles de l'auteur sur la vie quotidienne de la prison.

26. Sisley Huddelston (1883-1952), écrivain et journaliste prolixe. Vivant en France depuis la Première Guerre mondiale et marié à une Française, il est naturalisé en 1943. Il sera reçu par le Maréchal Pétain. Emprisonné six mois à la Libération, il est libéré sur intervention du gouvernement anglais.

27. Jean-Pierre Abel, *L'Âge de Caïn, premier témoignage sur les dessous de la Libération de Paris*, Paris, Les Éditions nouvelles, 1947.

René Château. Celui-ci, normalien, ardent pacifiste, député radical-socialiste et franc-maçon, devint en effet l'un des plus proches collaborateurs de Marcel Déat au Rassemblement national populaire.

En revanche, c'est sur le mode humoristique qu'André Thérive vante, sous le pseudonyme de Romain Motier, « citoyen de Genève », les vertus de la dénonciation, dans un opuscule intitulé *Traité de la délation*[28]. Celle-ci est considérée par l'auteur « comme fille aînée de la Démocratie depuis la Révolution française jusqu'à nos jours ».

Néanmoins, la tendance demeure à la critique la plus radicale de l'épuration et à la mise en accusation du nouveau régime.

Paraît ainsi *L'épuration, arme politique*[29]. La couverture de ce premier « cahier de la France libérée » est illustrée d'une schématique mais très suggestive guillotine. Cette brochure est publiée à l'initiative du mouvement « Défense des Libertés Françaises », dont le président, le général François d'Astier de la Vigerie, est compagnon de la Libération.

La cause des épurés gagne de nouveaux défenseurs en la personne d'authentiques résistants[30] et prend une ampleur croissante.

28. Romain Motier, *Traité de la délation*, Imprimerie nouvelle, 1947. On se rappellera à ce sujet le mot de Henri Jeanson : « Les Français ont toujours eu la bosse de la délation ».

29. *L'épuration, arme politique, Cahier de la France libérée, Défense des Libertés françaises*, Les éditions de la nouvelle France, 1947.

30. D'autres résistants notoires animent des organisations ou dirigent des publications au service des épurés. Ainsi, l'hebdomadaire *Paroles françaises*, fondé en 1946, a pour directeur André Mutter, membre du Conseil national de la Résistance. *Paroles françaises* tire en 1947-1948, à plus de cent mille exemplaires. Ce tirage, comme celui, à deux cent mille exem-

Durant la seule année 1948, paraissent pas moins de dix-sept livres, dont douze témoignages d'épurés. Dix ont signé, de leur vrai nom. Un seul ne se fait pas connaître. Il s'agit de l'auteur de *Article 75*[31], ultime ouvrage anonyme de toute cette production relative à l'épuration subie et dont le dernier titre, à ce jour, date de 2001[32].

Les témoignages se multiplient donc en 1948. Leurs auteurs, emprisonnés pour beaucoup quelques mois, ont recouvré la liberté deux ou trois ans auparavant.

Depuis 1947, le pays connaît, au plan politique, une évolution sensible qu'illustre le renvoi, en mai, des ministres communistes du gouvernement Ramadier, mettant fin au tripartisme, puis la victoire retentissante du RPF aux élections municipales d'octobre 1947. La lutte, aux niveaux national et international, contre le péril communiste[33] concomitant de la Guerre froide, se radicalise. Le jugement de l'opinion publique sur la collaboration tend donc à se

plaires du *Voyage en Absurdie*, ou encore à quatre-vingts milles de la *Lettre à François Mauriac*, semble défier les restrictions de papier en vigueur à cette époque. De surcroît, il est peu probable que les éditeurs de pareils textes aient sollicité les autorités gouvernementales pour l'attribution de papier !

31. Anonyme, *Article 75*, Éditions du Portulan, 1948.

32. François Lehideux, *De Renault à Pétain*, Pygmalion, 2001.

33. À cet égard, on se souviendra des grèves insurrectionnelles de novembre-décembre 1947 et du sabotage de plusieurs voies ferrées commis par des communistes. Le déraillement du train d'Arras coûta la vie à vingt voyageurs civils. C'est également à partir de 1947-1948 que commence à prévaloir, dans le camp occidental, une nouvelle vision géopolitique dont rend compte, par exemple, l'ouvrage intitulé *La France devant Attila* paru en 1947 et signé Aétius ; général romain qui défia Attila, en 451, aux champs catalauniques, près de Troyes. Le bandeau du livre interroge gravement « Staline ou Truman, qui gagnera ? »

nuancer. L'année 1948 est d'ailleurs marquée par l'intervention publique, en faveur des épurés, de deux grandes figures de la Résistance, et de surcroît religieuses l'une et l'autre, le chanoine Desgranges et le Révérend-Père Bruckberger, aumônier général des FFI. Tous deux se démarquent du discours officiel sur la Résistance et l'épuration.
Le premier dénonce vigoureusement, en un livre véritablement de combat, *Les Crimes masqués du « résistentialisme »*[34], tandis que le second s'emploie dans *Nous n'irons plus au bois*[35] à réhabiliter l'honneur de son ancien compagnon d'armes Joseph Darnand, héros des deux guerres. À ce portrait fraternel fait écho, la même année, celui que l'avocat Charles-Ambroise Colin[36] brosse de son client, Jean Bassompierre, ancien inspecteur général de la Milice et combattant de la LVF, exécuté le 20 avril 1948, malgré tout le respect que cette personnalité inspirait à ses adversaires mêmes. Le récit de Maître Charles-Ambroise Colin est suivi des souvenirs posthumes de Jean Bassompierre[37] qui

34. Abbé Desgranges, *Les crimes masqués du « résistantialisme »*, Paris, L'Élan, 1948.

35. Raymond-Léopold Bruckberger, *Nous n'irons plus au bois*, Amiot-Dumont, 1948.

36. Charles-Ambroise Colin, *Sacrifice de Bassompierre*, suivi de *Frères ennemis de Jean Bassompierre*, Paris, Amiot-Dumont, 1948.
Maître Charles-Ambroise Colin défendit aussi Joseph Darnand.

37. Jean Bassompierre (1914-1948). Lors de la mutinerie de la Santé, les 14 et 15 juillet 1944, il obtint du général SS Karl Oberg que le nombre des exécutions, à titre de répression, soit sensiblement réduit. Après avoir quitté la France, il fut versé dans la division Charlemagne, puis capturé par les Russes en mars 1945 et interné en Estonie ainsi que près d'Odessa. Il parvint à s'évader durant son rapatriement en France, en avril 1946, puis à atteindre l'Italie où il fut arrêté par la sécurité militaire française alors qu'il s'apprêtait à embarquer pour l'Argentine. Transféré à Paris fin novembre

évoque, *in fine*, la vie quotidienne à Fresnes. Autres pages publiées également en 1948, celles rédigées peu avant son exécution, en mars 1945, par Jean Hérold-Paquis, dont les souvenirs posthumes[38] s'achèvent aussi par une évocation de Fresnes.

D'une abondance demeurée inégalée, la production, en cette année 1948, se décline en plusieurs genres. Ainsi, Marcel Aymé emprunte avec *Uranus*[39] celui du roman et nuance fortement l'image, encore idéalisée, de la Résistance.

Plus gravement, Pierre Malo relate, le premier, son expérience de forçat dans *Je sors du bagne*[40]. Journaliste au Matin, Pierre Malo fut condamné le 22 décembre 1944 à huit ans de travaux forcés et libéré le 7 août 1947. Il connut, après Fresnes, la Centrale de Poissy, l'une des plus sinistres de France.

Paraît aussi *Levée d'écrou*[41] du journaliste Georges Lupo, libéré en juin 1946 après six mois à Fresnes. Son minutieux récit de détention, édité en 1948, est illustré de seize photos,

1946. De grandes figures de la France combattante ou de la Résistance, dont Alexandre Sanguinetti, J. Hénon et le Raymond-Léopold Bruckberger, déposèrent en sa faveur. L'avocate de Gabriel Péri, Odette Moreau, elle-même rescapée de Ravensbrück, défendit Jean Bassompierre aux côtés de Maître Charles-Ambroise Colin.

38. Jean Hérold-Paquis, *Des illusions, désillusions ! Mémoires de Jean Hérold-Paquis* (texte posthume), Genève, Bourgoin, 1948.

39. Marcel Aymé, *Uranus*, Gallimard, 1948.

40. Pierre Malo, *Je sors du bagne*, Paris, L'Élan, 1948.

41. Georges Lupo, *Levée d'écrou*, Paris, André Bonne, 1948.
Iconographiquement, ce témoignage trouve, quatorze ans plus tard, son complément avec le livre du chanoine Popot, *J'étais aumônier à Fresnes*, publié par Perrin. Ce récit est en effet illustré de plusieurs photos, toutes extra-muros, de la prison, et de « Fresnes village », déjà atteint par les grands ensembles !

pour la plupart de Fresnes intra-muros. Exact pendant des dessins de Rio publiés l'année précédente, ces clichés rehaussent l'intérêt documentaire du livre, le premier enrichi d'une telle iconographie.

Aux souvenirs posthumes de condamnés à mort, aux romans et aux relations de détention s'ajoute le pamphlet satirique. André Thérive, toujours sous le pseudonyme de Romain Motier, compose un *Traité de l'Intolérance*[42] dont l'ironie irrévérencieuse, la verve et les illustrations faussement naïves, rappellent son précédent *Traité de la Délation.*

La même année, « Servus juris » s'attache dans sa *Lettre ouverte à Messieurs les présidents des cours de justice*[43] à démontrer, fort doctement, l'illégalité foncière du nouveau régime, et partant de l'épuration.

À rebours de ce genre presque professoral, paraissent plusieurs témoignages dont la notoriété de leur auteur avive la curiosité du public. C'est ainsi que sort en librairie *Fifi roi*[44]. Ce récit intimiste et sensible que Claude Jamet fait de son épuration se vendra à quelque trente mille exemplaires. Tout l'esprit de ce qu'il dénonce comme une épuration-tyrannie tient en ce titre de deux mots qui renvoient malicieusement à *Ubu roi* auquel le bandeau vert du livre emprunte la phrase exergue : « Alors je tuerai tout le monde et je m'en irai. Père Ubu. »[45]

42. Romain Motier, *Traité de l'intolérance*, Éditions de la Couronne, 1948.

43. Servus juris, *Lettre ouverte à MM. les présidents des cours de justice*, Paris, André Bonne, 1948. Cette lettre, aussi polémique qu'érudite, est généralement attribuée à un magistrat dont l'identité n'a pas été percée.

44. Claude Jamet, *Fifi roi*, L'Élan, 1948.

45. La phrase complète extraite d'*Ubu roi* est : « J'aurai vite fait fortune, alors je tuerai tout le monde et je m'en irai ».

Et Paris ne fut pas détruit[46] suscite aussi l'intérêt. L'auteur, Pierre Taittinger, qui fut de mai 1943 au 20 août 1944 président du Conseil municipal de Paris, expose avec force détails et précisions sa difficile gestion de la capitale durant l'un des moments les plus dramatiques de son histoire. Avant de relater les péripéties de son épuration, Pierre Taittinger fait valoir sa contribution[47] à la sauvegarde de la capitale menacée d'une destruction envisagée par Adolf Hitler, et déjà sacrifiée par les communistes français, partisans d'une politique du pire.

Enfermé dans une « prison républicaine » avant d'être interné au camp de Saint-Denis, le romancier et journaliste Pierre Hamp, de la gauche collaborationniste, comme René Château ou Claude Jamet, livre, la même année, un témoignage intitulé *L'Éternel*[48]. Le journaliste José Germain laisse un témoignage vite tombé dans l'oubli, intitulé *Mes catastrophes*[49].

En 1948, paraît encore, sous le titre *Les nouveaux saigneurs*[50], l'enquête menée par J. Mauloy sur l'épuration en province. L'auteur se prévaut d'avoir été lui-même épuré et de la plus radicale façon ! En effet, après l'avoir torturé, ses bourreaux, précise-t-il, crurent l'achever d'une balle dans la tête.

46. Pierre Taittinger, ... *Et Paris ne fut pas détruit*, Paris, L'Élan, 1948.

47. La postérité a, en effet, surtout retenu la médiation du consul de Suède Nordling et la désobéissance du gouverneur de Paris, le général von Choltiz, aux ordres donnés par Hitler de détruire les principaux ouvrages de la capitale ; ordres non formels si l'on en croit certains historiens.

48. Pierre Hamp, *L'Éternel*, Paris, Éditions Self, 1948.

49. José Germain, *Mes catastrophes*, Paris, La Couronne littéraire, 1948.

50. J. Mauloy, *Les nouveaux saigneurs*, Éditions de la Balance, 1948.

La même année, l'ancien secrétaire général de la Comédie Française, Robert Cardinne-Petit, relate, sous le titre *Les Otages de la peur*[51], ses huit mois de détention passés en majeure partie à Fresnes.

En 1949 paraissent *Cellule 209*[52] de la comédienne Mary Marquet, *Soixante jours de prison*[53] de l'auteur dramatique Sacha Guitry et le *Treizième cahier*[54] de l'académicien Abel Hermant. Ce sont quelques-uns des rares témoignages, publiés, émanant du monde artistique et littéraire[55] que n'a pourtant pas épargné l'épuration.

Mary Marquet est l'une des très rares femmes[56] à avoir relaté, et signé de son nom, ses souvenirs de détention et

51. Robert Cardinne-Petit, *Les Otages de la peur*, Paris, Les Éditions nouvelles, 1948.

52. Mary Marquet, *Cellule 209*, Fayard, 1949.

53. Sacha Guitry, *Soixante jours de prison*, L'Élan, 1949. Ce livre est le fac-similé du manuscrit et des dessins de l'auteur. Il fait suite à *Quatre ans d'occupations* paru en 1947 aux éditions de L'Élan.

54. Abel Hermant, *Le Treizième cahier, rêveries et souvenirs d'un philosophe proscrit*, Paris, Amiot-Dumont, 1949.

55. Témoignages auxquels il importe bien sûr d'ajouter les écrits de Robert Brasillach, *Journal d'un homme occupé*, *Lettre à un soldat de la classe 60*, les *Lettres écrites en prison*, le procès en cours de justice, ainsi que les *Poèmes de Fresnes*. Il faut également mentionner de Ginette Leclerc, *Ma vie privée*, La Table Ronde, 1963.

56. Hormis le témoignage de Mary Marquet, demeuré le plus connu, il convient de signaler : Lise Lamarre, *Prisons folles*, Paris, La Maison des écrivains, 1949 ; Fabienne Frayssinet, *Quatre saisons dans les geôles de la IVe République*, Monte-Carlo, Éditions Regain, 1953. Il s'agit là du récit des détentions de l'auteur dans le sud-ouest de la France. En 1953, le *Crapouillot*, dans son numéro 21, « À bas les prisons » reproduit un extrait, que nous donnons plus loin, d'un récit intitulé *Coups d'aile dans les barreaux*, d'une certaine Clairette, détenue notamment au Dépôt, à la Libération.

d'avanies. C'est encore en 1949 que sont publiés, à l'initiative de Simone Mittre, sa secrétaire et maîtresse, les *Mémoires* posthumes de Fernand de Brinon[57], semblables à une lettre-testament assortie d'extraits du procès de l'ancien délégué général du gouvernement français dans les territoires occupés.

En 1950, la production se limite à un titre : *Du service public à la prison commune*[58] de l'ancien ministre de l'Intérieur Marcel Peyrouton. Celui-ci se présente dans ce plaidoyer *pro domo* comme un administrateur-technicien et décrit notamment la vie quotidienne des prisonniers de Fresnes.

On citera encore : Renée Jardin-Birnie, *Les pas du proscrit*, Nouvelles Éditions Latines, 1965 ; Arletty, *La Défense*, La Table ronde, 1971. L'auteur, arrêtée le 20 octobre 1944, ne s'est guère épanchée sur son épuration qui s'est surtout résumée à son assignation à résidence surveillée en Seine-et-Marne, de la fin 1944 à mai 1946 ; Frédérique Moret, *Journal d'une mauvaise Française*, La Table Ronde, 1972.

On regrettera que Simone Mittre, la plus proche secrétaire de Fernand de Brinon n'ait pas, à notre connaissance, publié de mémoires. Que n'aurait-elle, en effet, pas eu à dire de sa détention à Fresnes et surtout de celle de Fernand de Brinon !

57. Fernand de Brinon, *À ses amis. Notes de Fresnes*, s. l. n.d ; *Mémoires* (posthumes), LLC, 1949.

58. Marcel Peyrouton, *Du service public à la prison commune*, Paris, Plon, 1950.

Ministre de l'Intérieur de septembre 1940 à février 1941, ambassadeur, gouverneur général d'Algérie jusqu'en mai 1943, Marcel Peyrouton est arrêté préventivement le 21 décembre 1943. Sa « détention préventive » durera jusqu'à son acquittement par la Haute Cour le 22 décembre 1948 ! Cet acquittement par la Haute Cour, qui n'en prononça que trois sur cent huit dossiers, est d'autant plus rare qu'il concerne un ancien ministre de l'Intérieur en fonction à un moment où le gouvernement commençait à se montrer plus répressif.

L'année suivante, Plon[59], l'éditeur de Marcel Peyrouton, publie du célèbre journaliste, romancier et pamphlétaire, Henri Béraud : *Quinze jours avec la mort*[60]. Quinze jours au long desquels l'écrivain se prépara à son exécution capitale, finalement commuée en une peine de vingt ans de travaux forcés. Gravement diminué, Henri Béraud sera libéré, en 1950, du bagne de Saint-Martin-de-Ré, pour raisons médicales.

En 1951, Jean Maze dénonce *Le Système*[61] conçu à Alger et imposé à partir de la Libération au plus grand bénéfice du tripartisme. Aussi virulent que documenté, *Le Système* deviendra l'un des ouvrages de référence des opposants de la droite nationale.

Toujours en 1951, année de la mort du maréchal Pétain, le journaliste Philippe Saint-Germain, récemment libéré de la Centrale de Fontevrault, dresse un vigoureux réquisitoire contre le gouvernement, dans son livre *Prisons de l'Épuration*[62]. Sortent aussi les *Chansons du mira-*

59. La vénérable maison Plon fit preuve d'un remarquable éclectisme. Après avoir publié des épurés tels que Marcel Peyrouton, Robert Brasillach, Henri Béraud et Xavier Vallat, elle inaugurera, en 1954, la publication des œuvres du général de Gaulle avec ses *Mémoires de guerre*.

60. Henri Béraud, *Quinze jours avec la mort, la chasse au lampiste*, Plon, 1951. Signalons que dans son livre *Le Martyre de Béraud*, paru en 1949, aux éditions de L'Élan, Robert Cardinne-Petit prenait hautement la défense de Henri Béraud.

61. Jean Maze, *Le Système 1943-1951*, Ségur, Paris, 1951. Jean Maze fut le rédacteur en chef de l'hebdomadaire *La Flèche*, dirigé par le radical Gaston Bergery. Avant *Le Système*, Jean Maze signa, sous le pseudonyme d'Orion, un *Nouveau dictionnaire des girouettes*, paru en 1948, aux éditions Le Régent.

62. Philippe Saint-Germain, *Prisons de l'Épuration, Bureau d'Études et de publications sociales*, Paris, 1951.

dor[63], petit recueil de poèmes écrits de 1945 à 1949, par Lucien Combelle durant ses premières années de détention. L'auteur, libéré en 1951, avait dirigé l'hebdomadaire collaborationniste, *Révolution nationale.*

En 1952, s'éteint Charles Maurras dont la doctrine inspira l'esprit du défunt État français. Or, cette même année, Jean Paulhan, sommité du monde des lettres et surtout résistant de la première heure, signe une retentissante *Lettre aux Directeurs de la Résistance*[64] dans laquelle il pourfend l'illégalité du régime issu de la Libération. Parachevant le blasphème, sa *Lettre* paraît aux éditions de Minuit, celles des chantres de la Résistance !

Cette même année, un autre hérétique se déclare, René Étiemble. Pourtant peu suspect de sympathie pour la collaboration, celui-ci, s'essayant à la plus intransigeante impartialité, ose dans *Littérature dégagée* réclamer « justice pour les "collabos" »[65].

L'image de la Libération se ternit un peu plus avec la parution en 1952 des *Fins dernières*[66]. Dans ce roman-filigrane des derniers mois de Robert Brasillach, Pierre de

63. Lucien Combelle, *Chansons du mirador*, éditions Frédéric Chambriand, Paris, 1951.

64. Jean Paulhan, *Lettre aux Directeurs de la Résistance*, Éditions de Minuit, 1952.
Dans sa Lettre, Jean Paulhan consacre des considérations toute personnelles au déni de justice opposé aux épurés. Mais, il puise aussi, en le signalant, à l'argumentation juridique développée dans la *Lettre ouverte à Messieurs les présidents des cours de justice* de Servus juris, parue en 1948.

65. René Étiemble, *Justice pour les « collabos », Littérature dégagée*, Gallimard, 1952.

66. Pierre de Boisdeffre, *Les fins dernières*, La Table ronde, 1952.
Mention doit aussi être faite des *Pavés de l'enfer* de Dominique Ponchardier, paru chez Gallimard en 1950. Ancien résistant impliqué dans l'élimination de

Boisdeffre, auteur réputé d'une histoire de la Littérature française, décrit aussi certaines des scènes qui enténébrèrent la Libération.

Mais le scandale est vraiment consommé lorsqu'est jouée, au théâtre, *La tête des autres*[67] de Marcel Aymé. Celui-ci y fustige la justice de la Libération et ses magistrats, empressés de se rédimer après leurs compromissions de la veille.

Paraissent également en 1952, *Prisons de l'espérance*[68] de Lucien Combelle, qui livre son témoignage sur Fresnes, puis sur les nombreux camps, centrales et prisons qu'il fréquenta jusqu'en 1951.

C'est en Suisse qu'est édité, toujours en 1952, *De la prison de ce monde*[69] de Bernard Faÿ. Évadé un an auparavant, cet ancien administrateur de la Bibliothèque Nationale, très impliqué dans la lutte contre la Franc-Maçonnerie, a été condamné aux travaux forcés à perpétuité. Son livre est substantiellement nourri des « pensées » et « prières » par lesquelles il s'efforça de sublimer de très éprouvantes années de détention en centrale.

L'année 1952 s'achève avec l'impression des *Lettres écrites en prison*[70] de Robert Brasillach. Échangée avec sa famille, cette correspondance aux accents élégiaques livre maintes infor-

collaborateurs, l'auteur de ce récit au réalisme saisissant met au jour certaines hideurs de la Libération.

67. Marcel Aymé, *La tête des autres*, Grasset, 1952. Réédité en 1959 par l'Avant-Scène, le texte de la pièce fut alors amputé de certains passages et de tout l'acte IV.

68. Lucien Combelle, *Prisons de l'Espérance*, Paris, ETL, 1952.

69. Bernard Faÿ, *De la prison de ce monde*, *Bulle*, Édition du Sapin vert, 1952.

70. Robert Brasillach, *Lettres écrites en prison, Les Sept couleurs*, 1952.

mations sur la vie quotidienne de la prison de Fresnes. C'est aussi, jusqu'aux ultimes mots du poète, tracés avant son départ pour les fossés de Montrouge, le journal de sa marche à la mort.

L'année de l'amnistie générale, votée en 1953, sont publiés les souvenirs[71] que Xavier Vallat a consignés de mars 1948 à décembre 1949. Ce parlementaire de l'entre-deux guerres, nommé commissaire aux Questions juives de mars 1941 à mai 1942, y relate sa détention à la Centrale de Claivaux au sein de laquelle il poursuivit sa longue fréquentation de Charles Maurras. Flammarion édite cette année 1953 les *Souvenirs de sept ans, 1937-1944*, de Jérôme Carcopino[72]. L'auteur, directeur de l'École Normale et historien réputé du monde romain, avait été affreusement matraqué à la tête, le 23 août 1944, à son arrivée au Vél' d'Hiv', l'un des lieux de rassemblement des premiers épurés. Son état le fit libérer quelques jours plus tard grâce à l'intervention d'un autre interné Pierre Taittinger. Celui-ci plaida la libération de Jérôme Carcopino auprès du directeur de cabinet du nouveau préfet de police en visite au Vél' d'Hiv avec des journalistes américains.

Publié également en 1953, le journal de Jean Bocognano[73], détenu à Fresnes pour ses activités au sein du Service des sociétés secrètes, et infirmier au quartier des condamnés à

71. Xavier Vallat, *Charles Maurras, numéro d'écrou 8321*, Plon, 1953. Condamné en septembre 1944 à dix ans de travaux forcés, Xavier Vallat bénéficie d'une libération conditionnelle le 30 décembre 1949, puis d'une grâce amnistiante en avril 1954.

72. Jérôme Carcopino, *Souvenirs de sept ans, 1937-1944*, Flammarion, 1953.

73. Jean Bocognano, *Quartier des fauves, Prisons de Fresnes*, Paris, Éditions du Fuseau, 1953.

mort, apporte, à ce double titre, un éclairage original et unique, sur l'existence quotidienne des « fauves ».

Un an à peine après sa sortie, en 1952, de la Centrale d'Eysses, Lucien Rebatet signe un texte[74] sur la situation du condamné à mort, qu'il fut durant 141 jours, dans l'attente de son départ pour Montrouge.

En 1954, l'historiographie du sujet ne compte qu'un nouveau titre[75].

L'année suivante, la production se tarit tout à fait.

Elle reprend en 1956 avec la parution de *Après le déluge*[76], de Pierre-Antoine Cousteau, ancien journaliste vedette de *Je Suis Partout* et figure de l'ultra-collaboration. Ce condamné à mort, avec Lucien Rebatet, gracié après quatre mois et demi d'une attente passée les fers aux pieds, n'a, après neuf années d'emprisonnement, rien renié de ses anciens engagements. En 1957, paraissent du même auteur, *Les lois de l'hospitalité*[77], retraçant ses pérégrinations jusqu'à sa capture par les autorités françaises, et 1959, *En ce temps-là*[78]. Livre posthume qui s'achève par le journal de condamné à mort de Pierre-Antoine Cousteau,

74. Lucien Rebatet, « On ne fusille pas le Dimanche », *Le Crapouillot*, n° 21, 1953. Ce long article est surtout précédé de son maître roman *Les deux étendards* qui, en février 1952, trois mois avant sa libération, sortent chez Gallimard grâce à Jean Paulhan et Roland Cailleux.

75. Serge Dumartin, *Dialogue de la solitude*, Paris, Gallimard, 1954.

76. Pierre-Antoine Cousteau, *Après le déluge*, La Librairie française, 1956.

77. Pierre-Antoine Cousteau, *Les lois de l'hospitalité*, La Librairie française, 1957.

78. Pierre-Antoine Cousteau, *En ce temps-là*, La Librairie Française, 1959. Pierre-Antoine Cousteau, décédé en 1958, à l'âge de 52 ans, est aussi, avec Lucien Rebatet, le rédacteur de vingt-deux dialogues consignés en 1950, à la Centrale de Clairvaux. Ce texte inédit a été publié en 1999 aux éditions Berg international, sans l'accord des ayant droits, sous le titre *Dialogue de vaincus*.

intitulé *Écrit à l'ombre*. Cette dernière année, paraît aussi une enquête menée par Hary-Mitchell, l'ancien secrétaire du groupe « Collaboration », sur *Les Massacres de septembre 1944*[79] dans le Midi.

En 1960, Georges Scapini, l'ancien chargé des prisonniers de guerre, signe *Mission sans gloire*[80]. La décennie 1960-1970 n'est guère diserte en textes critiques relatifs à l'épuration. En 1962, paraît le livre, déjà mentionné, du chanoine Jean Popot, relatant son expérience d'aumônier à Fresnes. On retiendra aussi le *Livre noir de l'épuration*[81] que publie en août-septembre 1964, le périodique *Lectures Françaises*, dirigé par l'homme de droite Henry Coston.

Par ailleurs, deux ouvrages, seulement, éclairent un peu plus la psychologie des épurés et la connaissance de leur cadre de vie. Dans le premier, *Mon après-guerre*[82], paru en 1966, le journaliste maréchaliste et très éphémère Milicien de juin 1944, François Brigneau, porte un regard rétrospectif sur l'épuration et le long hiver des réprouvés. L'autre témoignage émane de l'une des figures les plus hautes en couleur de la droite extra-parlementaire d'avant guerre et de la col-

79. Hary-Mitchell, *Les massacres de septembre 1944*, Nouvelles éditions latines, 1959.

80. Georges Scapini, *Mission sans gloire*, Paris, Morgan, 1960. Bien qu'aveugle, Georges Scapini parvint à s'évader en novembre 1949, à la faveur d'un transfert en clinique, depuis Fresnes, et à se réfugier en Suisse. Il sera acquitté par un tribunal militaire, en 1952, à son retour en France.

81. « Le livre noir de l'épuration », *Lectures Françaises*, août-septembre 1964. L'analyse très critique que ce périodique fait de l'épuration calque, pour l'essentiel, celle développée dans le numéro spécial que la revue *Défense de l'Occident* consacrait, en janvier-février 1957, à l'Épuration.

82. François Brigneau, *Mon Après-guerre*, s. l, Éditions du Clan, 1966.

laboration, Henry Charbonneau. Neveu par alliance de Darnand, il a été, jusqu'en Allemagne puis en Italie, de toutes les aventures de la Milice. Surnommé Porthos pour sa truculence et son inaltérable énergie, il livre, en 1967 et 1969, ses *Mémoires*[83]. Les épurés, Bénédicte Vergez-Chaignon l'a souligné, écrivent surtout pour eux et à l'intention d'un public qui leur est, par affinités diverses, très majoritairement acquis. Hormis ces milieux aisés à cerner, et confortés, si besoin était, dans leurs convictions et certitudes, cette littérature de témoignages, de pamphlets et souvenirs a-t-elle contribué à un révisionnisme de l'histoire officielle de cette période ?

En 1969, un film, *Le Chagrin et la Pitié*, de Marcel Ophuls, accomplit un travail, sans précédent, de remémoration pénétrante mais apaisée des années d'occupation et infléchit la vision jusqu'alors très manichéenne de cette période vers plus de lucidité et de sérénité. C'est en 1971 que paraît, sous le titre de *Feuilles de Fresnes*[84], le journal tenu entre la fin août 1944 et le mois de février 1948 par Xavier Vallat. Observateur sagace durant trois ans et cinq mois de la vie

83. Henry Charbonneau, *Les Mémoires de Porthos*, tome 2, « Le roman noir de la droite française », Éditions Robert Desroches, 1969.

84. Xavier Vallat, *Feuilles de Fresnes, 1944-1948*, Aubenas, Imprimerie Lienhart, 1971.

Notons que le quatrième chapitre de *Fifi roi*, de Claude Jamet, paru en 1948, s'intitule « Feuilles de Fresnes ».

Xavier Vallat a laissé une abondante œuvre de mémorialiste. Outre *Feuilles de Fresnes, 1944-1948*, paru un an avant sa mort, et *Charles Maurras, numéro d'écrou 8321*, pour la période courant de mars 1948 à décembre 1949, Xavier Vallat est l'auteur de *Le nez de Cléopâtre, souvenirs d'un homme de droite, 1918-1945*, Éditions Les Quatre fils Aymon, 1957 ; *Lettres passe-murailles. Mars 1950-novembre 1952*, Éd. La Table Ronde, 1966 ; *Le grain de sable de Cromwell*, Lienhart, 1972.

quotidienne de la prison autant qu'anatomiste de sa population, l'auteur a laissé l'une des principales sommes documentaires sur Fresnes, et surtout son hôpital, après la Libération.

Reprenant et développant l'entretien très remarqué qu'il accorda au cinéaste Marcel Ophuls dans *Le Chagrin et la Pitié*, Christian de la Mazière, jeune engagé dans la Waffen SS, puis emprisonné en centrale, publie en 1972 son autobiographie[85]. La personnalité de l'auteur, devenu l'agent de vedettes françaises du spectacle, et surtout le choc du film de Marcel Ophuls, contribuèrent à l'important tirage d'un livre qui venait pourtant après bien d'autres témoignages similaires.

En 1975, *Article 75* de Philippe Saint-Germain, paru en 1951, est réédité, augmenté d'une nouvelle préface, sous le titre *Les prisons de l'épuration*[86].

La mémoire de l'épuration subie s'assoupit trois ans avant de s'ébrouer à nouveau, en 1978, avec *Péché d'orgueil*[87] de Lucien Combelle. À ce livre confession sans complaisance et d'une grande sensibilité il donnera, en 1983, une suite : *Liberté à huis-clos*[88], nouvelle remémoration d'un itinéraire qui le conduisit aux travaux forcés.

85. Christian de la Mazière, *Le rêveur casqué*, Éditions Laffont, 1972. Lui fit suite *Le Rêveur blessé*, trois ans avant le décès de son auteur en 2006. À la maison centrale de Clairvaux, Christian de la Mazière se lia d'amitié avec un autre forçat, le père de Frédéric Vitoux. Celui-ci relate les retrouvailles des deux anciens « pensionnaires » dans *L'Ami de mon père*, paru en 2000, aux éditions de Fallois.

86. Philippe Saint-Germain, *Les prisons de l'épuration*, La Librairie Française, 1975.

87. Lucien Combelle, *Péché d'orgueil*, Olivier Orban, 1978.

88. Lucien Combelle, *Liberté à huis clos*, La Butte aux cailles, 1983.

En 1981, deux femmes[89] perpétuent le souvenir de deux condamnés à mort, menés au poteau d'exécution. L'une, Marie-José Brunet, à travers le journal et la correspondance reçue de son mari, ancien responsable d'un bureau d'achat de la Gestapo ; l'autre, Geneviève Maugis, par l'évocation déchirante de son demi-frère Robert Brasillach dont elle ne quitta jamais le deuil.
La même année, Anne Sylvestre[90], sept ans après sa sœur, Marie Chaix, évoque la figure de son père, Albert Beugras, membre du bureau politique du PPF, condamné en 1948 à la perpétuité, et libéré en 1954.
Derniers spasmes d'une mémoire crépusculaire ou livraison posthume, cinq livres d'épurés[91], publiés entre 1989 et 2001, ferment la marche.

89. Marie José Brunet, *L'Aube sanglante de Montrouge*, Paris, La Pensée Universelle, 1981. Geneviève Maugis, *Mon demi-frère, Robert Brasillach. Il fallait bien vivre quand même, Mémoires*, Paris, La Pensée universelle, 1981.

90. Anne Sylvestre, entretien avec Monique Detry, *Sans entrer dans le détail*, Éditions Le Centurion, 1981. Marie Chaix, *Les Lauriers du lac de Constance*, Éditions du Seuil, 1974.

91. Joseph Barthélémy, *Ministre de la Justice : Vichy 1941-1943*, Gérard Watelet-Pygmalion, 1989. Écarté du gouvernement en mars 1943, Joseph Barthélémy engage alors la rédaction de son témoignage essentiellement consacré à *Vichy vu du Conseil des ministres*. Arrêté en 1944, il tombe malade et décède en prison, faute de soins, le 14 mai 1945. Jacques Benoist-Méchin, *À l'épreuve du temps, 1940-1947*, tome 2, Julliard, 1989. Jacques Benoist-Méchin (1910-1983), condamné à mort en juin 1947, est gracié après cinquante-neuf jours d'attente et libéré en 1954. Lucien Rebatet, *Lettres de prison adressées à Roland Cailleux, 1945-1952*, Paris, Le Dilettante, 1993. François Brigneau, *À Fresnes au temps de Robert Brasillach*, Paris, Publications F B, 1994. François Lehideux, *De Renault à Pétain*, Paris, Pygmalion, 2001. François Lehideux (1904-1998) dont le procès en Haute Cour dura jusqu'en 1949, bénéficia le 19 février de cette année, d'un non-lieu.

En 1989, paraissent les mémoires de l'ancien garde des Sceaux et ministre-secrétaire d'État à la Justice, Joseph Barthélémy, décédé en prison le 14 mai 1945 avant son jugement devant la Haute Cour.
Dans le tome II de ses souvenirs, « À l'épreuve du temps », l'ancien secrétaire d'État aux rapports franco-allemands, Jacques Benoist-Méchin relate sept années d'une vie aux engagements payés de presque dix années d'emprisonnement.
Quatre ans plus tard, paraissent les *Lettres de prison* échangées, de 1945 à 1952, entre Lucien Rebatet et le docteur Roland Cailleux, ami de fort longue date mais aux choix politiques très divergents. Cette correspondance-confession, sans apprêt et riche de notations intimes sur toutes sortes de sujets, éclaire singulièrement la personnalité de l'ancien journaliste et écrivain-pamphlétaire.
Également en 1993, sont publiés les souvenirs des noires années d'attente et d'opprobre, que des enfants d'épurés souvent notoires confièrent à Pierre Rigoulot[92].
L'année suivante, François Brigneau relate par le menu ses détentions successives, du Dépôt jusqu'à Fresnes, en 1944-1945, « au temps de Robert Brasillach ».
Enfin, clôturant plus d'un demi-siècle de témoignages d'épurés, les mémoires, posthumes, de François Lehideux, sont publiés en 2001. Décédé trois ans auparavant, l'auteur, neveu de Louis Renault puis secrétaire d'État à la Production industrielle, relate son parcours des usines de

92. Pierre Rigoulot, *Les enfants de l'épuration*, Paris, Plon, 1993. Sept ans plus tard, paraîtra la première partie d'un diptyque de la mémoire filiale, le livre bouleversant de Dominique Jamet sur son père, l'auteur de *Fifi roi.* Dominique Jamet, *Un petit Parisien*, Paris, Flammarion, 2000. Viendra ensuite *Notre après-guerre. Comment notre père nous a tués*, Paris, Flammarion, 2003.

son oncle à un poste-clef de la France occupée, avant sa détention à Fresnes.

Quelque trente-trois témoignages d'épurés, ont donc été publiés pour le ressort de Paris et sa région. Rapporté à la capitale et ses environs mais aussi aux milliers de détenus politiques, géographiquement concernés, cela paraît relativement peu. Ce dénombrement n'est certes pas exhaustif. Il doit cependant approcher le total probable de ce qui fut imprimé s'agissant de notre aire d'étude.
Pour la France, qu'en est-il ? Combien de livres ont-ils été écrits par des épurés sachant que plus de 50 000 [93] hommes et femmes ont fait l'expérience de la prison ? Un tel inventaire a-t-il jamais été dressé ?

Du point de vue juridique et historique, l'épuration, cette opération politique d'une ampleur sans précédent, a surtout été évoquée par des avocats, des magistrats et quelques responsables politiques. Sans doute convaincus de la nécessité morale et politique de leur action répressive, les hommes qui présidèrent à l'épuration n'ont pas laissé de récits circonstanciés ou personnels de l'application de celle-ci. Les acteurs de cette « œuvre de justice » ne se sont pas non plus

93. Encore conviendrait-il de tenir aussi compte des autres formes de détention. Rappelons ce total de cent vingt six mille vingt hommes et femmes « internés » depuis la Libération établi par le ministère de l'Intérieur en avril 1945. Ce dénombrement corrobore l'estimation avancée par l'irréductible de la droite nationaliste que demeura Henry Charbonneau : « À l'été 1945, les maisons centrales, prisons, forts, camps, abritaient une centaine de milliers de détenus pour "crimes de collaboration" ». Henry Charbonneau, *Les Mémoires de Porthos*, tome 2, La Librairie française, 1981, p. 216.

employés à opposer une argumentation en réplique aux récriminations et aux assertions des épurés.

Un cas cependant, mentionné par l'historien américain Herbert Lottman[94], mérite d'être rappelé. En 1948, paraît dans la revue *Les Temps Modernes* de Jean-Paul Sartre, un article d'un certain Jean-Henry Roy[95] contredisant le témoignage de Jean-Pierre Abel. Celui-ci, détenu à la Libération quinze jours à l'Institut dentaire de l'avenue de Choisy, transformé en prison privée par des FTP, accusait ces derniers d'y avoir torturé et assassiné des suspects arrêtés arbitrairement. Or, Jean-Henry Roy, lui-même dans les lieux à la même époque, démentait les tortures mais confirmait que des « prisonniers Miliciens et même des soldats allemands » avaient été fusillés dans les jardins de l'établissement. Et de surcroît, il légitimait ces exécutions sommaires.

Hormis donc quelques écrits, l'épuration a surtout été relatée par ceux qui l'ont subie.

On mesure toute l'importance qu'auraient alors prise, par exemple, les « Mémoires d'un FTP parisien, en 1944-1945 » relatant, sans doute anonymement ou sous pseudonyme, sa participation à l'épuration extra-judiciaire !

Un tel témoignage existe, mais pour le midi de la France. Il a été apporté, en 1949, par Jean Lacipieras, ancien capitaine FTP[96].

94. Herbert Lottman, *L'épuration, 1943-1953*, Le Livre de Poche, collection « Références », 1994, pp. 150-151.

95. Jean-Henri Roy, *Les Deux Justices*, Les Temps modernes, Paris, juin 1948, 2261 et suiv.

96. Jean Lacipieras, *Au carrefour de la trahison*, 1949. Cet ouvrage est signalé par Henri Coston dans « Le livre noir de l'épuration », 1964, pp. 40- 41.

Immanquablement subjectifs et empreints de partialité, les récits étudiés dans le cadre de cet essai sont donc justiciables d'une lecture critique.
Par ailleurs, leur analyse comme leur exploitation doivent, bien sûr, être sous-tendues par une connaissance générale du sujet.
Mais, seuls ces témoignages directs, sous forme de notes et de journaux consignés clandestinement *in situ* ou rédigés *a posteriori*, permettent de brosser un tableau de la situation matérielle et psychologique de milliers d'épurés confrontés à la justice et à l'épreuve de la prison. Grâce à ces derniers s'affine aussi notre connaissance des modes opératoires des épurateurs et des réalités quotidiennes les plus prosaïques. Dans la grande confusion résultant de multiples initiatives isolées ou émanant de pouvoirs autoproclamés, rivaux et ignorant toute légalité gouvernementale, ces écrits nous font aussi appréhender des conduites de vindicte et de vengeance par nature très difficiles à atteindre.

Ces textes devraient donc trouver enfin toute leur place dans l'historiographie de l'Épuration dont ils restituent des aspects méconnus.
Or lorsque que mention est faite du témoignage des épurés c'est, hormis quelques très rares historiens, pour blâmer l'esprit de ressentiment de leur auteur et l'outrance de ses propos. À l'âpreté des épurés dans leur expression coutumière fait regrettablement écho l'aversion inavouée mais flagrante de certains universitaires.
Suspect par nature, irrecevable d'emblée, le récit de l'épuré, selon ces derniers, ne mérite tout au plus qu'une lecture cursive qui, on le verra, s'avère, de surcroît, tendancieusement sélective.

Laisser les épurés parler de l'Épuration, c'est, objectent-ils, donner à entendre un point de vue foncièrement vicié, partant inexploitable !
Une telle assertion autoriserait donc à traiter de l'Épuration en escamotant l'épuré. Saisissant paradoxe !
Notre intention n'est pas de contribuer à alimenter ou à raviver une polémique, aujourd'hui d'arrière-garde, en faisant écho à la dénonciation de ces années de proscription et aux réquisitoires contre un certain « Système »[97].
Nous avons voulu aller, simplement, à la rencontre de ces réprouvés, les suivre, connaître le cadre et les conditions de leur vie quotidienne, mais aussi les sonder jusque dans leurs émotions – désarrois, colères, indignations, peurs et joies – qui parcourent leur récit.

Écrivains, artistes, hauts fonctionnaires, professeurs, journalistes... les épurés dont nous avons étudié les récits forment socialement et culturellement un groupe relativement homogène. Prédisposés à consigner leur expérience personnelle, ils portent aussi témoignage sur leurs autres compagnons d'infortune dont les souvenirs écrits sont exceptionnellement rares. Or, ces obscurs, pour la plupart ouvriers, artisans, petits commerçants, représentent comme l'établissent les statistiques judiciaires et le remarquent certains épurés, la majorité des condamnés de l'Épuration.
Cette dernière fait cohabiter, dès leurs premières heures d'emprisonnement, des hommes et des femmes de conditions sociales et de milieux professionnels très différents mais

97. Jean Maze, *Le Système 1943-1951*, Ségur, Paris, 1951. Cette analyse spectrale et très approfondie du régime né de la Libération fit date.

que, souvent, l'épreuve unit rapidement en une même communauté. Une solidarité dans la peine et l'adversité prévaut en effet assez tôt.
Mais, certains particularismes sont observables.
Ainsi, les « économiques » : constructeurs du Mur de l'Atlantique ou munitionnaires de l'armée allemande, ceux-ci bénéficient compte tenu de leurs importants moyens financiers, d'un régime carcéral très amélioré. À Fresnes, les anciens ministres et autres hiérarques du régime déchu sont regroupés au sein de la même division et peuvent mener de cellules à cellules, le plus souvent ouvertes, une vie empreinte de mondanité. Quant aux policiers condamnés, singulièrement ceux des services de répression anticommuniste et promis de ce fait aux pires conditions de détention comme aux peines les plus lourdes, ils forment un groupe à part, très soudé et sur son quant à soi.
Il y aussi les indicateurs ou tortionnaires avérés, en butte au mépris général et rejetés de tous.
Cette diversité de cas et de destins fait toute la richesse du microcosme des réprouvés de l'Épuration qui affecte aussi les familles. Au-delà donc des anciens engagements politiques, des niveaux, très différents, de responsabilités et de culpabilité, c'est une approche sensible de ces hommes et femmes que nous avons tentée.
Enfin, répétons-le, il ne s'agit là que d'une étude.

*

Durant les derniers mois de 1944, deux épurations sont à l'œuvre.

La première s'est amorcée, en France[98], dès 1941-1942 avec l'assassinat par les tueurs du PCF des « renégats »[99] auxquels le PC voue une haine implacable.
À Paris, elle se généralise dès le début de l'insurrection de la capitale.
À cette épuration expéditive, partant irrégulière et menée généralement à l'instigation des communistes, se substitue très progressivement celle conçue puis appliquée par les nouvelles autorités officielles.
Jusqu'à ce que l'épuration se normalise, dans le respect des procédures légales, des modes opératoires distincts et souvent concurrents coexistent donc dans une atmosphère d'improvisation et de désordre propice à bien des excès.

98. En Afrique du Nord, l'épuration a commencé dès 1943 avec, notamment, l'incarcération de plusieurs anciens ministres de Vichy, et surtout l'exécution, avertissement sans équivoque, de l'ancien ministre de l'Intérieur, Pierre Pucheu, fusillé le 20 mars 1944, à Alger.

99. S'agissant de cette épuration propre au Parti communiste, on se réfèrera tout particulièrement au livre de Jean-Marc Berlière et Franck Liaigre, *Liquider les traîtres, la face cachée du PCF, 1941-1943*, Robert Laffont, 2007. L'important travail de dépouillement et d'analyse d'archives des Renseignements Généraux auquel se sont livrés Jean-Marc Berlière et Franck Liaigre invite à méditer l'assertion très péremptoire de l'historien américain Herbert Lottman : « Il n'existe en fait à Paris aucun exemple d'assassinat d'une personnalité soupçonnée de collaboration ». Herbert Lottman, *L'épuration, 1943-1953*, Le Livre de Poche, collection « Références », 1994, p. 148.
On rappellera, parmi d'autres, l'exemple d'Albert Clément. Cet ancien du PCF passé au PPF, et devenu rédacteur en chef de son quotidien *Le Cri du Peuple*, fut assassiné le 2 juin 1942, à l'angle des rues Vivienne et Saint-Marc, par des tueurs communistes. L'assassinat dès le 5 septembre 1941 de Marcel Gitton, ancien numéro trois de l'appareil communiste et dissident de 1939, inaugure la série des victimes des équipes spéciales du Parti communiste. On se réfèrera au sujet de ces assassinats au livre de Sylvain Boulouque et Franck Liaigre, *Les listes noires du PCF*, Calmann-Lévy, 2008.

Malgré la confusion ambiante, plusieurs séquences constitutives de l'épuration peuvent être distinguées et présentées selon leur ordre habituel, mais non immuable, de succession. En effet, leur enchaînement n'est pas, comme nous le verrons, invariable.

Le processus de l'Épuration peut, toutefois, se décomposer en six phases principales qui s'ordonnent ainsi :

1. Les premières arrestations
2. Les gardes à vue et séquestrations
3. L'emprisonnement transitoire : le Dépôt
4. L'internement administratif : le Vélodrome d'Hiver, Drancy, Saint-Denis...
5. L'instruction (rue Boissy d'Anglas, rue Rabelais, le Palais de Justice), le procès, la condamnation
6. Fresnes

Première partie

De la rue à la prison de Fresnes

I

PREMIÈRES ARRESTATIONS

Alors même que s'engagent le 19 août 1944 les combats insurrectionnels opposant quelques centaines de Parisiens à l'arrière-garde allemande, se joue le premier acte de l'épuration que précipite l'arrivée imminente des troupes du général Leclerc. Les premières arrestations surviennent dans la grande confusion de ces journées d'insurrection auxquelles succèdent plusieurs semaines d'instabilité et d'agitation qui s'achèvent vers la fin octobre avec le retour très progressif à la légalité républicaine. Celle-ci sera confortée par la décision du Gouvernement provisoire, présidé par le général de Gaulle, de dissoudre et de désarmer, le 28 octobre 1944, les Milices patriotiques, pour la plupart d'obédience communiste.

Mais, en cette deuxième quinzaine d'août 1944, la situation est particulièrement troublée. En effet, à la faveur de la grève de la police parisienne qui s'est retranchée depuis le 19 août dans la préfecture, la pègre se livre à de nombreuses exactions et rapts. Pendant plusieurs semaines, il est donc bien difficile de distinguer les arrestations opérées, sans véritable coordination, par les Forces Françaises de l'Intérieur de celles effectuées par le milieu du banditisme ou des éléments incontrôlés.

Dans son *Journal depuis la Libération*, Jean Galtier-Boissière évoque cette pègre qui a « pillé et rançonné ». « Il y a eu, ajoute-t-il, des perquisitions assez louches. [...] Dans l'ombre des héros de l'insurrection se sont glissés des bandits, comme des détrousseurs de cadavres sur les champs de bataille. » [1]

Le 7 septembre, il note : « Tous les journaux publient un communiqué de l'état-major du Gouvernement militaire de Paris : "En raison de la multiplication des vols commis par de faux FFI et pour mettre fin à ces agissements, etc." » [2]

Ainsi, comme bien d'autres épurés, Henri Béraud, arrêté dès le 24 août, s'aperçoit que nombre de ses gardiens se retrouvent en quelques jours emprisonnés avec lui.

Les autorités légales tentent d'assainir les rangs des résistants. Vers le 10 septembre 1944, le préfet de police Luizet, le directeur de la police judiciaire Devaux et le procureur général Boissarie confient au colonel FFI Aron-Brunetière la mission de « remettre un peu d'ordre dans les arrestations opérées à Paris par les FFI, sans parler de celles dont ils ne sont pas responsables... » [3]

1. Jean Galtier-Boissière, *Mon Journal depuis la Libération*, La Jeune parque, 1945, p. 12.

2. Jean Galtier-Boissière, *op. cit.*, p. 17.

3. Robert Aron, *Histoire de l'Épuration*, tome 1, « De l'indulgence aux massacres, novembre 1942-Septembre 1944 », Fayard, 1967. Édition de 1970, p. 588.

« Il y alors à Paris, avance Robert Aron, environ dix mille personnes incarcérées dont mille cinq cents seulement du fait des FFI. Elles se trouvent un peu partout. [...] »[4]
Trois mille sont rassemblées au Vél' d'Hiv et cinq mille à Drancy.
À la date du 22 septembre 1944, Jean Galtier-Boissière rapporte dans son *Journal* que « le nombre des incarcérés de la région parisienne dépasserait actuellement dix mille personnes. »[5]
Cette anarchie ambiante est corroborée par un rapport de la préfecture de police de la Seine du 14 septembre 1944, qui après avoir signalé la nécessité de réglementer le port d'armes, précise que la population « souhaite ouvertement que la police régulière redevienne sans retard seule dépositaire de l'autorité sur la voie publique. »[6]
Le même document mentionne le refus du chef des Milices patriotiques du 11e arrondissement de rendre les armes. À la faveur du désordre prolifèrent les imposteurs. L'un d'eux, le célèbre docteur Petiot, devenu le capitaine FFI Valéry, est démasqué fin octobre 1944 à la caserne de Reuilly où il officiait en tant qu'épurateur. Au même moment, de faux FFI et de prétendus cadres des Milices Patriotiques sont arrêtés en nombre.
Combattant de la Résistance et chargé, lors de l'insurrection parisienne, de la police dans le nord-est de la capitale, André Thirion se souvient : « [...] J'avais pu mettre fin aux exploits

4. Robert Aron, *op. cit.*, p. 588.

5. Jean Galtier-Boissière, *op. cit.*, p. 22.

6. Rapport cité par Henri Amouroux dans sa *Grande histoire des Français après l'occupation*, « Les Règlements de comptes, la page n'est pas encore tournée, septembre 1944-octobre 1945 », Robert Laffont, collection « Bouquins », 1999, p. 107.

de plus de la moitié des "inspecteurs" et des "officiers" des Milices [Patriotiques] en les faisant arrêter pour les envoyer à Drancy rejoindre les "collaborateurs". »[7]
L'opinion publique commence en effet à s'émouvoir du pouvoir que se sont arrogés les FFI.

Ces arrestations arbitraires suivies presque systématiquement de séquestrations ont donc commencé avant même la libération de Paris. Elles visent des personnes de tous milieux et niveaux sociaux vivant généralement dans l'ignorance même des accusations les plus diverses qui pèsent sur elles.
Articles parus sous l'Occupation, prestations diverses aux Allemands, dons à des œuvres de charité dépendant de mouvements collaborationnistes mais aussi et surtout dénonciations calomnieuses motivent les arrestations.
Le 27 octobre 1944, le commandant FFI Lierre écrit à *Libération-Soir*: « Un commissaire de police du 9e arrondissement m'a déclaré : "Une simple déclaration écrite anonyme suffit actuellement à provoquer une arrestation, l'envoi au Dépôt, puis à Drancy"... »
Certains Parisiens seront ainsi victimes d'une homonymie ou de leur lien de parenté avec un collaborateur notoire en fuite.
Enfin, il y a ceux qui s'attendent à devoir répondre de leurs responsabilités de haut fonctionnaire ou de leur action politique, même de second plan. Ils s'y sont préparés. Ils croient ne manquer ni d'arguments ni de témoignages à décharge. Ils sont restés à Paris, sans se cacher de leur

7. André Thirion, *Révolutionnaires sans révolution*, Éditions Robert Laffont, 1972. Réédition Actes Sud, 1999, p. 852.

voisinage. Voilà qui devrait, se rassurent-ils, déjà plaider en leur faveur.

Effectuées toujours abruptement et promptement, les arrestations sauvages surviennent dans la rue, à domicile ou sur le lieu de travail.

Ainsi, Bernard Faÿ[8] est arrêté dès le 19 août 1944 dans son bureau de la Bibliothèque Nationale dont il est l'administrateur général depuis 1940 ; Pierre Taittinger, président du Conseil municipal de Paris depuis mai 1943, est arrêté le 20 août 1944 dans son cabinet de l'Hôtel de Ville par cinq jeunes gens armés. Le même jour, des représentants du Comité de Libération s'emparent du préfet de la Seine René Bouffet.

Mary Marquet, le général d'aviation Pinsard[9], Pierre Hamp, Henri Béraud, Sacha Guitry, l'auteur, demeuré anonyme, des *Prisons de l'Épuration*, René Château, Alfred Fabre-Luce, Philippe Saint-Germain[10], pour ne citer que les plus connus, sont surpris, à tous égards, chez eux.

La façon de procéder à l'arrestation ne varie guère. Des hommes, de deux à une demi-douzaine, se présentent au domicile du suspect. D'autres parfois se tiennent dans l'es-

8. Également responsable du Service des sociétés secrètes durant l'Occupation, Bernard Faÿ (1893-1978) échappa à la condamnation à mort et fut condamné aux travaux forcés à perpétuité. Il parvint à s'échapper en décembre 1951.

9. « As » de l'aviation durant la Première Guerre mondiale mais membre du Comité central de la Légion des volontaires français contre le bolchévisme, le général Amand Pinsard sera condamné aux travaux forcés à perpétuité.

10. Philippe Saint-Germain fut notamment chroniqueur aux *Nouveaux Temps*. Ce journal fondé par Jean Luchaire comptait parmi les plus en vue durant l'Occupation.

calier, dans la cour ou à la sortie de l'immeuble. Souvent très jeunes et armés de mitraillettes, leur arme de prédilection, ils n'ont le plus souvent pour tout signe distinctif qu'un brassard de Franc tireur et partisan ou de FFI. Leur fébrilité fréquemment constatée n'est pas seulement liée à leur inexpérience. Mais de l'homme qu'ils sont chargés d'arrêter ils ne savent généralement que ce qui leur a été dit avant l'opération : l'individu est dangereux, gravement compromis et prêt à tout.

Les suspects, le plus souvent, n'ont pas le temps de se changer ou d'emporter quelques effets personnels. Ils partent vêtus comme ils l'étaient au moment de leur arrestation. Plus tard, certains pourront se faire apporter par des proches des vêtements plus adaptés au changement de saison ou à leur nouvelle situation. Ceux arrêtés fin août, début septembre, devront endurer en costume d'été les premiers froids particulièrement précoces en cette année 1944.
Sacha Guitry est parti seulement vêtu d'un pyjama d'une élégance raffinée mais ne convenant nullement à sa nouvelle condition de prisonnier itinérant ; Paul Chack [11], arrêté alors qu'il s'apprêtait à prendre son bain, a obtenu de pouvoir se changer ! L'homme de lettres et journaliste à la *Gerbe* José Germain est cueilli chez lui, au saut du lit. Il est emmené au Dépôt en pyjama, en robe de chambre, qu'il conservera à Fresnes, et chaussé de charentaises.

11. Paul Chack (1875-1945). Cet officier de marine est l'auteur de nombreux récits de guerre navale qui connurent un grand succès. Journaliste de la presse collaborationniste et président du Comité d'action antibolchévique dès sa création en 1941, il sera exécuté le 9 janvier 1945.

En automne 1944, Pierre Hamp, écrivain-expert du monde du travail, emprisonné à Fresnes, observera parmi les détenus un jardinier en tablier et sabots.

*

Le futur épuré, parfois menotté, est menacé d'être abattu au moindre mouvement jugé intempestif. Un canon pointé sur la nuque ou le dos, il est embarqué à bord d'une automobile, souvent l'emblématique traction noire dont les portes ont été enlevées pour pouvoir faire feu plus commodément. Des hommes prêts à tirer sont couchés sur les ailes avant. Le tableau d'ensemble fait, les premiers jours, forte impression sur les passants.
La voiture peut aussi être d'une allure un peu plus civile et n'arborer qu'un drapeau blanc sur le toit ou à l'avant du capot. À l'intérieur du véhicule, la surveillance du prisonnier n'en est pas moins soutenue.
Durant ce déplacement qui déjà lui donne un avant-goût de sa captivité, le suspect contemple Paris, ses avenues, ses monuments en ce radieux été 1944... Plus tard, après avoir croupi des semaines durant dans quelque lieu de détention illégal ou semi-officiel, il tentera à l'occasion d'un rendez-vous chez le juge d'instruction ou d'un transfert de prison, de capter avidement, par le moindre interstice dans les flancs du « panier à salade », un peu du spectacle de la rue, une bribe de cette vie à laquelle il a été arraché.

Arrêté le 23 août 1944, Sacha Guitry est emmené en voiture. Avec ses gardes, il parcourt en voiture des quartiers encore en proie aux combats insurrectionnels. Tout près de l'Hôtel de Ville, un char allemand se consume. Il leur faut franchir des barrages tenus par des FFI particulièrement suspicieux auxquels le groupe doit à plusieurs reprises montrer ses brassards.

Une semaine plus tard, c'est une capitale en liesse que traversent René Château, ancien collaborateur de Déat, et son escorte : « Et tout Paris, sur la route, claquait des drapeaux... Paris fêtait sa libération... »[12]

Si le groupe armé et son prisonnier gagnent à pied un commissariat voisin ou une proche mairie, la scène ne perd rien de son emphase. Les mains en l'air ou entravées dans le dos, le suspect, invectivé par ses gardiens, est conduit sous la menace des mitraillettes vers le lieu de sa première garde-à-vue. C'est un spectacle qui peut déclencher l'ire des riverains et des passants souvent prompts à conspuer ou à molester l'individu ainsi exposé à leur vindicte.

Les arrestations sont généralement opérées sans respect des formes légales. FFI ou groupes autonomes ne produisent en effet pas de mandat d'arrêt ou de perquisition. L'appartement est d'ailleurs fouillé et pillé tout à loisir, parfois plusieurs jours après l'enlèvement de son occupant. Le plus souvent, aucune explication n'est fournie à ce dernier.

Cette violation manifeste de la loi ne manque pas d'indigner et d'inquiéter les épurés qui en font presque tous état. La brusque intervention de ces hommes à la mine patibulaire aurait été sans doute vécue de façon moins traumatisante par les intéressés si un ordre écrit émanant d'une autorité judiciaire leur avait été présenté.

12. Jean-Pierre Abel (René Château), *L'Âge de Caïn, Premier témoignage sur les dessous de la Libération de Paris*, Les Éditions nouvelles, 1948.

« Ils ne sont, en effet, nantis d'aucun mandat, ils ne portent pas de brassards – et de vulgaires cambrioleurs n'agiraient pas différemment » [13] remarque Sacha Guitry.
Cette absence de mandat revêt une importance particulière. Elle témoigne d'une situation inédite ou du moins d'un état d'exception.
Arrêté le 24 août 1944 à son domicile de l'avenue Niel, Henri Béraud s'enquérant d'un mandat à son encontre s'entend répondre : « Nous sommes en période révolutionnaire [...], les opérations de police ne relèvent plus de l'ordre judiciaire mais des organisations militaires et politiques ! » [14]
Cette déclaration qui sonne comme une proclamation est conforme à la situation : l'Épuration, concomitante de la libération du territoire national, s'inscrit dans le programme et le prolongement de la Résistance. Celle-ci, malgré les divergences de vue de ses composantes, aspire aussi et d'un même élan au renouveau et à la régénération de la France. Son projet social, économique et politique s'affirme en rupture avec la IIIe République.

13. Sacha Guitry, *Soixante jours de prison*, L'Élan, 1949, pp. 117-118. Parmi d'autres encore, René Château s'arrête, lui aussi, à cette absence de mandat : « Et naïf, je le fus assez pour demander quel mandat on avait contre moi. [...] Il n'y avait pas de mandat. Je n'en ai jamais vu un. » Jean-Pierre Abel, *op. cit.*, p. 26. Bénédicte Vergez-Chaignon évoque la « circulaire du 30 août 1944 qui rappelle la nécessité des mandats d'arrêt » dans *Vichy en prison*, p. 31.

14. Henri Béraud, *Quinze jours avec la mort. La chasse au lampiste*, Plon, 1951, p. 6.

Évoquant l'insurrection parisienne, Albert Camus écrit le 24 août 1944 dans le journal *Combat*: « Ce terrible enfantement est celui d'une révolution. »
Ce changement de société commande donc aussi l'élimination de ses membres qui se sont compromis avec l'occupant. Par obligation morale vis-à-vis de la communauté nationale mais aussi par souci de crédibilité. On parlera également de « régulation sociale ».

L'heure de l'Épuration sonne donc dans l'exaltation révolutionnaire. Du côté des suspects, l'épuration évoque dès ses premières heures une autre révolution, la Révolution de 1789, à laquelle d'ailleurs le Parti communiste français multiplie les références. Comme on le verra plus loin, cette comparaison avec les pires années de la Révolution est une constante du récit des épurés.
Lors de leur arrestation puis durant leur première détention, ces derniers découvrent, mêlés aux FFI ou aux FTP, de jeunes juifs français ou d'origine étrangère, garçons comme filles, des « noirs », quelques déserteurs dont des Allemands, des hommes plus âgés, vétérans des Brigades internationales et des anarchistes espagnols. La participation active d'éléments cosmopolites accrédite chez nombre d'épurés la conviction que l'épuration consacre aussi la revanche du Front populaire comme celle des Rouges espagnols repliés sur le Midi de la France. Ces derniers ont une expérience de la guérilla urbaine dont ils font profiter les maquisards et les insurgés parisiens. Les emprunts à la guerre civile espagnole ne sont pas que tactiques ou idéologiques. L'adoption par mimétisme des tenues et des postures « guerilleros » en témoigne.

Les barricades et leurs défenseurs évoquent à Jean Galtier-Boissière ainsi qu'à Claude Jamet, la Commune plutôt qu'une réplique du terrible affrontement qui a eu lieue en Espagne.

Il apparaît aussi que toutes sortes d'arriérés accumulés depuis des années se soldent à la faveur de l'épuration. Officiellement, celle-ci est régie par plusieurs ordonnances et se réfère au Code pénal, notamment à son article 75 réprimant les faits relevant de l'intelligence avec l'ennemi. Mais la rigueur particulière avec laquelle bien des épurés sont sanctionnés est aussi implicitement liée aux haines et passions politiques qui scandèrent l'entre-deux guerres puis, bien sûr, s'épanouirent durant l'Occupation.

Ainsi, certains « retour d'URSS » ne furent jamais pardonnés. Le reportage redoutablement démystificateur qu'Henri Béraud rapporta en 1925 de la patrie des prolétaires ne fut peut-être pas tout à fait étranger à l'énormité de sa condamnation à mort en 1944.

Il n'est pas exclu non plus que le récit par trop lucide qu'Alfred Fabre-Luce[15] fit de son voyage en Russie en 1927 contribuât quelque peu à son épuration.

Épousant depuis 1934 la courbe des tensions sociales et idéologiques exaspérées par le Front populaire et la guerre d'Espagne, les motifs de ressentiment se multiplient jusqu'à la guerre. Ainsi seront voués aux plus inexpiables vindictes tous les transfuges, donc « renégats, passés dès 1936 du Parti

15. Un temps séduit par le Parti populaire français de Jacques Doriot, Alfred Fabre-Luce, fervent pacifiste, évolua vers une « collaboration raisonnable » qui fut bien sûr retenue à charge contre lui.

communiste au Parti populaire français de Jacques Doriot, puis en août 1939 les vingt et un députés et le sénateur, démissionnaires du PCF par refus du pacte germano-soviétique.

Tous ceux-là sont promis à l'assassinat. À ces damnés s'ajoutent les parlementaires ayant voté la dissolution en septembre 1939 du Parti communiste.

À quelques singulières exceptions près, une disqualification sans appel frappera également la majorité parlementaire qui vota en juillet 1940 les pleins pouvoirs au Maréchal Pétain. Ceux qui applaudirent au procès de Riom compteront aussi parmi les épurés de prédilection.

L'inventaire est inépuisable. Une décennie de rancunes accumulées vient à échéance avec l'épuration.

*

Claude Jamet est arrêté à deux reprises. Une première fois, le 24 août, avenue de Choisy, où se trouve l'Institut dentaire transformé aux premières heures de l'insurrection parisienne en l'une des plus sinistres prisons privées de la capitale. L'ignore-t-il ? En tous cas, il n'en est jamais question dans le récit de son épuration : *Fifi roi.* Fort heureusement pour lui il est conduit dans d'autres lieux moins redoutables : une permanence FFI puis un commissariat.

Relâché après quelques jours d'une garde-à-vue relativement supportable, il regagne son domicile. Il y sera arrêté le 2 novembre par deux policiers respectueux de la procédure légale. Bien qu'il demeure impossible d'en préciser le nombre, les arrestations effectuées par d'authentiques policiers semblent encore rares.

Claude Jamet « trouve dans l'entrée deux gentlemen en imperméable clair, qui [lui] font voir, d'emblée, leur carte de la Préfecture de Police. » [16]
Un dialogue plutôt courtois s'engage :
« Je regrette Monsieur nous venons vous arrêter.
– Pour quoi ?
– Vous avez écrit dans *Germinal*[17] ?
– Oui, quelques articles de critique théâtrale.
– Et d'autres... J'ai d'ailleurs un numéro en poche. »
Les policiers, précise Claude Jamet, s'abstiennent de perquisitionner. Sans doute n'en ont-t-ils guère le temps.
« Une conduite intérieure nous attendait en bas. [...] Ils ont une liste de clients à cueillir ce matin. Et, de temps en temps, l'auto stoppe devant une porte – rue Turbigo, rue du Temple, etc. Pas de chance : le milicien et le speaker de *Radio-Paris* n'y sont pas. On repassera ! » [18]

Le 7 octobre 1944, Pierre Malo, journaliste au *Matin*, est également appréhendé chez lui par deux « laitiers » de la Mondaine qui lui signifient son arrestation pour avoir signé, durant l'Occupation, des articles dans *Le Matin*[19].

16. Claude Jamet, *Fifi roi*, L'Élan, 1948, p. 67.

17. Cet hebdomadaire de la gauche collaborationniste eut une existence éphémère. Lancé le 28 avril 1944, il cesse de paraître vers la mi-août 1944. Claude Jamet en fut le rédacteur en chef.

18. Claude Jamet, *op. cit.*, p. 68.

19. Ce quotidien fondé en 1884, est le premier à reparaître, le 17 juin 1940. Pierre Malo, collaborateur de ce journal qui atteint les deux cent soixante mille exemplaires début 1943, est inquiété pour avoir aussi réalisé, en juillet de cette même année, des reportages en Ukraine sur le massacre de plusieurs milliers de paysans par les soviétiques.

Malgré sa vocation première, la police mondaine est alors chargée d'extraire des journaux publiés pendant l'Occupation les articles pouvant être retenus contre leur auteur.

Philippe Saint-Germain, lui aussi ancien journaliste, ouvre sa porte à deux policiers en civil munis d'un « ordre d'amener ». Ceux-ci lui déclarent que « le Parquet désire [l'] entendre sur [ses] activités durant l'Occupation » et prennent soin de préciser : « le juge d'instruction vous informera. »[20]

Mary Marquet, comédienne de grand renom, arrêtée elle aussi à son domicile par des policiers, a droit à quelques égards. Lors de sa garde-à-vue au commissariat de son quartier, elle est notamment autorisée à recevoir la visite de sa bonne qui vient à plusieurs reprises en pourvoyeuse.

Sacha Guitry, comme déjà dit, n'a pas eu cette chance. Brusqué par ses ravisseurs, sans doute des FFI, il doit quitter son hôtel particulier vêtu d'un pyjama composé « d'un pantalon jaune citron et d'une chemise à larges fleurs multicolores. » Il est coiffé « d'un panama exorbitant » et ses pieds, nus, « sont chaussés de mules de crocodile vert jade. »[21] C'est dans cette tenue que pressé par ses gardes il marche jusqu'à la mairie du 7e arrondissement. Il conserve assez d'esprit pour se demander : « Va-t-on me marier de force ? »[22]

20. Philippe Saint-Germain, *Article 75, Bureau d'études et de publications sociales*, 1951, p. 21.

21. Sacha Guitry, *op. cit.*, pp. 128-129.

22. *Ibid.*, p. 131.

Toujours déshonorante, souvent humiliante, l'arrestation peut être aussi déchirante. Il advient en effet que l'épouse et parfois même l'enfant soient également emmenés.
Les parents Château obtiendront des FTP que leur fils âgé de 13 ans ne les suive pas ; une de leurs voisines s'engageant à le prendre en charge. L'enfant sera néanmoins longuement et rudement interrogé puis mis à la rue par les FTP qui avaient d'abord prévu de l'abandonner à l'Assistance publique. L'appartement sera, comme bien souvent, pillé.

Pire assurément fut le sort de l'épouse et du fils de Georges Albertini, secrétaire général du très collaborationniste Rassemblement national populaire de Marcel Déat.
Furieux de n'avoir pu débusquer Georges Albertini[23] qui se cachait à Paris, les FTP torturèrent atrocement sa femme durant plusieurs jours et se débarrassèrent de l'enfant auprès de l'Assistance publique. Ce dernier y décèdera faute de soins vers la mi-janvier 1945. Il n'avait pas vingt mois.

23. Les parents, âgés, de Georges Albertini furent également emprisonnés durant trois mois.

II

PREMIÈRES GARDE-À-VUE ET SÉQUESTRATIONS

Une fois appréhendés, les suspects sont donc conduits en voiture, en car ou à pied, en un tout premier lieu : mairie, permanence FFI, commissariat, Hôtel de Ville, préfecture de police, école, pour y être gardés à vue et parfois sommairement interrogés ou simplement enfermés et laissés dans l'ignorance de leur sort.

Avant de mener au Dépôt, au Vélodrome d'Hiver et à Drancy, les différents itinéraires de l'épuration sont jalonnés d'étapes plus ou moins nombreuses. Il en est de fort longs et tortueux comme de très courts et sans détour qui, dans la même journée, conduisent le suspect directement du cabinet du juge d'instruction à la prison de Fresnes. Ce fut le cas, assez rare il est vrai, de Pierre Malo.
En revanche, Claude Jamet, Henri Béraud, Robert Cardinne-Petit connaissent une longue errance.

À cet égard, les pérégrinations de ce dernier, ancien secrétaire général de la Comédie française et rédacteur aux *Nouveaux Temps* de Jean Luchaire, trahissent l'embarras d'épurateurs improvisés qui ne savent que faire de leurs prisonniers. Victime de dénonciations calomnieuses, Robert Cardinne-Petit est d'abord convoqué, fin septembre 1944, au service du commissaire Galy de la brigade mondaine où après un examen approfondi de ses activités littéraires et journalistiques durant l'Occupation il est mis hors de cause. Mais le climat est alors si délétère qu'on lui fait valoir l'avantage d'être emprisonné le temps qu'un juge établisse définitivement son innocence. L'ardeur épuratrice et l'anarchie ambiante des premières semaines font en effet de certains lieux légaux de détention un refuge contre tous les périls du dehors : vengeances personnelles, justiciers autoproclamés, lynchages publics, geôles privées, méprises multiples...

Le danger peut surgir, tout d'abord, de la rue. La rue aux réactions aussi extrêmes que soudaines. Claude Jamet a échappé de peu à sa vindicte.

L'ambiance dans la capitale est encore survoltée ces derniers jours d'août. Des coups de feu, jamais élucidés, partent encore des toits et la Cinquième colonne semble omniprésente !

Le 24 août 1944 alors que l'insurrection parisienne triomphe, Claude Jamet, carnet et crayon en main, se promène en ethnologue de Paris lorsqu'il est cerné par des FFI, certains d'avoir pris un espion en flagrant délit.

« Et voilà que je dois marcher les bras en l'air, serré de près par une foule qui accourt, se rassemble, grossit, s'interroge :

"C'est lui ? c'est lui ?" et m'insulte de confiance : "Salaud ! Ordure" ! »[1]
Claude Jamet ne se départit pas de son calme, s'explique et, conduit à une permanence FFI, échappe sans doute au lynchage.

Il y a aussi les chasses à l'homme, surtout les traques de Miliciens particulièrement honnis des résistants. Cette exécration est d'autant plus marquée que la Milice compte dans ses rangs nombre de membres du PPF et du RNP.
À Claude Jamet qui a recouvré sa liberté, une mégère du quartier Monge rapporte avec allégresse que l'un de ces maudits a été débusqué, et lui mime comment il eut les yeux crevés.
Ces traques parfois fatales sont l'expression d'une « spontanéité populaire » que les autorités semblent prendre en considération. Ces dernières en appellent d'ailleurs au « concours public ». Le 4 septembre 1944, un communiqué de la Préfecture de Police avise que « si un individu dangereux, notoirement au service de l'ennemi, ou poursuivi par la clameur publique, risque de s'enfuir, il est du devoir des citoyens de le maîtriser et de le conduire au poste de police le plus proche ».
Cette « clameur publique » dont l'importance a été étudiée en relation avec les « émotions » populaires à Paris sous l'Ancien Régime, conserve donc sa fonction d'alarme et de mobilisation du quartier qu'elle ameute. Avant d'être cohue, l'attroupement peut aussi naître presque subrepticement.
Un codétenu de Pierre Hamp se souvient avec effroi : « La foule ça commence par le voisin qui vous montre du doigt et chuchote, et ça finit par tant de poings levés qu'on ne voit

1. Claude Jamet, *op. cit.*, p. 43.

plus que ça, et des bouches qui hurlent, des grands trous qui crient à la mort. Par là-dessus, des pierres, des couteaux, des cannes. On est quelquefois bien en prison. »[2]

L'horreur peut donc surgir au coin de la rue, mais elle se tapit aussi dans ces nombreuses prisons privées où l'on torture jusqu'à la mort ou à la folie.

François Brigneau, qui a connu les affres de la séquestration dans une prison clandestine de la rue François Miron et qui y fut torturé, se loue d'être enfin à Fresnes, « [...] dans une vraie prison, une prison légale, officielle, avec des règlements, des gardiens fonctionnaires d'État. [...] Une prison, surveillée, dont les barreaux et les murs servaient moins à me retenir qu'à me protéger. Quelle extase ! »[3]

C'est ce même soulagement que ressentent profondément tous les épurés rescapés des geôles parisiennes. Celles-ci sont au faîte de la hiérarchie de l'horreur de l'emprisonnement arbitraire.

Ne peuvent en effet leur être comparés, malgré des conditions de détention souvent très éprouvantes, les lieux d'internement officiels que sont le Dépôt, le Vélodrome d'Hiver, Drancy, le fort de Charenton, la caserne de Saint-Denis et de Noisy. Certes, des prisonniers y subirent des sévices, mais qui cessèrent dès que les FFI furent remplacés en septembre 1944 par des gendarmes. Ceux-ci, de l'avis unanime des épurés, surclassaient à tous égards les policiers ; lesquels étaient eux-mêmes, malgré les agissements d'un certain nombre d'entre eux, plus favorablement considérés que les FFI et les FTP.

2. Pierre Hamp, *L'Éternel*, Paris, Éditions Self, 1948, p. 126.

3. François Brigneau, *À Fresnes au temps de Robert Brasillach*, Publications F B, 1994, p. 6.

Revenons à l'itinéraire de Robert Cardinne-Petit. Celui-ci, après avoir été entendu fin septembre 1944, à la brigade mondaine, sera pris en charge par un « commandant » FTP et enfermé pour une nuit dans la chambre d'un hôtel borgne, rue Saint-Honoré, peuplé de la cave au grenier d'autres détenus des deux sexes couchant sur le carreau.
Le lendemain, il est remis au Comité de Libération du quartier et sur le rapport du commandant FTP comparaît le 2 octobre 1944 devant un tribunal révolutionnaire qui siège dans la salle des mariages de la mairie du 1er arrondissement. Robert Cardinne-Petit, assis dans l'un des deux fauteuils réservés aux futurs époux, fait face au président assisté d'une vingtaine de conseillers arborant chacun un brassard tricolore. Il est décidé de le confier à la Sécurité militaire. Celle-ci, ne sachant apparemment que faire de lui, le transfère en autobus, avec seulement quelques gardes, des sous-sols d'un immeuble du boulevard Hausmann, où il ne reste que deux nuits, à la prison du Cherche-Midi.
Il est ensuite conduit au fort de Charenton et y passe deux mois de « détention administrative ». Son périple s'achève à la prison de Fresnes-les-Rungis.

Henri Béraud offre un autre cas de nomadisme. Arrêté le 24 août 1944, il est tout d'abord emmené à l'hôtel particulier du couturier Lucien Lelong. Située rue Alphonse de Neuville, à l'angle de l'avenue de Wagram, la demeure a été transformée en bivouac par les « maquisards »[4]. Henri Béraud évoque la présence d'« une centaine de garçons armés jusqu'aux dents »[5].

4. Henri Béraud, *Quinze jours avec la mort*, Plon, 1951, p. 10.

5. *Ibid.*, p. 11.

Deux à trois douzaines de prisonniers sont parquées dans le jardin. Henri Béraud, après y être resté un jour, est autorisé à rentrer chez lui mais doit héberger un homme de garde.

Le 2 septembre 1944, « la police, la vraie »[6] fait irruption à son domicile et le reconduit à l'hôtel de la rue Alphonse de Neuville où il retrouve parmi les détenus une grande partie de ses anciens gardiens !

Peu après, commence une longue randonnée en voiture, coupée de haltes, qui finit dans les caves de l'Hôtel de Ville. Il y séjourne plusieurs jours en compagnie de détenus de toutes origines.

Un soir de septembre, Henri Béraud quitte l'Hôtel de Ville et se rend à pied avec une escorte à l'externat de jeunes filles Sophie Germain, rue de Jouy. L'établissement a été transformé à la faveur des grandes vacances en caserne pour les FFI. Henri Béraud est enfermé dans la bibliothèque mais peut recevoir sa femme chaque matin durant une heure.

Le 20 septembre, il retrouve pour une nuit les caves de l'Hôtel de Ville. Le lendemain il est conduit avec deux autres détenus et des gardes, en taxi « barbouillé d'inscriptions [qui] file vers Montmartre »[7] à la « Section Marceau » aménagée dans un garage de la rue Marcadet, « [sa] quatrième prison »[8].

À rebours d'autres « itinéraires », cette nouvelle détention s'avère bien plus inconfortable et pour certains détenus vire à l'horreur.

6. *Ibid.*, p. 20.
7. *Ibid.*, p. 56.
8. *Ibid.*, p. 56.

Dans un des boxes grillagés destinés aux voitures s'entassent des prisonniers allemands. La deuxième de ces cellules improvisées est pour Henri Béraud et ses compagnons d'infortune. Une troisième est réservée aux femmes. Ce garage est le théâtre de scènes atroces de tabassage nocturne et de lynchage au spectacle desquelles le voisinage vient se distraire.

Des suppliciés, relâchés dans un état critique, partent en ambulance.

Quittant indemne la section Marceau pour aller directement à Fresnes, Henri Béraud voyage dans un camion découvert en compagnie de détenus suppliciés. La capitale est encore pavoisée. « Des milliers de Parisiens attablés aux terrasses virent passer ce charroi de cauchemar. Des pansements de fortune entouraient le visage tuméfié de la plupart d'entre nous. Notre linge et nos vêtements n'étaient que guenilles. »[9]

De Montmartre à Rungis, de quartier en quartier, à chaque halte que fait le chauffeur, le camion et ses pitoyables passagers soulèvent insultes et railleries. Enfin, le voyage s'achève à Fresnes.

L'itinéraire de Claude Jamet n'est pas moins long et varié. Arrêté une toute première fois, on s'en souvient, le 24 août 1944, avenue de Choisy, ce professeur, écrivain et journaliste, est emmené à pied à une permanence FFI, puis de là conduit en voiture à une autre permanence plus importante, aménagée dans une institution de jeunes filles réquisitionnée par les FFI. Dès le lendemain après-midi, il sort libre de cette « prison républicaine »[10].

9. *Ibid.*, p. 77.

10. Claude Jamet, *op. cit.*, p. 45.

Il juge ensuite préférable de se faire héberger avec sa femme chez une parente. Alors que le couple s'apprête à dormir, un groupe d'hommes armés, alertés par la concierge, fait irruption. Le journal *Ce Soir*[11] venait d'appeler les patriotes à redoubler de vigilance et à signaler aux autorités tous les individus suspects.
Claude Jamet parvient par ses explications à rassurer le chef d'équipe, à « l'uniforme presque complet »[12] quand retentissent les déflagrations d'un bombardement allemand[13]. C'est alors la ruée vers les caves. Claude Jamet et son épouse préfèrent alors s'esquiver.

Paris se remet peu à peu des épreuves de l'Occupation. Claude Jamet qui suit les développements de l'épuration veut croire dès le 31 août à l'apaisement dont il relève les premiers signes : « Il semble maintenant que les choses se passent – ou vont se passer – un peu moins irrégulièrement. On exécute plus – ou on exécute moins – sur place. Je crois même qu'on ne promène plus de femmes tondues toutes nues, avec une croix gammée sur le ventre, à travers les rues. La police a repris à peu près le contrôle des opérations. Les fifis – en principe – n'ont plus le droit de perquisitionner, d'appréhender, d'emprisonner – et de juger – au petit malheur, comme ils le faisaient. »[14]

11. Quotidien communiste paraissant l'après-midi.

12. Claude Jamet, *op. cit.*, p. 51.

13. Ce bombardement aérien du samedi 26 août 1944, le dernier selon René Château, est rapporté par plusieurs épurés.

14. Claude Jamet, *op. cit.*, p. 53.

Mais cette amorce de normalisation, qui n'est pas avérée et dont se rassurait Claude Jamet est, en tous cas, sans lendemain. Il lui faut se rendre à l'évidence. L'épuration, tout au contraire, se poursuit *crescendo.* « La Terreur est en marche ! » [15] s'épouvante-t-il.

Début octobre, le voilà avisé qu'il est suspendu de ses fonctions de professeur de khâgne au lycée Henri IV. Le 2 novembre 1944 au matin, il est à nouveau arrêté. Deux policiers de la préfecture se présentent à son domicile et après lui avoir « laissé avaler deux tartines » [16] l'emmènent en voiture.

Quelques visites domiciliaires plus tard, il est déposé à un poste de police. Sa détention de quelques heures n'est pas des plus rigoureuses. Sa femme, si elle n'a pu, le matin, que l'embrasser et lui remettre nourriture et vêtements, est autorisée l'après-midi même à le retrouver en toute tranquillité. Il est ensuite conduit en car de police au commissariat de la rue Ramponneau, puis ramené au poste « central ».

Le 3 novembre, on le transfère à nouveau au commissariat de la rue Ramponneau. Sa femme peut encore lui remettre quelques provisions et effets personnels.

Interrogé presque courtoisement pendant quelques heures, mais aussi inculpé au titre de l'article 79 [17], Claude Jamet est ensuite emmené vers 23 heures au Dépôt en compagnie d'un Arabe accusé d'avoir travaillé pour le Rassemblement national populaire.

15. *Ibid.*, p. 55.

16. *Ibid.*, p. 68.

17. L'article 79 du Code pénal sanctionne l'« enrôlement de soldats pour le compte d'une puissance étrangère » et ne paraît donc pas convenir au cas de Claude Jamet. Mais ce « motif d'inculpation », il est vrai, est signifié à ce dernier par le secrétaire du Commissaire de Police...

Sur le chemin, le car de police fait la tournée des commissariats de la Chapelle, de Belleville, de Saint-Ouen, Saint-Denis et de la rue de Tanger. À chaque halte le voyage gagne en ambiance et en pittoresque. Le périple s'achève après minuit au Dépôt, où Claude Jamet demeurera près d'un mois avant d'être transféré à Fresnes.
Mais il est des parcours plus directs. Ainsi Pierre Malo, journaliste au *Matin*, est arrêté le 7 octobre 1944, puis écroué le soir même à Fresnes et entendu par le juge d'instruction dès le 12 octobre ! Une telle célérité est exceptionnelle.

La première comparution devant le juge d'instruction n'a le plus souvent lieu qu'après plusieurs semaines, voire plusieurs mois, d'une attente vécue comme un premier châtiment.
Le parcours de l'académicien Abel Hermant illustre une variante médiane entre le trajet, aussi bref que rectiligne, de Pierre Malo et l'itinérance de Robert Cardinne-Petit ou de Claude Jamet. Arrêté chez lui par deux jeunes FFI, Abel Hermant est conduit à l'état-major local installé dans un hôtel particulier proche de son domicile. Il est ensuite emmené dans un commissariat de police, puis au « violon » de la rue Cambacérès, dans le 8e arrondissement. Quelques heures plus tard, un car le dépose avec d'autres suspects au camp de Drancy, en pleine nuit. Il sera ensuite conduit à Fresnes, sans être passé par le Dépôt ou le Vél' d'Hiv'.
Toutes ces étapes sont comme les cases d'un Jeu de l'Oie. Qui peut aussi conduire d'emblée et sans transition à l'horreur des prisons illégales contrôlées par des groupes FTP ou des éléments armés irréguliers.
Le souvenir souvent atroce que les anciens détenus ont gardé de tels lieux ne les incitait guère à rapporter par écrit le détail

de leur séquestration ni même à en parler autour d'eux, tant la crainte de représailles, souvent bien réelles, fut longue à se dissiper chez ces prisonniers d'un nouveau genre.
Seules quelques-unes de ces geôles improvisées ne sont donc qu'évoquées. Mais parfois de façon suffisamment éclairante.

Les lieux de détention illégaux

Ainsi Henri Béraud a, en quelques pages, dépeint l'ambiance et les hideurs nocturnes du garage de la rue Marcadet. Deux de ces prisons autonomes, estimées par François Brigneau à une centaine[18] dans Paris, ont fait l'objet d'une description détaillée permettant notamment de connaître leur fonctionnement.
Celle aménagée dès avant la fin août 1944 dans l'Institut dentaire de l'avenue de Choisy, peut-être encore enfouie dans la mémoire de certains riverains et victimes, est connue des historiens et spécialistes de l'épuration, grâce à *L'Âge de Caïn.* Ce récit, déjà évoqué, que René Château écrivit sous le pseudonyme de Jean-Pierre Abel, fit date. Publié début 1948, *L'Âge de Caïn* était en effet présenté comme le « premier témoignage sur les dessous de la Libération de Paris ».
L'auteur dont la véritable identité fut vite percée était professeur de philosophie, ardent pacifiste, député radical-socialiste et franc-maçon. Enfin et surtout, il fut un proche de Marcel Déat.

18. « Il en existe plusieurs par arrondissement, plus d'une centaine à Paris intra-muros » estime François Brigneau dans *Fresnes au temps de Robert Brasillach*, 1, « Mes derniers cahiers », troisième série, nº 4, Publications F B, 1994, p. 12.

Il séjourna quinze jours à l'Institut dentaire. Sa femme et lui en sortirent miraculeusement indemnes de tout sévice grave. Le couple fut ensuite transféré à Drancy.
Quatre ans à peine après les faits, René Château osait rapporter les tortures et les meurtres dont cet institut avait été le théâtre jusqu'en septembre 1944.

Vaste bâtiment de briques rouges environné de pelouses et de jardins, cet établissement encore moderne pour l'époque est notamment composé, sur deux étages, de spacieuses salles d'études, d'une grande cinémathèque et d'un ample vestibule à colonnes[19]. Dès les derniers jours d'août 1944, l'Institut dentaire devient, sous le nom de PC Fabien, l'un des principaux centres illégaux d'internement et de tortures de la capitale. Cent cinquante hommes et femmes environ y sont séquestrés. Des prisonniers arrivent tout au long de la journée tandis que quelques uns disparaissent.
Sur place, comme en bien d'autres points de la capitale, règne l'effervescence des états d'urgence. La guerre continue. L'aviation allemande a bombardé le secteur le 26 août. L'ennemi subsiste aussi sous la forme d'une Cinquième colonne ; obscur et changeant mélange d'activistes du PPF, de Miliciens, d'irréductibles de la collaboration. Cette hydre née au début de la guerre d'Espagne a connu sa version française dès 1939 lorsque le gouvernement Daladier sévit avec la plus grande rigueur contre ses suppôts : les communistes et les journalistes de *Je Suis Partout*, ces derniers accusés de menées subversives en faveur de l'Allemagne.

19. Ce bâtiment, situé à l'angle de la rue Eastman et de l'avenue de Choisy, est toujours le siège de l'Institut dentaire et de stomatologie.

La Cinquième colonne alimente pendant la Libération, et par la suite, la psychose du sabotage, des tireurs sur les toits, les assassinats de résistants. On lui impute aussi des coups de mains, jamais avérés, destinés à libérer les prisonniers des FFI. Ces derniers décrètent qu'il leur faut donc se constituer une réserve d'otages qui seront exécutés en représailles. Dès le début de sa séquestration dans un bureau de l'Hôtel de Ville, Pierre Taittinger est informé par ses gardiens que ses codétenus et lui seront passés par les armes si la Cinquième colonne tente un coup de main. Menace dont est également averti René Château à son arrivée à l'Institut dentaire.

Dans ce centre FTP, René Château note la présence parmi les résistants d'un certain nombre de femmes et d'étrangers. Il s'inquiète aussi de l'agitation de ces combattants qu'enfièvrent encore les combats insurrectionnels des derniers jours et l'urgence, proclament certains, de l'œuvre révolutionnaire à accomplir.

L'Institut dentaire illustre parmi bien d'autres exemples les difficultés que le gouvernement provisoire rencontra jusqu'à la fin de l'année 1944 pour imposer son autorité aux formations armées militaires FFI, FTP et paramilitaires telles que les Milices patriotiques. Créées en 1943 et d'obédience communiste, celles-ci apparurent au grand jour vers la fin de la Libération de Paris. Elles avaient pour principale mission de combattre la Cinquième colonne et de débusquer les collaborateurs.

Ces troupes supplétives multiplièrent en toute illégalité arrestations, perquisitions, pillages, interrogatoires, séquestrations et perpétrèrent des exécutions.

Condition impérative d'une restauration sans partage de la légalité républicaine, la dissolution et le désarmement des Milices patriotiques ne furent décidés par le gouvernement que le 28 octobre 1944. Cette mesure tardive, bien qu'opportunément assortie de l'annonce de la grâce amnistiante de Maurice Thorez, fut véhémentement rejetée le 3 novembre par le Parti communiste. Dès le lendemain, celui-ci déclare, à l'occasion d'une réunion au Vélodrome d'Hiver, la transformation de ses Milices en Gardes civiques républicaines.

Démonstrations de force et défis opposés à l'autorité légitime étatique continuèrent. Mais le 30 novembre 1944, au Vél' d'Hiv, Maurice Thorez, rentré trois jours plus tôt d'URSS et opérant un de ces saisissants revirements politiques dictés par Moscou, appelle solennellement à se conformer à la décision du gouvernement.

Cependant, des Gardes civiques récalcitrants ne désarment pas et se manifestent épisodiquement jusqu'à la fin décembre 1944. Ainsi, ce n'est que le 4 de ce mois que dans le 14e arrondissement, l'*hôtel du Dôme* transformé en prison particulière est évacué sur injonction du ministre de la Justice lui-même.

Le discours, le 23 janvier 1945, de Maurice Thorez prônant le retour à la légalité par la disparition des « groupes armés irréguliers », puis la dissolution officielle, le 25 janvier, des Gardes civiques marque la fin du conflit d'autorité opposant les communistes au gouvernement. L'épuration est désormais normalisée et canalisée par sa judiciarisation.

Mais en cette fin du mois d'août 1944, l'Institut dentaire offre l'un des meilleurs exemples de cette épuration incontrôlée.

À l'intérieur de l'établissement naguère si paisible, les ordres d'arrestation fusent de toutes parts dans le désordre ambiant qu'accentuent les allées et venues incessantes, les uniformes hétéroclites, la fantaisie des grades. « Les grades des Fifis 1944, note Pierre Hamp, non sans un certain mépris, ont été distribués comme ceux des Communards 1871. Ils ont créé le colonel-chef à six galons d'or alors que l'armée régulière n'en accorde que cinq. Ce sont d'excellents clients pour la passementerie. Ils s'en mettent du poignet à l'épaule. »[20]

Chacun paraît agir en toute improvisation et de sa propre initiative. Cette animation contraste singulièrement avec le silence et l'immobilité imposés à tous les détenus qu'achève de statufier l'interdiction formelle de se relâcher, de dormir, de mâcher... Médecin de l'Inspection générale des camps et délégué du ministre de la Santé publique, le docteur Bernard Duhamel, s'est présenté à l'Institut dentaire le 11 septembre 1944 dans le cadre de sa mission d'inspection des lieux de détentions officiels et « privés ». Il fait la même observation : « [...] les miliciens sont assis sur des fauteuils sans bouger ni parler, hommes et femmes n'étant pas séparés. »[21]

Parqués dans une salle de conférence, ils doivent, la nuit venue, dormir pour la plupart sur leur chaise ou leur fauteuil, malgré les lampes continuellement allumées et les irruptions des gardiens.

20. Pierre Hamp, *op. cit.*, pp. 138-139. René Château fait à propos des grades FTP la même observation : « Beaucoup de ces jeunes gens, et même de ces jeunes femmes, étaient de nouveaux gradés. Ils avaient, le plus souvent, cousu eux-mêmes leurs galons. [...] Un sergent, par exemple, s'était très bien cousu un galon de sous-lieutenant. Et j'ai vu un capitaine, des plus graves, dont les trois galons étaient cousus verticalement, tout droit du poignet vers l'épaule », Jean-Pierre Abel, *L'Âge de Caïn*, p. 41.

21. Extrait d'un rapport du docteur Bernard Duhamel, cité par Pierre Bourget, Paris, année 1944, Plon, 1984, p. 441.

La détresse des séquestrés – un trait récurrent de leurs témoignages – est avivée par le spectacle de la rue : « [...] On voyait, plus loin, des maisons et, derrière la grille des jardins, l'avenue de Choisy avec son mouvement, avec des voitures, avec des hommes libres. »[22]

Des femmes tondues, barbouillées de peinture, et des prisonniers suppliciés sont entrevus se rendant aux toilettes avec leur escorte.

Des tortionnaires sévissent dans les caves et dans une chambre sourde au deuxième étage d'où s'est défenestré un interné. Celui-ci a agonisé toute la nuit, puis au matin a été fusillé sur un brancard.

Des prisonniers sont passés par les armes dos aux murs extérieurs puis enterrés dans les jardins attenants au bâtiment.

L'Âge de Caïn est le seul récit publié dont l'on dispose sur cet Institut dentaire. Toutefois, il semble qu'un autre des séquestrés de cette prison autonome ait laissé une correspondance concernant sa détention. Son auteur, Louis L'Hévéder, évoqué à plusieurs reprises par René Château, était l'ancien député SFIO de Lorient à qui les FTP reprochaient d'avoir voté, en septembre 1939, la dissolution du Parti communiste.

Dans sa réponse à Louis Martin-Chauffier, l'une des séquences de la polémique déclenchée par sa *Lettre aux Directeurs de la Résistance*, Jean Paulhan cite le témoignage de Louis L'Hévéder sur ce lieu d'internement improvisé. Louis L'Hévéder qui y avait précédé de plusieurs jours René Château, arrivé le 30 août 1944, fut relâché vers le 5 septembre à la

22. Jean-Pierre Abel, *op. cit.*, p. 63.

suite de pressions extérieures. Gravement malade, il regagna son domicile dans un état d'épuisement extrême.
Se référant à Louis L'Hévéder, Jean Paulhan commet, ou colporte, une erreur vraiment ébouriffante en citant le député socialiste qui « rapporte qu'à l'Institut de France, en 1944, vingt détenus sont mis à mort chaque jour. »[23]
L'Institut dentaire, de l'avenue de Choisy, confondu par Jean Paulhan, le « pape des lettres françaises », avec l'Institut, celui des cinq Académies ! On peine à le croire.

L'Institut dentaire est l'exemple même de ces fiefs FTP que les autorités légales se sont efforcées de réduire à partir du mois de septembre 1944.
Ainsi, le 5 de ce mois, la police tente nuitamment de pénétrer dans l'établissement de l'avenue de Choisy. Elle perd deux hommes, morts dans l'assaut, et craignant pour la vie des détenus, bat en retraite. Les FTP informés de l'imminence d'une attaque, qu'ils imputent opportunément à une invraisemblable arrière-garde de PPF et de Miliciens, ont en effet opposé aux policiers une impressionnante puissance de feu. Cet épisode particulièrement révélateur des rivalités politiques et des conflits d'autorité d'alors a donc été rapporté de l'intérieur par René Château mais aussi par une jeune détenue restée anonyme et dont Robert Aron cite le témoignage concordant[24].

23. Jean Paulhan, *Lettre aux Directeurs de la Résistance*, Jean-Jacques Pauvert, 1968, p. 63.

24. Robert Aron, *Histoire de l'Épuration*, tome 1, Fayard, 1967, édition de 1970, pp. 582-584.

Mais très curieusement, le même historien mentionne, en l'accréditant, la relation fort différente que Denise Aimé-Azam fit de la fermeture de l'Institut dentaire.
En septembre 1944, Denise Aimé-Azam enquêtait avec le docteur Duhamel sur les prisons clandestines en vue de leur fermeture. Elle rapporte que les exactions commises à l'Institut dentaire cessèrent avec sa réquisition par les Américains qui avaient été saisis du problème[25]. Assertion tout à fait singulière et jamais corroborée.
Marqué notamment par cet affrontement armé qui est un véritable défi à son autorité, le gouvernement redouble de pression sur les FFI de Choisy et leur chef, le capitaine « Bernard ».
Ces derniers concèdent alors un adoucissement du régime d'internement en distinguant les cas les plus graves, les « durs », des moins sérieux, les « mous ». Il fut même prévu de faire dire une messe par un authentique prêtre.
Le 8 septembre, un officier de l'État major FFI a accès à l'Institut dentaire et un transfert dans des prisons régulières est annoncé au grand soulagement des prisonniers.
Néanmoins, des « durs » sont encore exécutés après le départ, les 13 et 14 septembre 1944, des « mous » qui sont dirigés vers d'autres lieux d'internement.
Peu avant, vers le 10 septembre, s'est tenue une réunion mettant en présence le préfet de police, le directeur de la police judiciaire et d'autres instances. Tous sont résolus à faire cesser les arrestations et les internements arbitraires ainsi qu'à empêcher les assassinats dans les prisons privées.
L'histoire de l'Institut dentaire et d'autres lieux de séquestration permet de situer à Paris le paroxysme de l'épuration

25. Robert Aron, *Histoire de l'Épuration*, tome 2, Fayard, 1969. p. 142.

de l'ombre entre le début de l'insurrection parisienne, le 19 août, et la mi-septembre 1944. Des pratiques contraires à toute légalité imputables à des groupes autonomes, et des résurgences, certes de plus en plus rares, ont pu être observées jusqu'au deuxième semestre 1945. Toutefois, c'est bien à partir du mois de septembre 1944 que le gouvernement commence à imposer son autorité aux communistes, mais de façon très progressive et au prix de concessions.

Ainsi, une fois les prisons illégales fermées, leurs détenus n'ont pour la plupart pas été rendus à la liberté mais dirigés vers d'autres lieux d'internement légaux ou plus officiels tels que le Dépôt, le Vél' d'Hiv', Drancy ou Fresnes. Les relâcher eût été en effet désavouer les FFI-FTP auxquels fut aussi concédée la gestion jusqu'en octobre 1944 de la troisième division de la prison de Fresnes. Arrivé là-bas pendant la première quinzaine du mois de septembre 1944, Pierre Hamp précise : « Les gardiens et les gendarmes ne sont responsables que du seuil et du hall d'entrée. La troisième division est tenue par les Francs tireurs dont la troupe peuple le large chemin central d'accès aux escaliers des cellules. »[26]

Transféré à Fresnes le 2 décembre 1944, Xavier Vallat note la présence de deux jeunes FFI armés devant le portail central de la prison.

Jusqu'à leur départ massif pour le front d'Alsace, fin décembre 1944, le gouvernement éprouva beaucoup de difficultés à conduire et contrôler l'épuration car certaines troupes FFI, après la Libération, reconnaissaient l'autorité de leur chef direct avant même celle du haut commandement.

26. Pierre Hamp, *op. cit.*, p. 95.

Ainsi, Robert Aron rapporte qu'un authentique officier de l'état-major du colonel Rol, chargé d'obtenir la libération d'un prisonnier indûment retenu au Dépôt, dut convaincre le directeur de la prison qu'il avait pour mission de conduire le détenu à un interrogatoire approfondi ![27]

De la critique des témoignages d'épurés

Dans la bibliographie consacrée aux excès de l'épuration et à sa condamnation, *L'Âge de Caïn* occupe une place particulière, qui appelle ici quelques précisions.

Les historiens et spécialistes[28] du sujet en ont fait le modèle de cette littérature qui a notablement contribué à forger la « légende noire de la Libération ».

Les excès des derniers mois de l'année 1944 ne sont certes pas niés par les historiens, mais la plupart d'entre eux s'en tient à l'estimation officielle des quelque dix mille morts de l'épuration extrajudiciaire et judiciaire dénombrés pour toute la France. Or le bilan des exécutions sommaires a été durant des décennies au cœur d'une âpre polémique révélant de farouches antagonismes politiques.

Entre le total des dix mille exécutés sur un plan national agréé par la recherche historique[29] de ces dernières années et

27. Robert Aron, *Histoire de l'Épuration*, tome 1, p. 649.

28. Alain Brossat, *Les tondues, Un carnaval moche*, Éditions Manya, 1992, réédition Hachette, collection « Pluriel », 1994, p. 98.

29. On se réfèrera notamment à Jean-Pierre Rioux, *La France de la IVe République*, 1. « L'ardeur et la nécessité, 1944-1952 », Éditions du Seuil, *Nouvelle histoire de la France contemporaine*, 2002, p. 54. « [...] une enquête de gendarmerie en 1952 aboutit au chiffre de dix mille huit cent quatre-vingt-deux exécutions, dont huit mille huit cent soixante-sept directement imputables à la Résistance (cinq mille cent quarante-trois

celui des quelque cent mille morts victimes de la Libération (= épuration = terreur), Robert Aron retenait à la fin des années 1950 l'estimation de trente à quarante mille exécutions sommaires[30].

Ainsi, dans sa vaste étude sur la *Politique et la littérature à l'extrême droite des années 1930 aux retombées de la Libération*, Jeannine Verdès-Leroux s'arrête à maintes reprises au récit de René Château et prononce un verdict sans appel : « Mais les "témoignages" des vaincus sur ces abus sont le plus souvent de seconde main et ne sont pas crédibles à cause de leur ton, de leur incohérence, de leurs chiffres : comme par exemple *L'Âge de Caïn* [...]. »[31]
Toujours à propos de René Château, elle poursuit : « Il avait été détenu peu de temps – soixante-seize jours – dit-il, mais fait un tableau de tortures, d'assassinats sans rapport avec son expérience. Des condamnations, des exécutions, sont

avant le 6 juin et trois mille sept cent vingt-quatre après). C'est un chiffre très voisin, dix mille huit cent quarante-deux, que reprend et cautionne de son autorité le général de Gaulle en 1959 dans ses *Mémoires de guerre* » Parmi bien d'autres historiens, citons Olivier Wieviorka : « Il y eut sans doute un peu plus de dix mille exécutions, dont huit à neuf mille "sauvages" et mille cinq cents à la suite d'un procès ». Olivier Wieviorka, « La guerre n'est pas finie », *L'Histoire*, nº 179, juillet-août 1994, p. 50.

30. Le bilan auquel s'arrête Robert Aron dans son *Histoire de la Libération*, paru en 1959, a été récusé par les historiens de la génération suivante. Si l'on s'en tient désormais à environ dix mille exécutés, la multiplicité des essais de bilan et la diversité des modes de calcul restent néanmoins confondantes.

31. Jeannine Verdès-Leroux, *Refus et violences, Politique et littérature à l'extrême droite des années trente aux retombées de la Libération*, Paris, Gallimard, 1996, p. 365.

présentées comme arbitraires, visant des patriotes innocents. »[32]

Pareil commentaire suggère que le témoin ne serait autorisé à témoigner des violences physiques commises par les épurateurs que si lui-même les a subies. Le réquisitoire de Jeannine Verdès-Leroux conduit surtout à penser que René Château, comme tant d'autres épurés, a nourri son récit de faits qu'il n'avait pas personnellement vécus et commis des amalgames. Les situations rapportées, authentiques ou non, seraient en fait usurpées. Comment alors ne pas récuser des témoins qui usent de tels procédés ?

Une première objection doit pourtant être émise. En effet, lorsqu'il relate les horreurs dont l'Institut dentaire a été le théâtre, René Château a soin de distinguer celles commises avant son arrivée[33] de celles perpétrées durant ou après son séjour dans cette prison improvisée.

Dix ans après Jeannine Verdès-Leroux, l'historienne Bénédicte Vergez-Chaignon rappelle le caractère indirect du témoignage des épurés : « Peu d'entre eux semblent avoir assisté à des scènes de violence. »[34]

D'ailleurs, poursuit-elle, « même l'auteur sous pseudonyme (un ancien député radical) d'un des plus célèbres témoigna-

32. *Ibid.*, p. 365. Quelque cent pages plus loin, Jeannine Verdès-Leroux conclut à l'encontre de René Château dont le témoignage n'est, à ses yeux, qu'un ravaudage d'emprunts, d'énormités et d'invraisemblances : « *L'Âge de Caïn* n'est pas utilisable non plus, les outrances, les incohérences, les récits de troisième ou quatrième main de René Château retirent à l'ensemble du livre sa crédibilité alors que certaines violences doivent être "vraies" », p. 468.

33. On se réfèrera notamment aux pages 69 et 73 de *L'Âge de Caïn.*

34. Bénédicte Vergez-Chaignon, *Vichy en prison, Les épurés à Fresnes après la Libération*, Paris, Gallimard, 2006, p. 34.

ges sur les horreurs des "dessous de la Libération" à Paris, *L'Âge de Caïn*, écrit : "Évidemment, si le lecteur attend que je décrive les interrogatoires à la dure, d'où tant de prisonniers revenaient le visage en sang, il sera déçu. Je n'ai, moi-même, rien subi de tel. Et je n'ai, moi-même, assisté à rien de tel". »

Ce passage, qui est en fait tronqué[35], confirme opportunément l'une des critiques majeures que Bénédicte Vergez-Chaignon et d'autres historiens formulent à propos des témoignages d'épurés et de leurs limites. Pour la plupart de ces spécialistes, ces récits nourris d'emprunts, abusivement généralisateurs, forcément tendancieux, éclairent, tout au plus, la psychologie de leur auteur, contribuant ainsi à l'étude d'une époque et de sa société. Or quand bien même n'a-t-il pas subi personnellement de violences physiques – mais il sera avec d'autres séquestrés le spectateur forcé de tortures –, René Château a néanmoins beaucoup vu, durant les deux semaines de son internement à l'Institut dentaire. Il a ainsi été confronté à l'horreur des corps suppliciés : « À un moment, Jeanne me serra le bras, à me pincer, comme une

35. Le passage cité, page 34 de *Vichy en prison*, par Bénédicte Vergez-Chaignon, mérite d'être restitué intégralement. En effet, il est extrait du chapitre IV intitulé « Interrogatoires », page 49, et débute ainsi : « Enquêtes. Mais il faut, maintenant, que je conte les interrogatoires auxquels j'ai assisté, pendant cette nuit et le lendemain. Évidemment, si le lecteur attend que je décrive les interrogatoires "à la dure", d'où tant de prisonniers revenaient le visage en sang, il sera déçu. Je n'ai, moi-même, rien subi de tel. Et je n'ai assisté à rien de tel. Je ne crois pas non plus que le bureau de Rivier ait jamais été le théâtre de ces festivités. Dans ce vestibule, le bruit aurait été trop grand. Et d'ailleurs, il y aurait eu un autre inconvénient, à savoir que les fenêtres donnaient sur la rue. C'est dans les caves ou dans une chambre sourde du deuxième étage que les FTP torturaient leur monde. » Jean-Pierre Abel, *L'Âge de Caïn*, p. 49.

folle. Car il venait un homme de cauchemar. Toute sa tête était boursouflée comme une pomme de terre. Partout le sang que des coups avaient tiré des vaisseaux éclatés affleurait la peau et virait au marron ou au noir. Les lèvres étaient d'énormes engelures à vif. Un œil était fermé grotesquement. L'autre, entre des chairs envahissantes, semblait petit et sans expression, comme l'œil d'un porc. »[36]

À plusieurs reprises, René Château prend soin de distinguer les tortures qui lui furent rapportées de celles dont il fut le témoin, bien involontaire[37].

Par ailleurs, ni Jeannine Verdès-Leroux ni Bénédicte Vergez-Chaignon ne mentionnent la vaine tentative d'assaut par la police de l'Institut dentaire. Cette action, avérée, et assez peu courante à Paris, contribue à accréditer la description cauchemardesque que René Château a faite de cette prison « indépendante ».

Comme René Château, Henri Béraud n'a subi aucune violence physique. Mais il ne fut pas moins le spectateur horrifié des lynchages nocturnes organisés dans les profondeurs du garage de la rue Marcadet où il fut séquestré. Une victime de cette violence hystérique est recueillie dans la cellule d'Henri Béraud qui dépeint l'état effrayant du malheureux[38]. L'écrivain, toutefois, ne s'appesantit pas sur le sort du tabassé et conclut simplement : « La scène que je viens de décrire se renouvela chaque jour. »[39] Auteur d'un témoi-

36. Jean-Pierre Abel, *op. cit.*, p. 38.

37. *Ibid.*, p. 91. « Il y eut bien d'autres tortures. D'autres qu'on m'a contées. D'autres que j'ai vues. »

38. Henri Béraud, *Quinze jours avec la mort*, p. 69.

39. *Ibid.*, p. 71.

gnage publié en 1951, Henri Béraud paraît vouloir se démarquer de ces textes des années 1945 à 1949, qui ont dénigré à l'envi la Libération : « On a dit qu'avant notre arrivée, rue Marcadet, le coup de revolver dans la nuque y était chose courante... Est-ce vrai ? Est-ce faux ? Je ne parle que de ce que j'ai vu. »[40]

Cette déclaration, empreinte d'un certain souci d'objectivité, contredit la critique habituelle des témoignages. En effet, ceux-ci émaneraient de victimes n'ayant, en résumé, ni souffert personnellement de sévices ni observé elles-mêmes, *in situ* et sur le vif, de violences épuratrices.

Le caractère très réducteur de cette critique des témoignages ressort par exemple de la narration que Pierre Taittinger fait de son passage, le 20 août 1944, à la Préfecture de Police[41], lieu stratégique de l'insurrection et centre de regroupement des premiers prisonniers militaires et civils de la résistance.

« La cour Jean Chiappe présente un spectacle de désordre et d'horreur. Quelques centaines de FFI, par groupes, s'acharnent sur des Miliciens qu'ils assomment avant de les jeter en cellule, et sur des femmes qu'ils traînent par les cheveux [...]. »[42] « À notre stupéfaction, précise Pierre Taittinger, nous ne récoltons ni cris ni injures. »

La situation, pourtant, ne laissait aucun espoir d'en réchapper. « Ni injures, ni coups, souligne l'ancien président du Conseil municipal de Paris, nous sortons indemnes de cette cohue déchaînée dans laquelle nous avions été plongés.

40. *Ibid.*, p. 74.

41. Arletty évoque son passage à la Préfecture de Police où, précise-t-elle, « nous couchons, hommes et femmes, sur des paillasses. » Arletty, *La Défense*, La Table ronde, 1971, p. 165.

42. Pierre Taitttinger, ... *Et Paris ne fut pas détruit*, L'Élan, 1948, p. 222.

Nous avions entendu pendant cette horrible nuit les appels déchirants, les hurlements d'agonie des gens torturés. Nous avions vu des énergumènes marquer au fer rouge des femmes à qui l'on avait coupé les cheveux et qu'on avait rouées de coups. Nous avions vu des hommes qui n'étaient plus que des amas de haillons sanglants, à la suite des interrogatoires qu'ils avaient subis. Pouvions-nous espérer sortir indemnes de la préfecture ? Pourtant, insiste Pierre Taittinger, le fait est là, nous devons le reconnaître : nul ne nous a injuriés, nul ne nous a frappés ! »[43]

Dans la récusation si péremptoire de ces témoignages par Jeannine Verdès-Leroux et Bénédicte Vergez-Chaignon s'est néanmoins glissée une concession d'importance. En effet, dénonçant les nombreuses malfaçons du récit de René Château, Jeannine Verdès-Leroux admet que « certaines violences décrites doivent être vraies. »[44] Cette hypothèse, émise avec une certaine retenue, semble marquer en 1996 les prémices d'une forme de révisionnisme. Dix ans plus tard, il est acquis que l'épuration a bien été entachée d'excès divers. Leur réalité ne peut plus être répudiée, mais le discours des épurés sur la violence épuratrice est d'abord une représentation collective, presque « corporatiste ». Bénédicte Vergez-Chaignon appelle cependant à ne pas rejeter en bloc la relation de l'épuration par ses victimes : « L'usage fait par les critiques de l'épuration de ce cortège de violences (le ministre de la Justice les accuse de "s'en délecter") ne doit pas conduire à discréditer systématiquement les récits et à en

43. *Ibid.*, p. 222.

44. Jeannine Verdès-Leroux, *op. cit.*, p. 468.

nier la véracité. D'autant plus que cette brutalité a été presque institutionnalisée. »[45]

Et Bénédicte Vergez-Chaignon d'étayer son propos en se référant à Laure Adler qui révèle dans sa biographie de Marguerite Duras, l'existence, rue Beaubourg, d'une prison privée à la disposition d'un groupe de résistants auquel appartenaient l'auteur de *L'Amant* et Edgar Morin. Celui-ci a confirmé que des sévices et des tabassages de suspects eurent lieu dans cette geôle particulière.

Après Robert Belot qui exhortait en 1999 à reconnaître, enfin, l'existence de la personne des épurés, et donc à appréhender ceux-ci dans leur individualité et leur spécificité, voici que sept ans plus tard, une historienne admet que ces victimes de l'épuration ont pu être de bonne foi et même rapporter, au moins en partie, ce qui fut vraiment.

Peut-être, les derniers réprouvés seront-ils, dans quelques années, sollicités par les historiens pour témoigner eux aussi des horreurs de l'épuration. Alors, le drame de la « petite tondue », qui n'a jusqu'à présent accédé à son statut de victime que par la seule intercession de Paul Éluard, sera pleinement révélé.

Car la figure de la tondue hante les récits des épurés, qui lui ont consacrée des pages d'une grande sensibilité, ignorées des plus grands spécialiste du sujet.

45. Bénédicte Vergez-Chaignon, *op. cit.*, p. 36. Une telle déclaration traduit une avancée d'autant plus remarquable dans la « compréhension » des témoignages des épurés qu'elle émane d'une universitaire de renom. En leur temps, Robert Aron, Philippe Bourdrel, Henri Amouroux prêtèrent attention aux excès de l'épuration, mais le « cursus » de ces historiens était relativement atypique.

34 rue de Châteaudun

Sans doute convient-il de ne pas faire de toutes ces prisons clandestines ou indépendantes autant d'Instituts dentaires. Cependant, dans nombre d'entre elles s'y commirent quotidiennement sévices et tortures. Pour l'un de ces lieux de détention, aménagé dans l'immeuble sis 34 rue de Châteaudun, nous disposons du témoignage représentatif de Pierre Hamp.

Homme de gauche, Pierre Hamp s'était fait connaître avant la Première Guerre mondiale par son œuvre romanesque célébrant le monde du travail et par ses articles sur l'apprentissage. Une partie de ses écrits ayant été confisquée par les FTP, il se rendit à leur siège du boulevard Montmartre pour tenter de récupérer ses manuscrits. Arrêté sur place, il est conduit à pied au 34 rue de Châteaudun. En chemin, il n'est comme lui-même tient à le souligner, ni hué ni malmené par les passants peut-être blasés, suppose-t-il, par les nombreuses arrestations effectuées depuis les derniers jours d'août 1944. L'immeuble de la rue de Châteaudun accueillit d'abord une banque japonaise, puis le quartier général de la Milice avant d'être occupé par les FTP.

Si l'Institut dentaire et nombre de lieux d'internement illégaux étaient aux mains de groupes armés irréguliers ou du moins affranchis des autorités centrales civiles et militaires, le 34 de la rue de Châteaudun avait été réquisitionné par d'authentiques FTP. Un bataillon avec ses officiers en uniforme et un médecin militaire y avaient pris ses quartiers. Contrairement à ce que précise René Château, le PCF ne fit pas de ce bâtiment son siège[46]. Celui-ci se trouvait non loin,

46. « Et c'est au siège du Parti communiste, dans la rue de Châteaudun, qu'ils avaient torturé Mme Albertini. » Jean-Pierre Abel, *op. cit.*, p. 95.

dans l'immeuble acquis en 1937 par le Parti, 44 rue Le Pelletier, carrefour de Châteaudun.

À son arrivée au 34 rue de Châteaudun, Pierre Hamp déclare son identité. Ses objets et valeurs, à l'exception de sa montre, sont confisqués et mis sous enveloppe à son nom. Cette pratique est observée en d'autres lieux tels que l'Institut dentaire. Et bien souvent les détenus ne récupèrent qu'une partie de leurs biens.

En entrant dans l'immeuble de la rue de Châteaudun, il entraperçoit dans une pièce un groupe de femmes assises, prostrées, sur quelques lits métalliques. Dans le hall spacieux et éclairé d'une vaste baie, une quinzaine d'hommes piétine en silence.

Lorsqu'ils ne sont pas astreints à d'immondes corvées de nettoyage de sanitaires obstrués, les suspects sont entassés dans des caves de 4 mètres sur 2, transformées en cachots d'où ils ne sont extraits que pour une brève promenade, pour être interrogés par des officiers FTP ou torturés dans un caveau voisin.

D'autres détenus sont affreusement battus dans leur cave-cellule. La nuit, le sous-sol résonne des hurlements des suppliciés et des coups de feu tirés dans le couloir par des FTP en mal de divertissement.

C'est dans ce même immeuble que fut torturée la femme de Georges Albertini alors que leur jeune fils, Claude, se trouvait dans une pièce voisine. La mère fut conduite ensuite à l'Institut dentaire et l'enfant abandonné à l'Assistance publique où il mourut faute de soins.

Comme dans la plupart de ces prisons improvisées, l'hygiène est évidemment des plus sommaires. Ni les sanitaires des employés de cette ancienne banque à présent surpeuplée ni le peu de temps laissé aux détenus ne permettent à ces derniers de pourvoir à leur toilette. Les séquestrés sont, de surcroît, enfermés dans des sous-sols humides et puants que ventilent à peine quelques soupiraux. Ils croupissent donc dans un état de saleté extrême que leurs geôliers se plaisent à entretenir.

Nourris les premiers temps de plats grossiers, les prisonniers sont ensuite autorisés à recevoir de leur famille quelques provisions de bouche.

Courant septembre 1944, l'épuration amorce à peine sa normalisation à Paris, qui ne sera acquise que vers la fin de cette même année. À la différence de la province où des accès de fureur populaire meurtrière se déclareront sporadiquement jusqu'à l'été 1945.

Premières manifestations d'apaisement, tortures et violences cessent dans l'immeuble-prison. Le départ des FTP s'organise. Les détenus sont transférés à Fresnes.

Mais auparavant, des officiers s'efforcent de régulariser la situation des captifs du 34 de la rue de Châteaudun, qui doivent aider à préciser le motif de leur arrestation et confirmer par écrit qu'ils n'ont subi ni sévices ni vol.

L'évacuation, à partir de la mi-septembre 1944, et le transfert, notamment à Fresnes, de ces prisonniers et de ceux extraits d'autres prisons particulières telles que l'Institut dentaire, répondent aux objectifs du gouvernement de restaurer la légalité républicaine et l'ordre public.

C'est à cette fin que s'est tenue vers le 10 septembre 1944 la conférence signalée par Robert Aron. Celui-ci avance que mille cinq cents détenus issus des geôles clandestines ont été dirigés à partir de la mi-septembre sur Fresnes. Après interrogatoire, huit cents d'entre eux furent libérés et les sept cents autres déférés en Cours de justice ou en Chambre civique afin d'y être jugés[47].

Moins spectaculaires, dans tous les sens du terme, que les tontes de femme, les lynchages sur la voie publique et les assassinats, les séquestrations dans des prisons autonomes sont un autre trait distinctif de l'épuration incontrôlée, barbare, et anarchique qui s'est donnée libre cours dès le 19 août 1944.

François Brigneau estime le nombre de ces geôles, trop souvent qualifiées de « clandestines », à plus d'une centaine dans Paris intra-muros. Évaluation que rien ne permet de minorer ou de majorer compte tenu de leur caractère illégal, improvisé et éphémère. Le phénomène de ces prisons autonomes paraît avoir persisté au moins jusqu'en mars 1945. L'existence de ces « locaux de détention privés » est en effet vigoureusement dénoncée le dimanche de Carême 1945 par le Révérend Père Panici[48], du haut de la Chaire de Notre-Dame !

Nous en avons relevé trente-deux, dont plusieurs n'ont pu être précisément situés. En voici la liste, assurément non exhaustive :

- commissariat du 1er arrondissement.
- rue Beaubourg (3e ou 4e arrondissement).
- boulevard de Sébastopol (1er, 2e, 3e, 4e arrondissement).
- hôtel, rue de Gramont (2e arrondissement).
- 12 rue François-Miron (4e arrondissement).
- caves de l'Hôtel de Ville (4e arrondissement).

47. Robert Aron, *Histoire de l'épuration*, p. 590.

48. Après son prêche du Carême, le 25 mars 1945, le Père Panici fut incité à se retirer. Lui succéda le Révérend Père Riquet, aumônier de la Résistance et rentré de Dachau.

– rue de Rivoli (1er, 4e arrondissement).
– école Sophie Germain, rue de Jouy (4e arrondissement).
– immeuble près de la place Saint-Michel (5e arrondissement).
– sous-sol d'un immeuble boulevard Hausman (8e arrondissement).
– immeuble boulevard de Courcelles (8e arrondissement).
– hôtel, rue du faubourg Saint-Honoré (8e arrondissement).
– immeuble, 43 rue de Châteaudun (9e arrondissement).
– commissariat de la rue Drouot (9e arrondissement).
– immeuble, 106 rue Oberkampf (11e arrondissement).
– immeuble, avenue d'Italie (13e arrondissement).
– commissariat de la Maison Blanche (13e arrondissement).
– Institut dentaire, avenue de Choisy (13e arrondissement).
– hôtel du Dôme, rue Léopold Robert (14e arrondissement).
– gymnase Huygens (14e arrondissement).
– lycée Buffon (15e arrondissement).
– mairie du 16e arrondissement.
– villa Saïd, rue Pergolèse (16e arrondissement).
– boulevard Suchet (16e arrondissement).
– poste des Milices patriotiques d'Auteuil (16e arrondissement).
– lycée Jeanson de Sailly (16e arrondissement).
– immeuble, 66 avenue Henri Martin (16e arrondissement).
– hôtel particulier, angle avenue de Wagram et rue Alphonse de Neuville (17e arrondissement).
– commissariat de la Plaine Monceau (17e arrondissement).
– mairie du 17e arrondissement.

– mairie du 18e arrondissement.
– garage de la rue Marcadet (18e arrondissement).

Que des commissariats aient servi de lieux de détention, même illégaux, et aient été le théâtre de sévices, cela surprend moins que ces geôles particulières installées dans des hôtels, des mairies, des lycées ou des immeubles bourgeois. À cet égard, on constate que le 16e arrondissement est l'un des mieux dotés.
Signalons que durant les journées insurrectionnelles un certain nombre de Miliciens ou présumés tels ont été torturés et fusillés dans la cour Jean Chiappe de la Préfecture de Police. À la même époque, des suspects retenus au Dépôt subirent également des sévices.

Exploitées de quelques semaines à plusieurs mois, ces prisons sont le plus souvent qualifiées de « clandestines ».
Or il n'était guère possible au-delà de quelques jours, de dissimuler, surtout au voisinage, la véritable nature des activités qu'abritaient certaines administrations et nombre de locaux réquisitionnés en pleine ville.
En effet, les arrivées des suspects arrêtés en grand nombre dans les derniers jours d'août 1944 ne pouvaient qu'attirer l'attention des riverains. Les plus proches étaient en outre à portée des hurlements et des coups de feu.
De certaines prisons, les détenus pouvaient, à l'insu de leurs gardiens, faire signe aux passants qui parfois se risquaient à leur répondre par gestes.
Il faut également se souvenir que dans certains lieux de détention pourtant des plus sinistres, l'Institut dentaire et le 34 rue de Châteaudun, entre autres, les parents des séquestrés étaient autorisés à fournir à ces derniers couvertures, vivres et parfois nécessaires de toilette.

Cette tolérance, *a priori* surprenante, était aussi à l'avantage des geôliers qui avaient d'autant moins à pourvoir à la subsistance de leurs prisonniers.
Pour agir ainsi au su du voisinage qui dans certains cas osa se plaindre aux autorités policières des déflagrations nocturnes, les FFI se croyaient-ils assurés d'une réelle liberté d'action conférée par la nouvelle légalité révolutionnaire qu'ils pensaient incarner ? Cette hypothèse n'est pas à exclure du moins jusqu'au mois de novembre 1944.

De l'avis général, mais non unanime, des épurés qui y furent détenus, les prisons indépendantes représentaient le comble de l'horreur et de l'abjection.
Aux sévices, aux exécutions et aux affres d'une détention d'autant plus éprouvante que nul ne pouvait en situer le terme, ni l'issue, s'ajoutait en effet l'avilissement systématique des prisonniers contraints aux plus immondes besognes et privés d'hygiène.
Cette expérience succède aussi au traumatisme de l'arrestation que nombre de hauts fonctionnaires, magistrats et officiers supérieurs vécurent comme un déshonneur et une irrémédiable déchéance.
Rescapés de l'enfer de ces geôles dont le gouvernement s'est employé à les extraire pour les préserver et régulariser leur situation, les prisonniers expriment tous, comme l'on verra, un immense soulagement en arrivant dans une prison « légale » et tout particulièrement celle de Fresnes.
François Brigneau battu au point de devoir être évacué sur les conseils d'un médecin dit, son « extase »[49] en entrant à

49. François Brigneau, *À Fresnes au temps de Robert Brasillach, Mes derniers cahiers*, troisième série, n° 4, Publications F B, 1994, p. 5.

Fresnes. Sa cellule est son « havre de paix qui [l']a sauvé de la tempête. »

Et malgré la présence de FTP qui en contrôlent jusqu'au mois d'octobre la troisième division, Fresnes apparaît à Pierre Hamp sous un jour presque enchanteur : « Du cul de basse fosse nous passons à la cathédrale pénitentiaire. »[50]

« Prison décente », elle offre aussi au prisonnier un confort sans précédent. C'est surtout un refuge : « Que la prison nous délivrât du souterrain puant ou de la foule furieuse, elle nous était une joie. »[51]

Pour Pierre Taittinger qui a connu des transferts particulièrement périlleux, elle est plus simplement une « [...] prison administrative avec sa propreté de caserne [...]. »[52]

Claude Jamet n'a pas vécu le cauchemar des séquestrations en sous-sol mais a tout de même éprouvé les rudesses et l'extrême inconfort de l'archaïque Dépôt. « Nous sommes après les ténèbres et la crasse et les brutes grises du Dépôt, comme des évadés du Moyen Âge. »[53]

Le parcours des épurés, qu'ils aient connu ou non une prison illégale, est jalonné de plusieurs étapes dont le nombre et la succession varient sensiblement dans bien des cas.

Réduire ces pérégrinations à un itinéraire type est donc trop simplificateur. Certains épurés ont, par exemple, été détenus dans les forts de Charenton, de Saint-Denis, Noisy-le-Sec, aux Tourelles, à Bicêtre ou encore au Cherche-Midi, avant

50. Pierre Hamp, *L'Éternel*, Éditions Self, 1948, p. 95.

51. *Ibid.*, pp. 99-100.

52. Pierre Taittinger, ... *Et Paris ne fut pas détruit*, L'Élan, 1948, p. 270.

53. Claude Jamet, *Fifi roi*, L'Élan, 1948, p. 115.

de se séjourner au Dépôt, au Vélodrome d'Hiver, à Drancy, puis enfin à Fresnes.

D'autres allèrent de l'un à l'autre de ces établissements ou furent tour à tour libérés puis emprisonnés jusqu'à quatre et cinq fois.

De tous ces parcours possibles se dégage néanmoins une filière relativement plus constante et qualifiée de réglementaire. Elle débute par le Dépôt.

III

LE DÉPÔT

Du Dépôt situé quai de l'Horloge, en appendice du Palais de Justice, les épurés parisiens ne connaissaient que l'austère façade flanquée de trois tours pointues. Jusqu'alors, cette vénérable maison avait en effet pour pensionnaires habituels les noctambules tapageurs, les péripatéticiennes et les clochards ramassés par la police. À ces prises s'ajoutent désormais les suspects arrêtés à partir du 20 août 1944 par la Résistance.

Le Dépôt et son annexe la Conciergerie sont des lieux chargés d'histoire. Et qui accusent leur âge. Les locaux ont pour l'essentiel conservé leur physionomie de la fin du XVIIIe siècle.

Comme sous la Révolution, l'ensemble se compose d'un enchevêtrement de salles, d'escaliers en colimaçon, de courettes, de couloirs obscurs et de cellules.

Le Dépôt est une prison dite provisoire où la détention est en principe[1] limitée à 24 heures. Les dimensions très variables des cellules que les épurés n'ont pas manqué de mentionner, ajoutent au caractère disparate des lieux. Ainsi, la surface des pièces où sont enfermés les détenus oscille entre 10 mètres carrés, pour une cellule ordinaire, et 108 mètres carrés s'agissant de la salle située au premier étage et réservée aux pompiers de Paris punis de prison.
La plus vaste des salles s'élève à quelque 7 mètres. Sa voûte en plein cintre est soutenue par quatre énormes piliers. Elle apparaît à Mary Marquet comme une « crypte immense tout en longueur »[2] que baigne une lumière crépusculaire tombant d'une fenêtre grillagée, « à quelque 15 mètres de hauteur. »[3]
Jacques Benoist-Méchin a gardé le souvenir d'une « vaste salle qui tient à la fois de la cathédrale et du cloaque. Des piliers trapus soutiennent une voûte gothique aux nervures délicates. »[4]
Aménagée dans le fond de cette salle qui s'élève selon l'ancien ministre à « 15 mètres »[5], une vaste cage fermée de barreaux, la « fosse aux ours » ou « aux lions » où croupissent en permanence plusieurs dizaines d'hommes. La puanteur y est extrême. L'ancien secrétaire d'État à la présidence du Conseil précise : « Cela sent l'urine, le choux fermenté, l'ammoniaque et le goudron. »[6]

1. Loi du 8 décembre 1897.
2. Mary Marquet, *Cellule 209*, Fayard, 1949, p. 144.
3. *Ibid.*, p. 144
4. Jacques Benoist-Méchin, *À l'épreuve du temps*, tome 2, p. 368.
5. *Ibid.*, p. 368.
6. *Ibid.*, p. 368.

Moisissure omniprésente, humidité ambiante, manque d'aération, relents de soupe, tinettes débordantes concourent, en tous lieux, à entretenir cette puanteur qui moleste les détenus à leur arrivée. Mary Marquet, en pénétrant dans la salle commune du dépôt, est saisie par « cette odeur atroce qui vous fait suffoquer dès l'entrée ! »[7] En arrivant à Fresnes que n'épargne pas l'odeur générique de la prison, François Brigneau constatera avec soulagement : « Ce n'était plus la puanteur du Dépôt. »[8]

Par son architecture intérieure à la Piranèse, ses multiples recoins, ses murailles, ses grilles et son ambiance sépulcrale, le Dépôt évoque pour un certain nombre d'épurés le cul-de-basse-fosse. À Mary Marquet il suggère aussi le « puits d'oubli », la prison-gouffre aux insondables profondeurs vers lesquelles son ignominieuse inculpation d'« intelligence avec l'ennemi » paraît l'entraîner. Se rendant de la Conciergerie au Palais de Justice pour y être entendue par le juge d'instruction, la comédienne, escortée d'un garde mobile, descend en silence d'interminables escaliers. « Il me semble m'enfoncer jusqu'au centre de la Terre ! »[9]
Cet enfermement dans un cadre aussi archaïque est vécu comme une condamnation à disparaître dans les entrailles d'un Paris quasi-médiéval.
« Toujours escorté de mes gardiens, note Jacques Benoist-Méchin, je suis un dédale de corridors de plus en plus

7. Mary Marquet, *op. cit.*, p. 145.
8. François Brigneau, *op. cit.*, p. 4.
9. Mary Marquet, *op. cit.*, p. 146.

obscurs, et dont les voûtes s'abaissent. J'ai l'impression de m'enfoncer sous terre. »[10]

« C'est le trou, au sens exact du terme. C'est l'oubli, le silence, le secret. C'est la maison des morts. Rien ne se passe et rien ne passe ; rien n'arrive, ni lettres ni colis, rien ne bouge »[11] se désespère Claude Jamet le dimanche 12 novembre 1944, huit jours seulement après son arrivée au Dépôt.

Cette détresse d'emmurés vivants qui étreint les prisonniers du Dépôt est avivée par les bruits du monde extérieur à la fois si proche et devenu inaccessible[12]. Les fenêtres de la salle où est détenu Claude Jamet « donnent sur la place Dauphine, juste au-dessus du grand escalier »[13]. La vie du

10. Jacques Benoist-Méchin, *op. cit.*, pp. 367-368.

11. Claude Jamet, *op. cit.*, p. 91. Jacques Benoist-Méchin enfermé dans l'une des cellules du Dépôt, exprime la même angoisse : « J'ai l'impression d'avoir glissé au fond d'un trou noir d'où je ne sortirai plus. » Jacques Benoist-Méchin, *op. cit.*, p. 369.

12. Cette situation si contrastée, vécue par les séquestrés de la rue de Châteaudun ou de l'Institut dentaire, fait naître chez les détenus du Dépôt un fantasme spécifique dont Claude Jamet donne un exemple éloquemment intitulé « le merveilleux Fifi ». Ce dernier arrêté après avoir abattu, « à la mitraillette, en pleine rue », plusieurs enfants et sa propre sœur, est enfermé au Dépôt. Encore en uniforme, l'assassin galonné s'échappe sans tarder en compagnie d'un jeune codétenu séduit par l'aventure. Leurrant un premier gardien, le FFI s'engage avec son complice dans les couloirs et arrive, sans encombre, dans la cour. Le tandem franchit le porche, gagne le quai, boit un verre au bistrot voisin, puis prend le métro. Revenu chez lui, le plus jeune des évadés sera reconduit par sa mère au Dépôt.
Georges Lupo rapporte l'évasion, depuis la Souricière du Dépôt, de trois droits communs qui s'esquivèrent par une fenêtre, puis de couloirs en courettes, gagnèrent le quai. En chemin, l'un d'eux se fit passer auprès d'un gardien pour un inspecteur conduisant deux suspects.

13. Claude Jamet, *op. cit.*, p. 96.

dehors, avec ses bruits familiers, vient battre contre les murs du dépôt exacerbant les effets de la claustration.
Professeur de khâgne à Henri IV voici quelques semaines encore, Claude Jamet se veut, fort de son ataraxie, inaccessible à la nostalgie : « Il me semble que tout à l'heure j'ai entendu passer, presque sous nos fenêtres, un monôme d'étudiants. Le boulevard du Palais est proche, et Saint-Michel, et tout le reste... Je m'en fiche. Je le répète. Je n'y suis pas. Je dors » [14].

En revanche, une certaine émotion étreint Xavier Vallat, l'ancien commissaire aux Questions juives. Il peut, « par un vasistas, apercevoir un morceau de la place Dauphine, la Seine qui roule des flots gris au ras des Arches du Pont-Neuf et la Samaritaine » [15] !
Robert Cardinne-Petit qui ne séjourna que quarante-huit heures au Dépôt, en décembre 1944, cède, lui, à la dépression : « C'est l'effondrement brutal de la personnalité humaine au contact avec l'ignoble pourriture ; la plus sordide expression de la misère morale, sous la surveillance d'un personnel de cloportes salariés, aux sens moisis, abrutis d'ombre et d'humidité. Dans ces caves dantesques où la civilisation n'entre pas, où le détenu semble projeté dans le néant des siècles révolus, l'homme n'a plus d'âge. Il ne peut plus se rendre compte de l'époque où il vit. Son corps devient la proie de cette ambiance de Cour des Miracles et

14. *Ibid.*, p. 78.
15. Xavier Vallat, *Feuilles de Fresnes*, p. 36.

ne réagit qu'en fonction des seules lois naturelles. Il dort, il mange, il chie. »[16]

Qu'auraient dit alors les suspects qui croupirent plusieurs mois au fond de ce lieu de détention dite provisoire ! Pierre Fresnay, par exemple, est gardé six semaines dans cet antre. L'obscure et archaïque prison étire à partir de la Conciergerie des ramifications jusqu'au Palais de justice.

Des souterrains mènent aux escaliers du Palais de justice et au cabinet du juge d'instruction découvre, comme tant d'autres épurés, François Brigneau[17].

Depuis la Libération, vont et viennent au long de ces couloirs de pierre « amiraux, généraux, magistrats, gens d'uniforme, pour les civils, comédiens, journalistes, militants et voyous, avec ici et là des marchands malchanceux »[18], observe à son tour Lucien Combelle.

La Souricière

Avant de comparaître devant le tribunal ou d'être introduits dans le cabinet du juge d'instruction, les détenus doivent faire antichambre dans une pièce exiguë éloquemment appelée la « Souricière », un couloir bordé de cellules, attenant au Dépôt.

Fin août 1944, le général d'aviation Pinsard, héros de la Première Guerre mondiale, demeure environ une semaine

16. Robert Cardinne-Petit, *Les otages de la peur*, Les Éditions nouvelles, 1948, p. 69.

17. François Brigneau, *À Fresnes au temps de Robert Brasillach, Mes derniers cahiers*, troisième série, n° 4, Publications FB, p. 32.

18. Lucien Combelle, *Liberté à huis clos*, éditions de la Butte aux Cailles, 1983, p. 9.

dans « la Souricière du Dépôt du Palais de Justice ». Il la décrit comme « un petit local de quatre mètres sur deux sans fenêtre ni aération qui sert de réduit d'attente pour parquer les prisonniers attendant de comparaître devant le juge d'instruction ou le tribunal. Les malheureux y séjournent pendant des heures, subissant les émanations carboniques et pestilentielles qui se dégagent d'une cuvette de WC située dans le fond de ce réduit, et en ressortent tout larmoyant et congestionnés. »[19]
Et le général de préciser presque malicieusement que son codétenu, Amédée Bussière[20], préfet de police jusqu'au 20 août 1944, ignorait lui-même, jusqu'à l'existence de l'immonde réduit[21] au sol jonché d'excréments !
Même découverte horrifiante pour le général Martin, ancien directeur général de la gendarmerie : « Quand même, nous autres, les chefs de la force publique, nous ne savions pas ce que ça représentait que d'envoyer des gens en prison. C'est effroyable. Je ne m'imaginais pas ça... C'est effroyable ! »[22]
Le Dépôt sera également pour l'ancien directeur général des prisons, M. Poirier, la révélation saisissante d'un univers qui lui était demeuré, jusqu'alors, singulièrement lointain.
C'est aussi à la Souricière, semble-t-il, que des détenus contractent la gale et la transmettent à leurs compagnons de cellule du Dépôt. Ainsi, en novembre 1944, Claude Jamet et ses voisins devront, devant le développement de

19. Amand Pinsard, *Du ciel à l'enfer*, s.l, n.d. p. 248.

20. *Ibid.*, p. 254.

21. L'ancien droit commun René Biard évoque la Souricière, en 1941, dont l'état général défie toute description. René Biard, *Bagnards en culottes courtes*, La Table Ronde, 1968, p. 112.

22. Amand Pinsard, *op. cit.*, p. 255.

la contagion, se faire promptement examiner par le médecin de la prison. La gale dont la Souricière paraît être un foyer d'élection ne s'arrête pas au Dépôt. En mai 1946, Xavier Vallat rapporte qu'un détenu de Fresnes ayant fait antichambre dans la Souricière a contaminé à son retour ses voisins de cellule, Abel Hermant et le général de Boyve. « Depuis lors, note l'ancien commissaire aux Questions juives, le général ne vous rencontre pas sans s'excuser de ne pouvoir vous serrer la main et Hermant ne quitte plus les moufles fourrées qu'il avait cet hiver. »[23]

À la honte d'avoir à séjourner en pareil lieu s'ajoute l'humiliation que cette maladie des bas-fonds inflige assurément à des hommes tels que l'académicien Abel Hermant.

Immuablement, la Souricière s'impose aux détenus, unanimes, comme le comble de l'immonde.

Ainsi, Charles Lesca, l'administrateur de *Je Suis Partout*, arrêté sur ordre du ministre de l'Intérieur Georges Mandel, découvre, le 8 juin 1940, la Souricière qui a, quatre ans plus tard, gardé tout son cachet. Les lieux se présentent, se souvient Charles Lesca, comme « une galerie assez vaste. D'un côté, des fenêtres qui l'éclairent, de l'autre, des cellules superposées, les unes au rez-de-chaussée, les autres à un étage, le long d'un balcon qui donne sur la galerie. Ces cellules sont infectes ; ce sont des trous dans le mur, larges de 1 ou 1,20 mètres, profonds de 2 mètres. Au fond, une tinette qui malgré la chasse d'eau qui se déclenche automatiquement à intervalles réguliers répand une puanteur ignoble. Les murs sont noirs de crasse. La porte ouverte dans sa partie supérieure est munie de barreaux de fer qui se croisent, un vrai grillage. Les hommes sont là-dedans

23. Xavier Vallat, *op. cit.*, pp. 146-147.

comme des fauves en cage. De temps à autre, un détenu passe avec un arrosoir plein d'eau et un quart, le même pour tous... »[24]

Pour Claude Jamet et d'autres épurés, la Souricière est ce lieu déshumanisant centré sur la tinette : « La tinette est dans le coin, très puante, et pourtant il faut bien en user. Chacun son tour : on regarde ailleurs. Il y a des bruits qu'on n'entend pas. Bien mieux : on se lavera tout à l'heure là-dedans. Il n'y a pas le choix. On fera seulement bien attention de prendre l'eau comme elle jaillit, en haut, sans frôler les parois... »[25]

Détenue à la même époque que le général Pinsard, Mary Marquet séjournant au quartier des femmes complète la description : « C'est une pièce étroite, éclairée par deux fenêtres en soupiraux, analogues à celles de la salle commune [du Dépôt] mais moins haut placées. Au centre, une sorte de bureau entouré de vitres assez semblable aux kiosques des autobus. Sur la droite, six cellules attendent d'être comblées. »[26] À raison de dix femmes par cellule apprend-on. À celles-ci s'en ajoute une autre : « Minuscule boîte obscure, cette cellule, de 2 mètres sur 1,50 mètre, réussit à contenir un banc pour une personne, un poêle (vide, bien sûr !) et un WC. Sur celui-ci, une planche est posée pour servir à deux fins... C'est le second siège »[27]. « La porte entière, de haut en bas, est faite de barreaux très rapprochés. »[28]

24. Charles Lesca, *Quand Israël se venge*, Bernard Grasset, 1941, réédition Déterna, 2001, p. 36.

25. Claude Jamet, *op. cit.*, p. 76.

26. Mary Marquet, *op. cit.*, p. 184.

27. *Ibid.*, p. 185.

28. *Ibid.*, p. 186.

Claude Jamet, détenu au Dépôt du 3 au 30 novembre 1944, ne fait que mentionner le « Petit Parquet – autrement dit la Souricière » et renvoie à la description que Simenon a faite de « ces lieux blêmes et de ces couloirs chargés d'histoires pour *"detective novel"*. »[29]

La description du Dépôt, et surtout de la Souricière, accuse, d'un récit à l'autre, quelques variantes, induites par l'habituelle, voire l'inévitable différence de perception, de représentation et de mémorisation que tout témoin peut avoir d'un même lieu ou d'une même scène. Le témoignage est assurément l'expression d'une sensibilité particulière, partant de réactions diverses. Certains épurés soulignent l'inhumanité de leur séjour dans la « fosse aux ours » ou « la cage aux ours » située au fond de la grande salle du Dépôt et dans la « Souricière », ou le voyage dans l'infamant « panier à salade », tandis que d'autres astreints pourtant aux mêmes rigueurs n'en font nullement état. La Conciergerie, la « fosse aux ours », la « Souricière », le « panier à salade » ne sont pas plus évoqués par Henri Amouroux que Robert Aron. Ainsi, Robert Aron mentionne le parloir du Dépôt et les « cris des nouveaux-nés incarcérés [au Dépôt] avec leurs mères »[30], qui n'apparaissent cependant dans aucun des récits que nous avons étudiés. Quelles que soient les différences de perception de leurs auteurs, les témoignages des épurés demeurent assurément une incomparable source d'information, permettant de reconstituer, même partiellement, mais parfois avec un rare degré de précision, le cadre de vie carcérale et la quotidienneté des prisonniers de l'épuration.

29. Claude Jamet, *op. cit.*, p. 77.

30. Robert Aron, *Histoire de l'épuration, de l'indulgence aux massacres, novembre 1942-septembre 1944*, Fayard, 1970, p. 648.

Demeure néanmoins chez les épurés cette constatation unanime : le Dépôt, quelle qu'en soit la partie mentionnée, est bien le lieu de détention légale le plus immonde de ceux par lesquels passèrent les suspects de collaboration. On observe à ce sujet de saisissantes permanences. Quelque soixante années après la Libération, un commissaire européen aux Droits de l'homme dénonçait les « conditions inhumaines et dégradantes »[31] faites aux personnes retenues dans les sous-sols du palais de Justice de Paris : exiguïté et vétusté des locaux, surentassement des personnes y séjournant, aération inexistante, sanitaires continuellement bouchés, absence de lumière du jour...

Le Dépôt et la Souricière n'avaient rien perdu de leur saleté avilissante !

Le Dépôt, une prison souterraine surpeuplée

Pour certains détenus, tels que Pierre Taittinger, Alfred Fabre-Luce et Claude Jamet, le Dépôt suggère d'emblée un navire.

Le « vaisseau central » se dresse sur trois étages faisant face à deux autres étages, tous composés de cellules qui sont autant de « cabines » reliées par des passerelles – « coursives ». Le réseau des tuyaux courant en tous sens parachève l'image du

31. Le Conseil de l'Europe dénonce les geôles du Palais de justice de Paris. Article du *Figaro* du 16 février 2006. Quelque trois années plus tard, le scandale du Dépôt demeurait d'actualité. En réponse aux réactions d'indignation de plusieurs parlementaires en visite sur place, la Garde des Sceaux annonçait, le 28 mai 2009, l'affectation « d'urgence » d'un million d'euros pour rénover les locaux du Dépôt. Des travaux de rénovation ont été engagés à la Souricière dont la première tranche a été achevée en septembre 2009.

navire qui sera surtout reprise à propos de la prison de Fresnes.

Avant de découvrir la configuration intérieure du Dépôt, les suspects, le plus souvent extraits de commissariats de quartier puis conduits sur place en car de police, sont d'abord confinés, des heures durant, dans une salle d'attente.
Ils sont ensuite menés au greffe puis fouillés et systématiquement délestés de leurs lacets, cravate, foulard, ceinture, rasoir et couteau. Le tout est rassemblé en un lot dûment enregistré mais qui ne sera pas toujours restitué, du moins en intégralité. Les détenus sont parfois autorisés à conserver argent, livres et menues denrées.
Après avoir signé un registre et reçu un numéro de consigne pour les effets personnels qui leur ont été confisqués, les nouveaux pensionnaires du Dépôt sont conduits, par un escalier en colimaçon, au service anthropométrique, en haut de la « Tour pointue ». Ils y sont toisés, pesés, photographiés. Leurs empreintes digitales apposées. Les voici devenus des détenus.
Après avoir été arrêtés dans la rue ou chez eux, puis gardés à vue dans un commissariat de quartier ou séquestrés dans quelque prison illégale, ils accèdent enfin à ce nouveau statut qui semble leur conférer des garanties ; même si les FFI régentent le Dépôt jusqu'en septembre 1944. Malgré leur brassard bleu et rouge et leur ton rogue, les gardiens sont des fonctionnaires « en blouse grise ». La présence de bonnes sœurs, principalement chargées de l'encadrement des femmes, contribue de surcroît à apaiser les prisonniers.
C'est dans cet établissement, situé au cœur de Paris, que nombre d'épurés commencent alors leur expérience de la détention au sein d'une authentique prison.

Sa position au centre de la capitale, son service de l'identité judiciaire, sa contiguïté au Palais de Justice font du Dépôt une pièce maîtresse du dispositif juridico-pénitentiaire de l'épuration parisienne.
Prison temporaire, le Dépôt est donc devenu l'un des principaux centres de regroupement des suspects arrêtés dans Paris ou arrachés aux geôles privées. L'état physique et le nombre des arrivants témoignent de l'ampleur comme de la férocité de l'épuration populaire.
Alfred Fabre-Luce remarque « ces visages défoncés, dents cassées, crânes ouverts. Car telles étaient, au Dépôt, en ce début septembre, les traces visibles de la libération de Paris. »[32]
Une assistante sociale qui avait œuvré, sous l'Occupation, au service des internés de Drancy déclara à propos du Dépôt : « Les Français savent-ils que des femmes ont été tatouées de croix gammées sur le visage et sont ainsi marquées pour la vie ? J'ai connu les camps d'israélites comme je connais les prisons actuelles. Je n'ai jamais vu de telles horreurs qu'aujourd'hui. »[33]

Dès le 20 août 1944, les arrestations se multipliant, le Dépôt, prévu pour environ cinq cents personnes, est rapidement surpeuplé.
Le 28 août 1944, avant son départ pour le Vélodrome d'Hiver, Sacha Guitry estime que « douze à quinze cents personnes arrêtées de la veille ou bien de l'avant-veille »[34] s'y entassent.

32. Alfred Fabre-Luce, *L'Enfermé*, s.l., Éditions de Midi, 1945, p. 5.
33. Denis Peschanski, *La France des camps*, Gallimard, 2002, p. 457.
34. Sacha Guitry, *Soixante jours de prison*, L'Élan, 1949, p. 265. À la mi-

Fin août, Pierre Taittinger constate : « Le Dépôt est plein à craquer. On ne sait plus où empiler les nouveaux arrivants. Il est question d'un déménagement pour le manège Huysghens [...] »[35]
C'est en fait au Vélodrome d'Hiver que seront conduits dès le 28 août le président du Conseil municipal, Sacha Guitry, Paul Chack, Jérôme Carcopino et l'ancien préfet de la Seine Bouffet, entre autres notables. Ce transfert au Vél' d'Hiv', probablement l'un des premiers, indique que le Dépôt a déjà dépassé sa capacité limite d'accueil. L'excédent de détenus, dont quelques-uns ont reçu leur avis d'inculpation, doit être évacué vers d'autres lieux d'internement tels que le Vél' d'Hiv', Drancy et Fresnes. Ce départ est précédé d'un sommaire interrogatoire d'identité et d'un nouveau passage au service anthropométrique.
Mais ces évacuations ne suffisent pas à décongestionner le Dépôt qui, jusqu'en octobre, continue de se remplir vague après vague d'arrestation. Celles-ci, aux premiers jours de septembre, impressionnent vivement Alfred Fabre-Luce : « De nouvelles fournées de suspects s'engouffraient constamment dans la geôle. Chaque soir, il semblait qu'elle dût éclater et vomir de force des libérations. Nous sous-estimions notre capacité de compression. [...] Faute de place, on logeait les prisonniers sur le sol, dans les corridors. »[36]

septembre 1944, Robert Brasillach, qui ne reste que deux jours au Dépôt, estime sa population à environ mille deux cents détenus.

35. Pierre Taittinger, *op. cit.*, p. 239.

36. Alfred Fabre-Luce, *op. cit.*, p. 5.

Corrélativement à la pression toujours croissante de ces nouvelles arrivées, le coefficient d'occupation des lieux devient rapidement le « coefficient d'écrasement ». Il s'élève, irrésistiblement au fil des semaines, hantant les récits de détention.

À son arrivée au Dépôt, vers la mi-septembre 1944, Robert Brasillach est conduit dans « une sorte de salle où croupissaient une soixantaine de personnes. [...] Certains vivaient là depuis une quinzaine de jours, couchés sur le ciment [...]. » Deux heures plus tard, privé, à la fouille, de ses lacets, de sa cravate, de sa ceinture et de son rasoir, il est enfermé, au deuxième étage, dans une « petite pièce sans fenêtre visible, meublée d'une tablette fixée au mur, d'un tabouret, de deux paillasses et d'une cuvette de WC encastrée dans un coin. » Cinq personnes s'y morfondent depuis le 25 août. « [...] La pièce mesurait environ 1,80 mètre de large sur 3 mètres de long. »[37]

Le 21 septembre 1944, Claude Mauriac, secrétaire du général de Gaulle, se rend à la Conciergerie en compagnie de son ami le docteur Bernard Duhamel, médecin inspecteur des prisons. Il fait des détenues un dénombrement très précis et sensiblement différent mais donne des lieux et de l'ambiance une description très proche de celle des épurés : « Dans une salle voûtée, noire et humide, couchées à même le sol, deux cent neuf femmes qui trouvent encore le moyen, après un mois d'internement sans autre interrogatoire que celui d'identité, d'être fardées et presque jolies (avec deux "toilettes" en tout et pour tout). Mais quelle lassitude dans les regards [...]. Et pour parler des cellules individuelles où sont

37. Robert Brasillach, *Écrit à Fresnes, Journal d'un homme occupé*, Plon, 1967, p. 70.

entassés jusqu'à dix hommes que j'aperçois par le judas [...]. »[38]
Fin septembre 1944, Mary Marquet dénombre dans la salle commune des femmes quatre cent cinquante détenues « à terre, parquées comme des bêtes. Toutes sont couchées, ou presque ; les unes pleurent, les autres dorment. Il y a là des tenancières, des péripatéticiennes, des femmes de banquier, des arpètes, des artistes. »[39] Parmi ces dernières, plusieurs actrices de cinéma : Alice Cocéa[40], Dita Parlo[41] et Josseline Gaël[42], qui a encore sa blonde chevelure. Et la soprano Germaine Lubin... qui chanta à Bayreuth.
Arrêtée le 20 octobre 1944, à l'hôtel *Lancaster*, près des Champs-Élysées, Arletty passera onze nuits à la Conciergerie avant d'être internée à Drancy.
Aux premiers jours d'octobre 1944, Robert Cardinne-Petit calcule que « dans les cellules "de passage" qui peuvent contenir huit ou dix hommes, plus de vingt prisonniers sont entassés, empêchés de s'étendre [...]. »[43]

38. Claude Mauriac, *Un autre de Gaulle, Journal 1944-1954*, Hachette, 1970, p. 42.

39. Mary Marquet, *op. cit.*, p. 144.

40. Alice Cocéa (1899-1970). Cette actrice d'origine roumaine dirigea de 1940 à 1944 le Théâtre des Ambassadeurs qui fut l'un des hauts lieux des échanges culturels franco-allemands.

41. Dita Parlo qui débuta à l'époque du muet fut détenue avec sa mère. Violentée par des gardiens, Dita Parlo connut une détention d'autant plus pénible qu'elle ne pouvait plus apaiser sa toxicomanie. Mireille Balin, autre vedette de cinéma, subit viols et sévices dont elle ne se remit jamais.

42. Josseline Gaël fut mariée à l'acteur Jules Berry.

43. Robert Cardinne-Petit, *op. cit.*, p. 70.

Avant son départ pour Fresnes, vers la mi-octobre, François Brigneau doit passer la nuit dans une de ces cellules bondées du rez-de-chaussée : « Nous y coucherons à dix-sept. Dix-sept hommes en long dans un débarras qui ne fait pas quinze mètres carrés. Dix-sept hommes imbriqués qui mélangent leurs haleines, leurs plaintes, leurs puanteurs[44]. »

Dans un rapport du 25 octobre 1944, le préfet de police fait état de la présence de mille cent quatre-vingt-un détenus dont deux cent quatorze femmes[45].

Vers la même époque, une assistante sociale rapporte qu'au Dépôt « mille sept cents prisonniers hommes et femmes s'entassent dans des cellules prévues pour cinq cents personnes. »[46]

Le 2 novembre 1944, Xavier Vallat passe sa première nuit au Dépôt, avec neuf autres suspects, dans une « cellule double de 4 mètres sur 5, au rez-de-chaussée [...]. »[47] Mais huit jours plus tard les voici quatorze entassés dans une cellule de 10 mètres carrés[48] !

D'un témoignage à l'autre, la densité d'enfermement demeure stable. Le 13 novembre, Claude Jamet consigne avec une précision de métreur : « 1,80 mètre de large, 3,60 mètres de long et 3 mètres de haut. Ça ne fait pas tout à fait 20 mètres cubes, pour treize hommes ; dont il faut défalquer le volume de nos corps. Dans une pièce comme

44. François Brigneau, *op. cit.*, p. 27.

45. Denis Peschanski, *La France des camps*, Gallimard, 2002, pp. 457, 458.

46. Henri Amouroux, *La grande histoire des Français après l'occupation*, p. 198.

47. Xavier Vallat, *op. cit.*, p. 26.

48. *Ibid.*, p. 30.

celle-ci, les règlements ne permettraient pas qu'on élève plus de deux cochons ensemble [...]. »[49]
Cet entassement extrême et insoupçonné témoigne de l'ampleur de l'épuration dans la capitale et représente l'un des premiers traits distinctifs de ce mouvement.
Une assistante sociale en donne, pour la même époque, confirmation : « Tout le monde était mélangé : un amiral, un ministre, un Algérien déserteur, un enfant étaient dans la même cellule. Une moyenne de seize personnes dans une cellule de quatre, se relayant pour s'asseoir. »[50]
L'incroyable densité d'occupation des lieux eût suffi à rendre les conditions de détention des prisonnières extrêmement pénibles. Mais les événements extérieurs et leurs horreurs font intrusion dans le Dépôt.
Une détenue témoigne : « Ce qu'il y avait de pire, c'étaient les nuits, parce que nous ne pouvions jamais les passer à dormir. C'était la bataille incessante contre la vermine ; c'étaient les paniers à salade, déversant leurs cargaisons d'épaves qu'il fallait caser ; c'était une malheureuse, commotionnée par certains "interrogatoires", qui se mettait tout à coup à hurler [...]. Une autre nuit, on jeta littéralement parmi nous dans la crypte une créature qui n'avait plus rien d'humain. Son visage était couvert de sang et l'un de ses yeux pendait hors de l'orbite. Ce qui s'exhalait de son gosier, ce n'étaient pas des cris, ce n'étaient pas des râles : c'était une sorte de plainte monotone, aiguë, bouleversante et qui n'en finissait plus. Tout le monde a entendu un

49. Claude Jamet, *op. cit.*, p. 92. Claude Jamet avait déjà, dès sa première nuit au Dépôt, connu, avec onze autres suspects, l'incroyable compression des corps dans une cellule de 6 mètres carrés !

50. Extrait cité par Henri Amouroux, *op. cit.*, p. 198.

chien hurler à la mort. Il y avait de cela et il y avait quelque chose de pire : quelque chose comme un paroxysme de douleur qui n'arrivait pas à trouver son expression ; quelque chose d'indicible, qui faisait frissonner d'une épouvante sans nom. »[51]

Certains épurés, dont Robert Brasillach, préfèrent à leur cellule exiguë, surpeuplée, continuellement close et dans certains cas, semble-t-il, éclairée à la lumière électrique en permanence, la salle d'attente. Son ambiance pittoresque de bivouac et de hall de gare, la relative liberté de déplacement que cette salle pouvait encore permettre ; tout cela semble leur avoir fait oublier la crasse des lieux, le dénuement général et surtout les nuits perpétuellement troublées par les départs et les arrivées de suspects.

Au Dépôt et à la Conciergerie, ces derniers découvrent donc la prison et la vie en cellule, où de surcroît, il leur est refusé,

51. Ces lignes sont extraites d'un manuscrit intitulé *Coups d'ailes dans les barreaux* et signé d'une certaine Clairette. *Le Crapouillot* en publia, en 1953, plusieurs pages dans son numéro 21, titré « À bas les prisons ! »
Voici la suite du passage cité : « On ne l'a pas laissée longtemps parmi nous, celle-là. Une heure à peine s'était écoulée qu'on venait la reprendre et, tandis qu'on l'emportait au long des interminables couloirs, longtemps nous avons continué d'entendre sa plainte de damnée.
Il est probable que des ordres avaient été donnés pour étouffer le scandale ; mais dans les prisons comme partout ailleurs, plus peut-être que partout ailleurs, tout finit par se savoir. Grâce à des indiscrétions d'avocats, nous avons appris pourquoi cette femme hurlait à la mort. Elle avait été livrée à la police officielle, qui l'avait immédiatement fait transporter au Dépôt, par des Francs tireurs partisans érigés en justiciers. Seulement, avant de la livrer, ils l'avaient interrogée à leur manière... Pour l'inciter à passer aux aveux, ils lui avaient introduit dans l'anus une bouteille qui s'y était cassée...
Il faut pourtant que ces choses-là soient dites. »

du moins pendant les premières semaines, d'écrire mais aussi de recevoir visites, colis, journaux et courrier.
Prévenus pour la plupart, et devant donc être considérés comme de simples suspects, les internés vivent d'autant plus mal ces restrictions. Mais c'est surtout d'être assujettis au régime des droits communs qu'ils souffriront.
En effet, depuis 1939, la réforme des articles 75 et 84 du code pénal[52], concernant les crimes d'intelligence avec l'ennemi, d'espionnage et de trahison, ne fait plus bénéficier du régime « politique ». Une tradition, plus que séculaire, a été rompue. Les épurés sont donc considérés comme des détenus ordinaires. Ils vont devoir vivre avec des droits communs ! Cette promiscuité imposée, et souvent utilisée à des fins de brimade ou même d'avilissement, marque les suspects.
Certains d'entre eux retiennent surtout le pittoresque de cette cohabitation forcée : « Il y avait, mêlés à nous, des bandits de droit commun (j'avais été précédé dans ma cellule par un nègre assassin), des "Fifis" cambrioleurs, des gars très à la page. On entendait parler constamment des millions à

52. Cette réforme de plusieurs articles du code pénal s'inscrit dans un contexte de crise politique aiguë. Ainsi, le gouvernement radical réprime brutalement la grève générale organisée par la CGT le 30 novembre 1938. Cette politique d'extrême fermeté se traduit également par la multiplication des décrets-lois, dont, celui, crucial, du 18 novembre 1939, qui généralise la possibilité d'arrêter tout suspect et de l'interner dans un centre de séjour surveillé. L'autorité judiciaire est alors dessaisie de ses pouvoirs au profit de l'autorité administrative.
Le plus retentissant de ces décrets prononce, le 26 septembre 1939, la dissolution du Parti communiste, qui a approuvé la signature, le 23 août 1939, du pacte germano-soviétique, et celle de toutes ses organisations affiliées.
Le gouvernement Daladier, puis celui de Paul Raynaud, sévit aussi, avec une égale rigueur, tant contre les pacifistes libertaires que les Cagoulards et la presse antiparlementaire dont *Je Suis Partout* est le fleuron.

passer à un tel ou un tel [...]. »[53] D'autres, comme le général d'aviation Pinsard, en sont profondément choqués.
Après la honte d'une arrestation souvent dégradante, ce coude à coude avec des repris de justice et cette intimité désormais impossible sont en effet ressentis comme un nouveau déshonneur, singulièrement par des hommes dont la naissance, l'éducation et la carrière ne pouvaient leur permettre de concevoir un seul instant une telle promiscuité ! Le général côtoie le souteneur, la sociétaire de la Comédie française la prostituée.

Arrivé le 4 novembre 1944, Claude Jamet, non sans ironie, note onze jours plus tard, à propos de l'occupation de la grande salle, communément dénommée « salle des paillasses » : « Et nous ne sommes que cent vingt, à peine, à occuper ces espaces royaux. »[54]
Le Dépôt vit une animation perpétuelle, entretenue par les arrivées et les départs, nuit et jour, de prisonniers mais aussi par leurs déplacements d'une cellule à l'autre. Ces transferts répondent souvent à la volonté de brimer un présumé collaborateur en lui imposant pendant plusieurs jours, et parfois des semaines, la compagnie de droits communs ou celle de gens d'une autre condition. Xavier Vallat explique ainsi qu'on a voulu humilier l'ancien directeur général de la Police

53. Robert Brasillach, *op. cit.*, p. 71. Ce mélange interlope s'enrichit, corrélativement à la régularisation de l'épuration, de détenus Fifis entraînés aux pires excès par leur ardeur épuratrice. Alfred Fabre-Luce remarque la présence en nombre de ces Fifis lors de son nouveau passage au Dépôt, en novembre 1944. « Parmi les "politiques", il y avait cette fois plus de Fifis que de "collabos". » Alfred Fabre-Luce, *op. cit.*, p. 42.

54. Claude Jamet, *op. cit.*, p. 95.

municipale, Hennequin, en l'enfermant dans une cellule « avec le tout-venant ».

Sacha Guitry, interné le 23 août, passe sa première nuit seul dans une cellule de 4 mètres sur 2. Un résistant, qu'un tel privilège scandalise, exige que Guitry soit transféré dès le lendemain dans une cellule dont les trois occupants, déjà très à l'étroit, réservent au dramaturge un accueil sans aménité.

En revanche, l'admission au quartier des Sœurs représente pour les hommes une appréciable faveur, un geste de bienveillance. Les cellules y sont en effet moins exiguës, moins surpeuplées et d'une grande propreté. L'infirmerie et la bibliothèque de la Croix-Rouge se trouvent également dans ce secteur. Il est un autre avantage : celui de pouvoir disposer pour la promenade d'une cour plus grande, comme celle réservée aux commissaires de police frappés d'épuration.

Au plan sanitaire, le Dépôt accuse par son dénuement un archaïsme extrême qui saisit d'horreur nombre d'internés.

Dans la plupart des cellules, les prisonniers, faute de lavabo, doivent se débarbouiller au creux de la cuvette des toilettes. Alfred Fabre-Luce, pourtant familier de la prison, qu'il a connue durant l'Occupation, rapporte la choquante découverte : « [...] Je me souviens de ce premier jour où nous cherchâmes, au réveil, le moyen de nous laver. La cellule ne comportait pas d'autre meuble, pas d'autre ustensile qu'une "lunette". Le regard après avoir vainement glissé sur les murs et le plancher, revenait malgré lui à ce centre de notre existence. Mais oui, c'était là. Vers le milieu de la matinée, un gargouillis annonçait l'arrivée de l'eau. Nous nous approchions alors – ensemble, car la source ne coulait que peu de temps – et plongions à tour de rôle notre visage dans le trou. Soumis à de telles humiliations, la plupart s'abandonnent, renoncent à se laver et du même coup à se défendre. »[55]

Claude Jamet dit aussi tout le désarroi du prisonnier confronté à cette absence, déshumanisante, d'hygiène[56].

Cette absence de lavabo frappe aussi François Brigneau enfermé, au rez-de-chaussée : « Je n'ai ni savon ni serviette. Il n'y a pas de lavabo. Il faut se débarbouiller comme on peut, dans la cuvette d'aisance où l'eau coule une heure le matin et une heure le soir. »[57]

Les détenus doivent donc utiliser les « lieux d'aisances » non seulement pour leur toilette corporelle, mais aussi pour s'y désaltérer !

Presque allègre, l'ancien commissaire aux Questions juives, Xavier Vallat, constate : « Il n'y a pas de lavabo... mais on fait couler deux heures par jour de l'eau à l'intérieur de la cuvette des WC, et... on peut s'y approvisionner pour sa toilette et sa boisson ! Un peu d'hésitation, et puis, ma foi ! Tout le monde se rase, se débarbouille et se lave les dents. »[58]

Robert Cardinne-Petit, demeuré quarante-huit heures au Dépôt, s'indigne de la condition des prisonniers « [...] qui doivent puiser l'eau de leur soif à la chasse d'un appareil d'aisance putrescent, le broc étant souvent absent. »[59]

Quelques rares locaux, comme la Grande salle, sont incomparablement mieux équipés : « Quel luxe ! Quel confort ! Les

55. Alfred Fabre-Luce, *op. cit.*, p. 23.

56. Claude Jamet, *op. cit.*, p. 76.

57. François Brigneau, *op. cit.*, p. 27.
Sacha Guitry, découvrant sa cellule, note fort laconiquement : « Le lavabo et le "vater" – n'en parlons pas, ils ne font qu'un. » Sacha Guitry, *op. cit.*, p. 198.

58. Xavier Vallat, *op. cit.*, p. 27.

59. Robert Cardinne-Petit, *op. cit.*, p. 70.

cabinets se cachent derrière une cloison. Les lavabos ne comptent pas moins de cinq robinets. »[60]
Une autre salle, dite des pompiers, est dotée d'un robinet d'eau potable, mais pourvue de toilettes à la turque. Xavier Vallat, amputé d'une jambe, doit alors réclamer un seau hygiénique.
Ce tableau d'une hygiène particulièrement sommaire doit donc être d'autant plus nuancé que plusieurs témoignages nous révèlent, presque incidemment, l'existence d'une véritable installation sanitaire : des douches ! S'ils en font la demande, les internés peuvent aller, une fois par semaine, aux douches. Seul de sa cellule à s'y rendre, Claude Jamet découvre à l'entrée de la salle un grand écriteau avertissant les détenus : « La douche n'est pas une mesure disciplinaire. »[61]
« Leur installation [sous l'escalier de Harley] dans les sous-sols du Palais, qui datent de Philippe Auguste, précise Xavier Vallat, est propre et confortable. »[62]

Les détenus peuvent également se rendre chez l'un des coiffeurs, des fonctionnaires, du Dépôt. C'est en outre pour les clients l'occasion très prisée de tromper leur

60. Claude Jamet, *op. cit.*, p. 95.

61. Claude Jamet, *op. cit.*, p. 81. Détenu également en novembre 1944, mais moins longtemps que Claude Jamet, Alfred Fabre-Luce a, lui aussi, remarqué la rassurante pancarte : « Au Dépôt, j'ai lu cette inscription : "la douche n'est pas une mesure pénitentiaire". » Alfred Fabre-Luce, *op. cit.*, p. 24.
Mesure ni « disciplinaire », ni « pénitentiaire », la douche du Dépôt ne saurait donc être confondue avec celle, administrée à titre de punition, dans certains établissements psychiatriques de l'époque...

62. Xavier Vallat, *op. cit.*, p. 34.

ennui, notamment à la lecture des journaux du jour, disponibles sur place.
Enfin, la promenade, en principe quotidienne, peut aussi contribuer à une hygiène minimale. Elle a pour cadre une courette, le « préau », auquel conduit une galerie. Les prisonniers se succèdent par groupes de trente à cinquante, jusqu'à cent selon Robert Brasillach, dans ces préaux, de deux mètres sur quinze, à l'intérieur desquels, durant une heure, ils ne peuvent guère que piétiner les uns derrière les autres, sous la surveillance d'un gardien armé et juché sur une passerelle de guet. C'est néanmoins l'occasion de se purger des miasmes de l'enfermement, de contempler le ciel, et surtout d'échanger nouvelles, bobards et journaux. Les détenus se livrent aussi à la faveur de ce coude à coude à un actif marché noir, au cours duquel le paquet de cigarettes vaut trois cents francs.

Encaqués à l'extrême, les internés du Dépôt sont de surcroît gratifiés d'un ordinaire des plus médiocres.
Parmi l'un des premiers « pensionnaires » du Dépôt, alors que Paris n'est pas encore libérée, Pierre Taittinger définit ce qui constitue son ordinaire : « Le matin, on nous distribue un liquide noirâtre baptisé “jus” [...] qui n'a même rien de commun avec un ersatz de qualité très inférieure. À midi une aigre soupe aux choux, accompagnée d'un morceau de pain ; le soir, quelques nouilles se déplaçant dans un quart de gamelle d'eau chaude. [...] C'est tout pour la journée ! Moyennant finances, nous pouvons nous procurer un petit supplément de pain, avec un peu de fromage ou de pâté, et c'est ce supplément, en fin de compte, qui fait l'essentiel de notre nourriture. »[63]

63. Pierre Taittinger, *op. cit.*, p. 238.

L'ancien président du Conseil municipal de Paris apporte une précision complémentaire que peu de temps après lui nombre d'internés contraints de se désaltérer directement dans la cuvette des sanitaires infirment formellement. « L'eau donnée à boire aux prisonniers est, souligne Pierre Taittinger en cette fin août 1944, d'une fraîcheur et d'une pureté remarquables. »[64]

Trois semaines plus tard, Robert Brasillach, qui séjourna au Dépôt moins de vingt-quatre heures, mentionne pour le repas de midi la « gamelle pleine d'une eau sale avec les quatre vermicelles réglementaires, et un morceau de pain. »[65]

François Brigneau, pensionnaire du Dépôt peu avant la mi-octobre 1944, signale que l'ordinaire, mais en y mettant le prix, peut être amélioré. « Le matin, le midi et le soir, il y a distribution de pain, puis de soupe. Vers 15 heures passent des marchands de sandwiches. Dix francs : un cube de fromage maigre ou une pastille de confiture séchée entre deux tartines de pain rassis. »[66]

Il semble que ce commerce ait été le fait de gardiens corrompus, comme le constate Alfred Fabre-Luce au début du mois de septembre 1944 : « Vers 16 heures, un homme passait, qui tentait de nous vendre, à un prix de marché noir, les "casses-croûtes" qu'il avait pour mission de nous distribuer à travers le guichet. »[67]

64. *Ibid.*, p. 238.
65. Robert Brasillach, *op. cit.*, p. 71.
66. François Brigneau, *op. cit.*, p. 27.
67. Alfred Fabre-Luce, *Double prison*, Éditions Ika, Paris, 1946, p. 155.

Xavier Vallat confirme l'existence, au début du mois suivant, de cet approvisionnement, intra-muros, conforme au marché noir : « [...] Notre repas de midi : soupe aux choux, purée de pommes de terre et de pois secs. Ça pèche par la quantité autant que par la qualité. Heureusement, cette carence administrative est comblée par une fructueuse initiative de la cantine qui, vers 15 heures, vient nous vendre pour dix francs des sandwiches à la viande, au fromage ou à la confiture ! »[68]
À la même époque, Claude Jamet évoque avec gourmandise « [...] les sandwiches de 16 heures, par exemple, à dix francs – et aux confitures. Ils valent largement ceux du *Sélect.* »[69]
Plus loin, il montre que les assauts de la faim ne seraient pas longs à se faire sentir s'il n'y avait ces en-cas et le colis familial : « J'attendais mon colis du vendredi, comme la manne dans le désert. C'est qu'on la saute ici ! Au lieu des quatre sandwiches qu'on pouvait s'acheter en cellule, il faut se contenter d'un seul, et même pas sûr. La cantinière vend en gros à la Grande Salle ; nous sommes trop nombreux ; et, comme elle y gagne moins, en pourboires, elle nous rationne, à l'avantage des petites cellules. La gymnastique d'ailleurs n'arrange pas les choses : elle nous donne un appétit, hélas sans proportion avec le fond de chou dans l'eau chaude de la soupe officielle. Donc, toutes provisions épuisées, je grattais le fond de mon sac avec désespoir. La fringale m'avait pris comme une fièvre. Mes mains tremblaient. J'avais le crâne vide, une grande faiblesse dans tout le corps. »[70]

68. Xavier Vallat, *op. cit.*, p. 27.
69. Claude Jamet, *op. cit.*, p. 81.
70. Claude Jamet, *ibid.*, p. 106.

Fin novembre, le régime alimentaire est toujours aussi insuffisant et carencé. Robert Cardinne-Petit se scandalise de la condition quasi-animale à laquelle est ravalé le détenu du Dépôt et dénonce « le parcimonieux et détestable ordinaire qu'on lui dispense deux fois par jour, avec un morceau de pain : un brouet nauséabond, servi dans une gamelle puante et sale, qu'il doit laper, la cuillère étant proscrite en ces lieux au même titre que la cravate, la ceinture, et les lacets de souliers. »[71]

Déplorable état sanitaire que confirme le constat sans appel de cette assistante sociale attentive aux conditions de détention des épurés : « Il n'y avait qu'une gamelle pour deux ou trois personnes et j'ai fréquemment vu un type crachant le sang passer sa gamelle à un voisin ; pas de cuiller ni de fourchette ; nourriture nulle. »[72]

Robert Brasillach estime à la mi-septembre le nombre de détenus à environ mille deux cents et celui des gamelles à trois cents[73].

Lieux immondes, cloaque, « dépotoir », le Dépôt – Conciergerie et Souricière incluses – recèle derrière ses murs et dans ses entrailles une réalité, insoupçonnée du passant, et dont l'horreur révélée à ses prisonniers contraste singulièrement avec la noblesse de l'édifice historique.

71. Robert Cardinne-Petit, *op. cit.*, p. 70.

72. Extrait cité par Henri Amouroux, *op. cit.*, p. 198.

73. « Comme il y avait environ douze cents détenus et trois cents gamelles, on ne prenait pas le temps de les laver. » Robert Brasillach, *op. cit.*, p. 71. Alfred Fabre-Luce fait à peu près la même estimation : « À midi, j'allais prendre une gamelle qui avait déjà traîné dans trois ou quatre bouches » Alfred Fabre-Luce, *L'Enfermé*, p. 6.

« Je n'aurais jamais su, déclare Jacques Benoist-Méchin, que ce chancre existait en plein cœur de la Ville lumière. [...] Que de fois, me promenant sur les quais, n'ai-je pas admiré les belles tours rondes du Palais de Justice, sans me douter un seul instant de ce qu'elles contenaient dans leurs profondeurs. »[74]
Robert Cardinne-Petit fulmine contre ce qui lui apparaît comme attentatoire à la dignité humaine et au sacré : « Le Dépôt est la honte de notre temps, le remords de notre espèce, une insalubre porcherie d'hommes, enfouie au cœur de Paris, sous l'émouvante flèche d'or et d'azur de la Sainte-Chapelle, dont la splendeur aérienne fait l'admiration du monde. »[75]

Depuis plusieurs années, la Conciergerie s'ouvre aux visiteurs, le temps d'une exposition. C'est alors l'occasion de découvrir de plain-pied ces amples salles basses qui par plusieurs baies vitrées situées au ras de la chaussée s'offrent aux regards des passants. Les voûtes ogivales aux fines nervures s'élèvent à six ou sept mètres. Sols et maçonneries d'une belle couleur sable sont puissamment éclairés. On peine à imaginer qu'en ces lieux, aujourd'hui restaurés, s'entassèrent dans des conditions de promiscuité et dans un état de crasse hallucinants, jusqu'à mille sept cents hommes et femmes dont certains plusieurs mois durant !
Des panneaux devaient très probablement cacher les prisonniers à la vue des passants ou des gardes interdire à ceux-ci de s'approcher des fenêtres-soupiraux. Mais cette terrible proxi-

74. Jacques Benoist-Méchin, *op. cit.*, p. 368.
75. Robert Cardinne-Petit, *op. cit.*, pp. 70, 71.

mité des suspects ainsi cloîtrés avec la rue dont les bruits leur parvenaient ajoutait, là aussi, à la détresse commune.

*

Le dimanche est le jour du coiffeur et de la messe. Celle-ci, note Xavier Vallat, début novembre 1944, « a lieu dans le quartier des femmes, dans la petite chapelle des Sœurs, où une centaine d'hommes et de femmes s'entasse. »[76]
La séparation des sexes, précise Arletty, est cependant de rigueur. « Détenus hommes et femmes suivaient, séparés par un grillage, l'office dominical que rehaussa, un temps, l'interprétation par Tino Rossi, de l'*Ave Maria.* »[77]
La célébration de l'office, le greffe, la distribution des colis, le service anthropométrique, la communication des avis d'inculpation et des mandats d'amener contribuent à donner du Dépôt l'image d'une prison certes transitoire mais « réglementaire ». Malgré son caractère hétéroclite, son désordre intérieur et sa fétidité extrême !

76. Xavier Vallat, *op. cit.*, p. 28.

77. Arletty, *La Défense*, La Table Ronde, 1971, p. 167. Dans *Double prison*, Alfred Fabre-Luce rapporte les propos échangés par deux prisonniers de Drancy sur la messe au Dépôt :
« Sais-tu avec qui je me suis trouvé au Dépôt ? Avec Tino Rossi !
– Il chantait ?
– Oh ! non. Il était déprimé. Il ne chantait même pas à la messe.
– Ah ! vous alliez à la messe ?
– En principe, seulement toutes les trois semaines. Mais en payant, on pouvait y aller chaque dimanche. »
Alfred Fabre-Luce, *Double prison*, pp. 188, 189.

Une nouvelle Terreur

Cet établissement de détention provisoire du Palais de Justice tient une place particulière dans la typologie des quelque douze prisons, camps et forts destinés aux épurés justiciables des tribunaux de la capitale[78].

C'est en effet au sein du Dépôt et de ses trois salles de la Conciergerie que s'ancre et s'amplifie chez les épurés la conviction d'être les victimes d'une nouvelle Terreur.

Seul Sacha Guitry, avec cet humour dont il ne se départit pas tout au long de ses « soixante jours de prison », badine à propos de la Conciergerie : « Cette révolution où le concierge a joué un si grand rôle pouvait-elle aboutir ailleurs qu'à la Conciergerie ? »[79]

Les allusions aux années terribles de la Révolution naissent avec les premières vagues d'arrestation de suspects et les exécutions sommaires. La rhétorique même des Francs tireurs partisans et des communistes, alors politiquement et militairement prédominants, et qui se réclament de leurs glorieux prédécesseurs sans-culottes, conduit à multiplier les parallèles. Des paniers à salade ou voitures cellulaires qui conduisent les prisonniers à l'instruction ou au tribunal, Lucien Combelle écrit qu'elles sont leurs « charrettes ». Claude Jamet évoque aussi « les charrettes de la Terreur » et les « comités de salut public ». Alfred Fabre-Luce s'effraye quant à lui des « fournées de suspects » qui se succèdent au Dépôt sans discontinuer.

78. Au Dépôt s'ajoutent notamment le Vél' d'Hiv', Drancy, la maison d'arrêt de Fresnes, les forts de Noisy-le-Sec, de Romainville, de Charenton, du Mont-Valérien, le camp de Saint-Denis, de la Châtaigneraie, la prison des Tourelles, le Château de Gaillon.

79. Sacha Guitry, *op. cit.*.

Les tribunaux populaires siégeant notamment dans les mairies et devant lesquels comparaissent certains épurés dont Henri Cardinne-Petit ravivent chez ces derniers l'image du « tribunal révolutionnaire » et celle de Fouquier-Tinville. La redoutable justice révolutionnaire de 1793-1794 trouve dans l'esprit des épurés sa véritable symétrie avec les Cours de justice qui commencèrent à siéger au début du mois d'octobre 1944. Ces tribunaux d'exception sont en effet composés d'un magistrat président et de quatre jurés tirés au sort à partir d'une liste de cent résistants, elle-même établie jusqu'à la fin 1944 par les Comités de Libération. C'est selon la formule rapportée par Claude Jamet « mettre la partie civile sur le siège. »[80]

Le comte de Puységur, doyen à 82 ans des condamnés à mort, rapporte Jean Hérold-Paquis, avait dû faire face non aux tricoteuses de ses ancêtres mais à une blanchisseuse siégeant parmi ses juges.

Les références à ce paroxysme de la Révolution qui émaillent donc nombre de récits d'épurés prennent une résonance particulière lors du séjour de leurs auteurs au Dépôt. Dans sa grande salle, au « plafond voûté, à 7 mètres d'altitude, en plein cintre, que soutiennent, puissamment quatre colonnes, quatre énormes piliers à chapiteaux romans [...]. Les juges tenaient séance, autrefois, dans cette salle. Il paraît que Marie-Antoinette y est passée » rappelle Claude Jamet qui parachève l'évocation en ajoutant : « [...] Les Girondins y ont attendu la mort. »[81]

80. Claude Jamet, *op. cit.*, p. 217.
81. Claude Jamet, *ibid.*, p. 95.

La comédienne et sociétaire de la Comédie française, Mary Marquet, voit aussi dans la salle commune du Dépôt, déjà comble, un « Tableau de la Terreur ».
Le souvenir tragique de la famille royale hante les lieux.
Le 21 août 1944, à son arrivée au Dépôt, Pierre Taittinger et plusieurs autres suspects sont dirigés vers le quartier des femmes déjà bondé de détenues. L'ancien président du Conseil municipal demande alors à Sœur Rosine, la Supérieure chargée de ces nouveaux prisonniers, d'être gardé avec ses co-détenus à la Conciergerie. Mais « les anciens cachots de la Famille Royale [ayant] été transformés en Musées [...] »[82], ils passent la nuit dans la cellule jadis occupée par Monseigneur Darboy[83].
La Conciergerie semble encore imprégnée de la présence de la « Reine martyre ». Deux cents cinquante ans après Marie-Antoinette, Mary Marquet gravit les « cinq cents marches » de l'étroit escalier en colimaçon de la tour qui abrite à présent le service de l'identité judiciaire.
Les rappels à la Terreur se renouvelleront, parfois avec insistance, en fonction du cours des événements. Ainsi, à l'annonce de l'offensive surprise allemande des Ardennes, déclenchée fin décembre 1944, nombre de suspects internés redoutent d'être victimes de nouveaux « septembriseurs ».
Enfin, le destin de Robert Brasillach, dont les derniers mois évoquaient tant ceux du poète André Chénier, devait consacrer la funeste filiation : « Il plane sur tous ces tribunaux d'essence révolutionnaire le souvenir d'André Chénier » écrit Robert Brasillach à sa mère. « Cela se dit beaucoup

82. Pierre Taittinger, *op. cit.*, p. 234.

83. Georges Darboy. Archevêque de Paris, il fut l'un des premiers otages fusillés par les Communards, le 24 mai 1871.

maintenant, et il est exact que des gens ont peur de recommencer sur ma modeste personne le cas d'André Chénier, dont la révolution de 1793 n'a jamais pu se laver. Je trouve cela amusant au fond, mais c'est exact. Alors, j'évoque le pauvre cher Chénier à qui je n'avais jamais tant pensé. »[84]

Aux profondeurs historiques du Dépôt succède pour la plupart des suspects l'immense et plébéienne bâtisse du populaire Vél' d'Hiv'.

84. Lettre de Robert Brasillach à sa mère, datée du 13 novembre 1944. Le lendemain, Robert Brasillach écrit à sa sœur : « Comme rien ne paraîtra sous mon nom, je choisis peut-être comme pseudonyme Chénier, sans prénom. » Enfin, le 11 décembre 1944, il confie dans une lettre à son beau-frère Maurice Bardèche : « Je suis sûr que c'est le mythe d'André Chénier qui me protège. »

IV

LE VÉL' D'HIV'

Historiens et épurés s'accordent à dire que la prison légale et l'internement administratif, « organisés » par l'ordonnance du 4 octobre 1944, ont protégé les prisonniers des séquestrations arbitraires, de leur huis clos à l'ombre desquels sévices et meurtres furent commis. Et en effet, on ne connaît guère de cas où, comme en province, un prisonnier ait été arraché de sa cellule et exécuté, séance tenante, par une foule déterminée à faire justice elle-même.

Si des assassinats, notamment de communistes « renégats », ont été perpétrés alors que l'épuration incontrôlée avait cessé, il s'avère néanmoins que la prison en a préservé bien d'autres de l'exécution.

Marcel Capron en est un exemple. Promptement enfermé au Dépôt puis gardé au cachot dans le camp de Drancy, cet ancien député communiste de la Seine put ainsi échapper à la mort à laquelle il était promis par le Parti communiste pour avoir osé dénoncer en août 1939 le pacte germano-soviétique.

Malgré la présence jusqu'en octobre 1944 de FFI dans leurs murs, les prisons « officielles » préservent donc les détenus des règlements de compte et de la justice populaire.
Mais le danger peut survenir lors d'un transfert dans un autre établissement pénitentiaire ou sur le trajet conduisant au Palais de justice, chez le juge d'instruction. Il n'est pas rare en effet que le car ou la voiture cellulaire transportant les suspects s'arrête en chemin et que ces derniers soient livrés avec la complicité de leur escorte aux assauts de la foule ameutée.
Au lendemain de la Libération, les scènes de lynchage que ces déplacements provoquent plus ou moins spontanément, semblent de l'avis même de ceux qui en ont fait l'expérience surpasser l'horreur des séquestrations illégales, même au sein des geôles les plus funestes.
L'arrivée des prisonniers au Vél' d'Hiv est sans doute l'exemple le plus connu, surtout grâce à Sacha Guitry et Pierre Taittinger, de ces déchaînements de violence orchestrés. Sacha Guitry et Pierre Taittinger sont fort curieusement les seuls de tous les épurés auteurs d'un récit à relater cette séquence tragi-comique de l'arrivée au Vél' d'Hiv. Cette étape majeure du parcours habituel des suspects, et somme toute pas plus infâmante que le Dépôt ou Drancy, semble donc avoir été éludée.

Le 28 août au soir, les voitures cellulaires transportant les détenus extraits du Dépôt, abordent lentement l'entrée du vélodrome laissant aux agents de police de l'escorte le temps d'exciter la foule massée alentour[1].

Le marchepied du véhicule étant volontairement laissé replié, certains prisonniers, surpris par la différence de niveau, trébuchent ou tombent.

Les prisonniers doivent descendre un à un, puis gagner entre deux rangées de barrières l'entrée du hall distante d'une vingtaine de mètres.

Sacha Guitry est « précédé d'un gros unijambiste sur béquilles [qui] poussé par un agent, n'a pu retenir son équilibre en arrivant au sol qu'en s'appuyant de tout son poids sur la barrière, à droite. Il est lardé des coups de canif par une femme. »[2]

Son tour venu, Guitry, salué au cri de « sale collaborateur ! » reçoit un coup de poing sur la nuque et un coup de pied aux reins, plonge en avant mais évite un croc-en-jambe.

Derrière lui, l'historien et éphémère ministre de l'Éducation nationale de Vichy, Jérôme Carcopino, est grièvement matraqué à la tête par un gardien de la paix.

Parmi maintes autres victimes, l'ancien préfet de Paris René Bouffet est rossé et assommé. Il décèdera quelques mois plus tard de ses blessures.

Certains préfèrent se ruer vers l'entrée et n'essuyer que quelques coups au passage plutôt que d'hésiter et s'effondrer assommés.

Pierre Taittinger, en ancien rugbyman, esquive et parvient même à repousser quelques-uns de ses assaillants.

1. Sacha Guitry, *op. cit.*, pp. 330-331.

2. *Ibid.*, pp. 330-331

Cette confrontation avec la foule hystérique et meurtrière représente de mémoire d'épurés l'expérience extrême de la terreur.

Transférés directement de l'immeuble-prison du 34 rue de Châteaudun à Fresnes, Pierre Hamp et ses compagnons d'infortune s'entendent dire par l'un de leurs nouveaux codétenus arrivés du Vél' d'Hiv : « Vous n'êtes pas passés par le Gymnase Huygens et le Vél' d'Hiv ? [...] Ne vous plaignez pas de votre cave, j'aurais bien voulu y être : il vaut mieux pourrir dans une fosse que traverser une foule. On nous a tellement serrés dans les voitures cellulaires qu'un camarade était bloqué contre la porte à claire-voie. Des femmes couraient pour lui enfoncer des aiguilles dans les fesses. Il a été pris d'un rire de fou. Il se tordait comme s'il était à la fête de son pays. Les gens, furieux, croyaient qu'il se foutait d'eux et tapaient et piquaient. Il rigolait de plus belle. J'étais près de lui et je me disais : "Il va nous faire tuer. On va renverser la voiture et y mettre le feu". À Huygens, les gendarmes nous ont descendus à coups de bottes. Mais au moins on était enfermés, loin de la fureur de la rue où il n'y avait qu'un mot pour nous : "À mort !" Pour le transfert au Vél' d'Hiv, les réjouissances ont recommencé. J'entends encore crier. Ça me quitte pas. Vous pouvez pas vous figurer quand on sort de là comme on se sent bien dans une cellule à porte solide. Les agents qui faisaient la haie nous bourraient pour nous faire aller plus vite et aussi pour prendre leur part sur notre peau. Deux des nôtres ont péri : un de quatre coups de couteau, un autre de piétinement sur le ventre. »[3]

La peur hideuse du lynchage hante les rescapés : « Une fois hors de la foule, on se trouvait bien sous une seule trique au

3. Pierre Hamp, *op. cit.*, p. 99.

lieu de tous ces bras qui se tendaient vers nous, les femmes avec les limes à ongles, les aiguilles à tricoter. Les griffes ne leur suffisaient pas. Et les agents qui aidaient la foule. Les cars qu'ils escortaient, ils les arrêtaient en pleine rue et ils disaient : "C'est les miliciens, les tueurs". Le trajet du gymnase Huygens au Vél'd'Hiv, l'enfer peut pas être pire, mais ça dure plus longtemps [...]. »
Des gendarmes font obstacle aux assauts des policiers et de la foule, permettant aux suspects d'entrer dans le Vél' d'Hiv'.
« On étendait sur les gradins les éclopés et quelques morts, je ne sais pas combien, je n'ai jamais voulu y aller voir, je ne pensais qu'à une chose : il faudrait s'en aller de là et repasser dans la foule. » [4]
Ces gestes de harcèlement visant les prisonniers rappellent l'acharnement des femmes de la bonne société versaillaise s'escrimant de la pointe de leur ombrelle à crever les yeux des Communards vaincus que la troupe menait en convois par les rues.

On a pu voir dans le regroupement et l'enfermement de nombreux épurés au Vél' d'Hiv, puis à Drancy, la volonté de faire expier les traîtres et les complices de l'occupant là même où des juifs furent parqués par milliers.
D'autres lieux témoignent de la valeur symbolique de tels choix.
Citons trois exemples. Les épurés prirent la place des résistants enfermés et torturés dans les caves du siège de la Milice, sis 34 rue de Châteaudun. Au Mont-Valérien, indissociable du martyrologe de la Résistance, plusieurs suspects furent fusillés par les FFI qui y étaient casernés. Enfin, aux

4. *Ibid.*, p. 125

communistes détenus pendant l'Occupation dans l'ancien centre de séjour surveillé du château de Gaillon, dans l'Eure, succédèrent des suspects de collaboration.

Mais, bien sûr, le problème se pose aussi en d'autres termes. Dès les derniers jours du mois d'août 1944, les autorités parisiennes qui recourent massivement à l'internement administratif doivent faire face à la multiplication des arrestations de suspects. Leur nombre majore donc considérablement celui des prisonniers de droit commun détenus notamment au Cherche-Midi, à la Santé et à Fresnes.

Force est de constater, à propos de ces arrestations et des essais de bilans chiffrés relatifs à l'épuration, la multiplicité des estimations avancées et les écarts relevés de l'une à l'autre. Quand bien même choisirait-on de se tenir à équidistance des dénombrements extrêmes, on ne pourrait assurément pas se satisfaire d'une telle position ; l'option médiane n'étant pas en soi suffisante. Ce constat de disparité et d'approximation vaut aussi pour d'autres tranches statistiques.

Plus troublant encore. Des événements pourtant précisément circonscrits dans le temps et l'espace donnent en effet souvent lieu à des comptabilités très différentes.

L'historien Herbert Lottman concluait, avec raison croyons-nous, que l'impossibilité d'établir des calculs définitifs et incontestables était bien la seule certitude que l'on pouvait avoir. Alors comment ne pas être pris d'une certaine perplexité à la lecture des chiffres très différents produits, pour une époque précise, par des historiens se prévalant tous d'avoir puisé à des sources « officielles » ?

On notera, parmi bien d'autres, ces deux exemples : d'une part, Herbert Lottman s'interrogeant sur le nombre d'arrestations opérées, à Paris, et leurs auteurs, rappelle que, dès la

fin du mois d'août 1944, le ministère de la Justice avait révisé ses estimations initiales : « On avait parlé de vingt mille arrestations, or le chiffre véritable était plus proche de trois mille cinq cents. »[5]
Puis, il se réfère à un rapport destiné au Comité parisien de Libération et rédigé le 4 septembre, précisant que les « comités locaux de Libération, secondés par les FFI et les Milices patriotiques, ont mené à bien quatre mille arrestations au 1er septembre [...]. »[6]
D'autre part, Robert Aron qui se fonde sur les propos échangés lors de la conférence tenue vers le 10 septembre en présence du préfet de police, du directeur de la police judiciaire et d'autres instances, table, on s'en souvient, sur un total d'environ dix mille personnes arrêtées à Paris, dont « mille cinq cents seulement du fait des FFI ».
Si les Forces françaises de l'intérieur ont procédé jusqu'en novembre 1944 à la majorité des arrestations dans la capitale, leur rôle en la matière est donc très différemment apprécié par Robert Aron et Herbert Lottman.
Par ailleurs, il apparaît en comparaison de ces totaux que six mille arrestations ont donc été opérées à Paris en une semaine environ. Un tel nombre, compte tenu du surpeuplement avéré du Dépôt, du Vél' d'Hiv et de Drancy, ne semble pas invraisemblable.

Pour tenter de résorber, mais dans des conditions souvent inhumaines, cet afflux aussi précipité que massif de prison-

5. Herbert Lottman, *L'épuration, 1943-1953*, Le Livre de Poche, collection « Références », 1994, p. 137.

6. *Ibid.*, p. 138.

niers, les autorités doivent mobiliser la majeure partie du parc carcéral de la capitale et de sa périphérie.
Au Dépôt, prison dite de passage, au Vél' d'Hiv et au camp de Drancy s'ajoutent alors les casernes de Reuilly, des Tourelles et de Saint-Denis dont les derniers prisonniers anglais viennent d'être libérés. Sont aussi réquisitionné les forts de Bicêtre, de Noisy, du Mont-Valérien, de Gaillon, de Charenton, et de la Châtaigneraie à la Celle Saint-Cloud.

Prévu pour environ quatorze mille spectateurs[7], le Vélodrome d'Hiver dédié aux grandes courses cyclistes, dont celle fameuse des Six jours, accueillait aussi les réunions politiques d'envergure excédant la capacité des salles de la Mutualité ou du Trocadéro. Aux vastes rassemblements organisés par le PPF ou en soutien à la LVF succédèrent les assemblées enflammées d'un Parti communiste conquérant.
À partir de la mi-avril 1945, le Vél' d'Hiv sera à nouveau réquisitionné avec notamment le *Rex*, le *Gaumont Palace* et l'hôtel *Lutétia*, pour accueillir les déportés français de retour d'Allemagne. Auparavant, le Vél' d'Hiv' renoue sans tarder, semble-t-il, avec la tradition des grands meetings.
Pierre Taittinger, arrivé au Vél' d'Hiv' le 28 août, évoque dès la fin du mois, la tenue prochaine d'un meeting de *L'Humanité*[8]. Le préfet de la Seine, Marcel Flouret, vantant le dynamisme irrésistible du Parti communiste men-

7. « Il y a toujours vingt mille personnes pour garnir l'immense Vél' d'Hiv. Hier, vingt mille personnes écoutaient Doriot. [...] Aujourd'hui, vingt mille autres applaudissent Cachin et Bidault. » Jean Galtier-Boissière, *Mon Journal depuis la Libération*, Éditions de la Jeune Parque, 1945, p. 33. Cette réflexion est consignée à la date du 8 octobre 1944.

8. Pierre Taittinger, *op. cit.*, p. 246.

tionne dans un rapport la tenue en septembre 1944 d'une réunion communiste au Vélodrome d'Hiver. Celui-ci, donc, ne dut servir de lieu d'internement que trois ou quatre semaines.

Le Dépôt, le Vél' d'Hiv et Drancy respectivement peuplés, en septembre 1944, d'environ mille cinq cents, trois mille et six mille prisonniers, ont fonctionné, semble-t-il, comme une série de vases communicants déversant leur trop-plein de l'un à l'autre.

Dès le 28 août 1944, le Vél' d'Hiv reçoit plusieurs centaines de suspects. À cette date, Sacha Guitry, dans les lieux depuis quelques heures, s'alarme : « Les arrivages se font de plus en plus nombreux. Nous étions quatre cents. Nous serons mille à l'aube. »[9]

Entré en même temps que Sacha Guitry, Pierre Taittinger suit la courbe vertigineuse des arrivées : « De mille cinq cents nous sommes devenus deux mille, deux mille cinq cents. Nous dépasserons bientôt les trois mille... »[10]

Présent le 1er septembre 1944 dans l'enceinte sportive, le docteur Bernard Duhamel, médecin enquêteur employé par la Croix-Rouge, dénombre deux mille cinq cents prisonniers ; évaluation retenue par Henri Amouroux.

Une semaine plus tard, Claude Jamet encore en liberté mais conscient que la « terreur est en marche », note que, « en quelques jours, trois mille cinq cents "collaborateurs" ont été rassemblés au Vél' d'Hiv' [...]. »[11]

9. Sacha Guitry, *op. cit.*, p. 346.

10. Pierre Taittinger, *op. cit.*, p. 244.

11. Claude Jamet, *op. cit.*, p. 55.

Estimées à plusieurs centaines par Sacha Guitry et Pierre Taittinger, les femmes, souvent tondues et parfois brûlées, sont réparties dans les loges et sur la piste dont le terre-plein central, ceinturé de barrières, est occupé par les hommes. Le Vél' d'Hiv' s'est transformé en un immense campement d'un inconfort extrême. Arrêtés à la hâte, les suspects, pour la plupart, n'ont pu changer de vêtements, ni se munir de couvertures ou alors du strict nécessaire. Sacha Guitry, on s'en souvient, n'est vêtu que de son pyjama.

Dans le dénuement général, une vie de bivouac s'organise sous la supervision de Pierre Taittinger. Celui-ci, aidé notamment d'un ancien juge d'instruction, devient le porte-parole des prisonniers auprès des gendarmes.

La nourriture, nouilles et sardines envoyées par la préfecture de la Seine, quoique parcimonieusement distribuée, n'est pas la première préoccupation des détenus. Un grand nombre d'entre eux est blessé et doit être soigné avec des moyens de fortune en attendant l'arrivée des infirmières de la Croix-Rouge dont le docteur Duhamel réclame l'intervention. Ce dernier dénonce aussi les conditions sanitaires imposées aux prisonniers : dix WC et sept lavabos ! Affolante situation que confirme Pierre Taittinger : « Pour aller aux WC, on était obligés d'organiser un véritable service d'ordre. Dans la journée, par exemple, il fallait compter deux heures d'attente. » [12]

Aux rapports indignés du docteur Duhamel firent écho des journalistes américains introduits dans le Vél' d'Hiv' et que la détresse extrême et les blessures des prisonniers, singulièrement des femmes, scandalisèrent.

12. Pierre Taittinger, *op. cit.*, p. 244.

La situation des détenus paraît alors évoluer. Jérôme Carcopino, sauvagement matraqué à la tête, sera libéré sur le champ par Yves Bayet, directeur de cabinet du préfet en visite au Vél d'Hiv'. D'autres mises en liberté, que rien en revanche ne justifiait, ont lieu tandis que plusieurs détenus, de droits communs le plus souvent, soudoient leurs gardiens et s'échappent.

Fin août, une commission d'enquête siégeant sur place entend les prisonniers pour instruire un semblant de dossier. Enfin et surtout, le 31 août 1944, les FFI, honnis des épurés, sont relevés par les gendarmes, sous les acclamations des détenus. Un événement rapporté dans maints récits, qu'il ait été vécu au Vél' d'Hiv' ou en d'autres lieux d'internement tels que Drancy : « Je suis arrivé à Drancy sous le règne des FFI [...]. Bientôt, au soulagement général, des gendarmes sont venus remplacer les FFI. C'était aller de progrès en progrès, car le FFI lui-même est une première humanisation de cette brute que compose une foule rassemblée. »[13] se souvient Alfred Fabre-Luce.

À Paris, la foule elle-même n'est bientôt plus cette furie tant redoutée des suspects. Si les épurés font souvent état de lynchages, relatés de façon concordante, ils s'accordent aussi à noter les changements d'attitude de la foule, si malléable, et la modération, parfois très tôt observable de la rue.

Ainsi, Pierre Taittinger remarque, le 1er septembre 1944, au moment de quitter le Vél' d'Hiv' pour Drancy : « Il n'y a plus d'agitateur, et la population du quartier nous regarde

13. Alfred Fabre-Luce, *L'Enfermé*, p. 11.
Un décret du 23 septembre 1944 prévoit l'incorporation des FFI, partant des FTP, dans l'armée régulière, contribuant ainsi à résorber ces contingents d'hommes enclins à une certaine indiscipline et indépendance.

partir sans colère, sans haine, et même avec commisération. »[14]

Mais, d'un endroit à l'autre, les réactions populaires peuvent être encore très contrastées. Ainsi, à la même date du 1er septembre, c'est une foule compacte et houleuse qui attend à la porte du Dépôt Mary Marquet et d'autres transférées à destination de Drancy. Les menaces fusent : « C'est pas à Drancy qu'il faut les mener, c'est au poteau ! Hou ! Hou ! Au poteau ! Au poteau ! »[15]

Cependant la tendance générale qui s'amorce est à l'atténuation des passions. Cette évolution se confirme les semaines suivantes à l'occasion des transferts.

Un cas particulièrement tardif mérite toutefois d'être signalé. Le 25 novembre 1944, des passants invectivent des détenus, dont Alfred Fabre-Luce, à leur arrivée rue Boissy d'Anglas dans les locaux de la Cour de justice. Traités de « collaborateurs », les prisonniers répliquent par un méprisant « concierges ! »

À ces quelques exceptions près, les manifestations d'hostilité lors de transports de prévenus ou de condamnés se raréfient.

Quelques scènes en témoignent. Plusieurs cars conduisant en octobre 1944 des détenus de Fresnes au camp de Saint-Denis sont arrêtés sur le Pont-Neuf. Les policiers de l'escorte incitent vainement les passants à conspuer les prisonniers.

14. Pierre Taittinger, *op. cit.*, p. 250.
Sacha Guitry, parti du Vél d'Hiv' pour Drancy en même temps que Pierre Taittinger, relate les premiers signes d'essoufflement des badauds : « La foule est partagée entre deux sentiments : la curiosité et l'animosité vague. » Sacha Guitry, *op. cit.*, p. 382.

15. Mary Marquet, *op. cit.*, p. 47.

Si le retour massif au printemps 1945 des prisonniers, et surtout des déportés, ainsi que la révélation du monde concentrationnaire ont pu exacerber momentanément l'aversion de la population envers les épurés, ces derniers ne suscitent plus à partir de 1946 le ressentiment et la fureur publics des premiers mois d'après la Libération. Le climat de violence entretenu principalement par les communistes s'est dissipé.

Les difficultés de la vie quotidienne grevée de restrictions en tous genres, la Guerre froide naissante, l'éviction en mai 1947 des ministres communistes du gouvernement Ramadier, les vagues de grèves dont certaines insurrectionnelles, contribuent à ce changement d'attitude envers les réprouvés de l'épuration.

Une scène rapportée par Philippe Saint-Germain[16], condamné à plusieurs années de travaux forcés, en témoigne. En 1948, quelque soixante-dix détenus tuberculeux sont transférés par le train, de la Centrale de Fontevrault au sanatorium de Liancourt. Pour ce voyage, ils sont, selon le règlement, vêtus non du droguet de bagnard mais des habits portés au moment de leur arrestation. Tenues de travail, bleus de chauffe, ou bourgerons rappellent que l'épuration a surtout frappé les classes les plus modestes. Enchaînés deux par deux aux pieds et aux poignets, atteints de cachexie, les détenus entonnent en chœur, sous l'œil indifférent des gendarmes, « Maréchal, nous voilà ! » sans susciter chez les voyageurs de la gare d'Austerlitz d'autres réactions qu'une profonde compassion.

16. Philippe Saint-Germain, *Article 75*, Éditions Bureau d'Études et de publications sociales, 1951, p. 67.

En revanche, à Saint-Denis, promptement reprise en main par les communistes, les prisonniers apeurés sont confrontés à l'hostilité déclarée et permanente de la population. Celle-ci, dûment encadrée, réclame la mort pour les « traîtres » et défile avec des drapeaux rouges devant le camp d'internement qui essuie même des coups de feu tirés des maisons voisines.

Bien que son agressivité s'émousse au fil des semaines, la foule demeure aux yeux des épurés un monstre aux réactions imprévisibles. Aussi, certains prisonniers, leur peine purgée, se gardent de rentrer chez eux. D'autres préfèrent changer de quartier ou ne se décident à retrouver leur domicile qu'après avoir envoyé en éclaireurs des proches sonder le voisinage.

Le transfert du Dépôt au Vél' d'Hiv et les trajets de ces lieux de détention au Palais de justice ou à la rue Boissy d'Anglas se font généralement en voiture dite cellulaire, plus communément appelée « panier à salade ». Ces allées et venues ont, compte tenu de leurs conditions, laissé à la plupart des épurés un souvenir marquant.

Paniers à salade et autobus

Le transport à bord du panier à salade, « [...] voiture des criminels, celle aussi des voleurs et des repris de justice » [17] s'indigne Mary Marquet, est vécu par les épurés comme une ignominie supplémentaire. De surcroît, les conditions du voyage sont des plus pénibles.

17. Mary Marquet, *op. cit.*, p. 47.

Le véhicule juxtapose de part et d'autre d'un étroit couloir de minuscules cellules, prévues pour un occupant mais où s'entassent jusqu'à trois personnes.
Trop grande, Mary Marquet ne parvient pas à tenir toute entière dans l'un de ces cagibis qu'occupent déjà deux détenues. L'agent de l'escorte doit donc l'admettre à ses côtés dans l'allée centrale.
Invalide de la Première Guerre mondiale et unijambiste, l'ancien premier commissaire général aux Questions juives, Xavier Vallat, a droit à un strapontin au fond de la voiture cellulaire.
Du Dépôt au Vél' d'Hiv', à proximité du métro Dupleix, ou pire du Palais de justice jusqu'à Fresnes, les détenus enfermés dans leur placard doivent voyager, durant près d'une demi-heure, dans des postures toujours très éprouvantes.
Un jour de novembre 1944, Alfred Fabre-Luce partage son minuscule compartiment avec Georges Albertini : « Il y avait auprès de moi un homme encore jeune, que je voyais pour la première fois. Dans l'extrême resserrement de notre petite niche, il ne pouvait être ni assis ni debout et se tenait penché sur moi comme une gargouille. » [18]
La scène prend avec Sacha Guitry un tour tragi-comique : « Nous avons dû nous enlacer, mon compagnon de voyage et moi – et nous ne pourrons plus desserrer notre étreinte. C'est un homme petit, pitoyable et souffrant qui pleure dans mes bras et qui me dit souvent "merci" – parce qu'il ne comprend pas que ce sont les cahots qui m'obligent à le presser si tendrement de temps à autre sur mon cœur. » [19]

18. Alfred Fabre-Luce, *op. cit.*, p. 42
19. Sacha Guitry, *op. cit.*, p. 320, 321.

Dans les premiers paniers à salade qui sillonnent les rues de Paris au grand soleil d'août 1944, les suspects sont enfermés dans des cabines surchauffées, avec pour seule aération trois ouïes en haut de la porte. Le rigoureux et précoce hiver 1944-1945 transformera ces casiers en glacières.

À chaque transfert, les détenus, les moins à l'étroit, se distraient à déchiffrer sur les cloisons de leur placard l'entrelacs des messages, sigles et slogans tracés par des générations de droits communs et de politiques. Militants d'un Parti communiste proscrit[20], résistants de tous horizons, puis épurés de la Libération, chacun a laissé son empreinte. C'est une lecture à rebours de l'histoire nationale qui s'offre ainsi à travers ces multiples inscriptions.

Ces déplacements sont aussi l'une des rares occasions d'entrapercevoir Paris[21], d'en dérober quelques scènes toujours douloureusement reçues par le captif.

Vers la mi-décembre 1944, la nostalgie du foyer meurtrit : « [...] J'essaie de deviner derrière la vitre dépolie un peu du paysage que nous traversons : du vert, du jaune, du gris ; c'est la porte d'Orléans, Montparnasse (chez nous !), le boulevard des Invalides, la Seine – toute gonflée –, la Concorde... »[22]

Images et impressions fugitives varient au gré des saisons et des prisonniers.

20. Le 26 septembre 1939 est prononcée la dissolution du Parti communiste, de toutes ses organisations ou associations satellites et syndicats d'obédience communiste.

21. Par les fenêtres du prétoire qui donnent sur le quai des Orfèvres, le prévenu peut aussi s'abîmer dans la contemplation d'un arbre, d'une péniche, d'un banc...

22. Claude Jamet, *op. cit.*, p. 149.

« Par une étroite fente d'aération, j'ai pu apercevoir quelques coins de Paris. Qu'elle m'a paru grise, triste et déserte notre belle capitale ! »[23] se désole peu avant le printemps 1945 l'ancien secrétaire général de la Comédie française, Robert Cardinne-Petit.

Le voyage en cellulaire permet aussi, dans une certaine intimité, d'approcher la gente féminine. Ainsi, « [...] en regardant de tout près [...] »[24] par les fentes de sa porte, Claude Jamet peut, côté couloir où sont admises, faute de place, quelques femmes, se délecter de la contemplation, au soleil automnal, de leur chevelure et de leur visage.

S'ils sont aussi utilisés hors de Paris, les paniers à salade ne peuvent guère transporter plus d'une vingtaine de personnes même dans un resserrement extrême. On leur préfère donc les autobus[25] de la Société des transports en commun de la région parisienne (STCRP) d'une capacité de quarante-cinq places assises.

Celui conduisant Pierre Taittinger et d'autres internés du Vél' d'Hiv' pour Drancy porte sur ses flancs l'indication « Ravitaillement de Paris » ; la nouvelle affectation de ces véhicules répondant à l'urgence de la situation et à la pénurie des moyens de transport.

Leur réquisition est à l'origine d'une anecdote, peut-être authentique, qui revient dans plusieurs récits d'épurés. L'un de ces autobus s'étant arrêté à la porte de Pantin, un usager, plongé dans la lecture de son journal, y monta.

23. Robert Cardinne-Petit, *op. cit.*, p. 171.

24. Claude Jamet, *op. cit.*, p. 114.

25. Au printemps 1945, Robert Cardinne-Petit, admis à la Salpêtrière avec d'autres prisonniers, quitte Fresnes à bord d'un autocar, aux fenêtres grillagées, de la Préfecture de Police.

Revenu de son erreur, il fut empêché de descendre et dut séjourner à Drancy, le temps d'être disculpé.
René Château, dont l'autobus pour Drancy se remplit de commissariat en commissariat, avance que ce type de véhicule n'attire pas l'attention comme les paniers à salade, aisément reconnaissables. « Car, à la fin d'août, il s'est produit des scènes atroces autour des “paniers à salade” de la police. »[26]
C'est à bord de ces autobus de la STCRP, réquisitionnés pour transporter à Drancy les juifs raflés en juillet 1942, que les suspects du Vél' d'Hiv' sont à leur tour conduits vers la même destination.

26. René Château, *op. cit.*, p. 155.

V

DRANCY

À leur arrivée au camp d'internement administratif de Drancy, cité de la Muette, les épurés sont saisis d'étonnement à la vue de cinq tours [1] qui dominent de leur quatorze étages les bâtiments voisins d'une ancienne Habitation bon marché [2] inachevée. Celle-ci a pour Sacha Guitry l'allure d'une « caserne – affreuse – en ciment armé, pas terminée encore, mais délabrée déjà. [...] Un corps central, épais, avec deux ailes de plomb. Une cour intérieure – limitée par des lieux d'aisance. » [3]

1. Robert Brasillach disait apercevoir depuis le camp de Noisy-le-Sec ces cinq gratte ciel, les premiers de la région parisienne, construits entre 1931 et 1935 par les architectes Eugène Beaudouin et Marcel Lods.

2. Ces immeubles, loués en 1937 à la Garde mobile républicaine, furent transformés sous l'occupation en camp de transit réservé aux juifs promis à la déportation.

3. Sacha Guitry, *op. cit.*, p. 387.

Cette esquisse, très à la façon de Guitry, n'en est pas moins conforme à la disposition générale des lieux. Comme en témoignent des photos du camp, celui-ci se compose en effet de trois barres disposées en U, hautes de quatre étages surmontant un rez-de-chaussée. La cour que ferme, à son extrémité, un alignement de sanitaires, s'étire sur environ 200 mètres et 80 de largeur.

Or, de ce camp, que jouxtent donc cinq tours de quatorze étages, plusieurs internés font une description singulièrement ambiguë, voire franchement erronée.

Ainsi, Pierre Taittinger affirme : « [...] Drancy est bien une caserne. Le camp est un ensemble d'énormes constructions cubiques prévues tout d'abord pour abriter, en leur faisant payer des loyers modérés, des familles nombreuses. Ce sont des bâtiments de béton dont certains atteignent douze ou quatorze étages, ce qui doit être bien commode le jour où les ascenseurs ne fonctionnent pas ! Toujours est-il que les familles auxquelles les bâtiments avaient été destinés se sont refusées à les habiter ; l'administration prévoyante s'est alors tournée vers ceux qui obéissent sans murmurer, et a décidé d'installer à Drancy une caserne de Gardes mobiles. Les Allemands devaient faire de cette caserne une prison. [...] »[4]

Et l'historien américain Herbert Lottman de reprendre, sans sourciller, la description de Pierre Taittinger : « Le camp proprement dit consistait en un groupe d'immeubles de quatorze étages conçus à l'origine comme HBM et utilisé après sa construction comme caserne des Gardes mobiles. Ces immeubles allaient à présent héberger les personnes soupçonnées de collaboration jusqu'à leur libération ou à

4. Pierre Taittinger, *op. cit.*, p. 254.

leur transfert à Fresnes, en attendant de passer en jugement. »[5]
Le témoignage d'Abel Hermant, arrivé à Drancy dans la nuit du 1er au 2 septembre 1944 est encore plus troublant : « [...] Un car vint nous prendre et nous emmena tous en vrac au camp de Drancy, où il va de soi que nous n'étions pas annoncés et que rien n'était préparé pour nous recevoir. On n'en procéda pas moins à notre réception, à notre répartition, et à notre installation en d'énormes bâtiments, des gratte-ciel. [...] » L'ancien académicien est « [...] hissé au premier étage d'un escalier [...] puis poussé dans une vaste chambre [...]. »[6] Au matin, il entreprend une reconnaissance des lieux : « [...] Je n'avais rien pu voir cette nuit que la vague silhouette et la masse informe des gratte-ciel. Il me parut, à la clarté franche du matin, que ces bâtisses colossales ne gagnaient rien à devenir visibles. »[7] Puis, sans transition, le voici faisant « les cent pas dans l'immense cour. Elle était déjà fort peuplée, de gens, ainsi que [lui], amenés là cette nuit, et qui eux aussi, visitaient. »[8]
Des premières lignes, on peut inférer que des suspects auraient donc séjourné, ne serait-ce qu'une nuit dans l'une des tours voisines des trois barres HBM. C'est à notre connaissance la seule fois qu'il est fait mention d'un internement, administratif, dans un gratte-ciel ! Mais, il nous paraît tout à fait improbable que de telles constructions

5. Herbert Lottman, *op. cit.*, p. 144.

6. Abel Hermant, *op. cit.*, p. 22.

7. *Ibid.*, p. 28.

8. *Ibid.*, p. 29.

aient été occupées, même très provisoirement, par des suspects.

René Château, quant à lui, ne se trompe que dans le nombre d'étages : « L'autobus entra dans une vaste cour, entre trois corps de bâtiments à trois étages, qui béaient par des centaines de fenêtres. »[9]

Le camp est clôturé par un réseau de barbelés ponctué de guérites occupées par des hommes lourdement armés. Des projecteurs complètent le dispositif de surveillance nocturne. Celui-ci est renforcé de mitrailleuses placées sur les terrasses.

Gérants et gardiens du camp jusqu'à leur remplacement[10] par les gendarmes, les FFI imposent, comme lorsqu'ils ont régenté le Vél' d'Hiv' et la troisième division de Fresnes, un régime souvent inhumain aux prisonniers.

Ceux-ci sont dès leur descente de car systématiquement insultés et frappés par des hommes dont l'origine espagnole ou russe s'assortit au caractère particulièrement hétéroclite de leur tenue. Violemment cravaché au visage par un FTP réfugié espagnol, Pierre Taittinger réplique d'un crochet à la mâchoire de son agresseur qui empoigne alors sa mitraillette. L'arrivée d'un autre autobus fait providentiellement diversion, et l'incident en reste là.

9. Jean-Pierre Abel, *op. cit.*, p. 157.

10. « Contrairement à un ordre du Préfet de Police, ce sont toujours les FFI qui assurent la garde du camp. » Extrait du troisième rapport sur Drancy, du 14 septembre 1944, du docteur Duhamel, cité par Pierre Bourget. Pierre Bourget, *Paris, année 44*, Plon, 1984, p. 440.
Ce n'est, en fait, qu'à la fin du mois d'octobre 1944 que le camp de Drancy est affranchi de la tutelle des FFI et des Milices patriotiques.

Avant chaque arrivée de convoi, la cour se vide de détenus qui reçoivent l'ordre par haut-parleur de regagner immédiatement leur chambrée.
En provenance du Dépôt, du Vél' d'Hiv' et parfois de prisons autonomes comme celle de Choisy, les cars se succèdent déversant leur lot de prisonniers dont l'état physique trahit les épreuves endurées depuis leur arrestation.
Aux côtés des tondues, personnification par trop exclusive d'une épuration spontanée, presque « festive », apparaissent celles et ceux portant à jamais les stigmates de sévices autrement plus barbares : membres brûlés, visages tatoués, chairs marquées au fer rouge [11]...
Déjà au Dépôt, Alfred Fabre-Luce avait croisé plusieurs de ces suppliciés qui affluent à présent à Drancy.
Dans son rapport du 21 octobre 1944, une assistante sociale [12] affectée à la Conciergerie, et précédemment en poste à Drancy sous l'Occupation, dénonçait ces flétrissures sans précédent durant l'administration allemande. Des hommes, des femmes – s'indignait-elle – avaient le visage tatoué de croix gammées !
Déjà en septembre 1944 – le camp étant encore régi par les FFI –, une délégation de la Croix-Rouge avait pu rencontrer plusieurs de ces suppliciés. À l'occasion de l'une de ces visites, plusieurs cadavres de détenus furent découverts pendus dans une geôle aménagée en sous-sol. Leur mort arrangée en suicide n'abusa personne.

11. Ces actes de barbarie sont notamment confirmés par l'abbé Jean Popot qui, nommé aumônier de Fresnes, découvre à son arrivée en mai 1946, des détenues suppliciées des premiers temps de l'épuration. L'une d'elles avait été littéralement « repassée ».

12. Denis Peschanski, *op. cit.*, p. 457.

Des journalistes et des cinéastes américains vinrent aussi s'enquérir de la présence de détenus torturés que les autorités du camp tentèrent de dissimuler au grand mécontentement des visiteurs.

Les bâtiments furent construits à l'origine pour quelque mille cinq cents personnes. Mais, comme au Dépôt et au Vél' d'Hiv, le camp connut aux premiers jours de septembre 1944 un afflux rapidement croissant d'internés « administratifs ».

Dans un rapport du 3 septembre 1944, le directeur du camp, M. Goujon, en recense quatre mille deux cents[13].

Arrivé deux jours plus tôt, Sacha Guitry, attentif, comme les autres internés au rythme précipité des arrestations, fait état, dès le 6 septembre de six mille détenus[14] !

Alfred Fabre-Luce[15] et Pierre Taittinger[16] font également mention, à la même époque, de six mille prisonniers. Cette estimation est d'ailleurs confirmée par un rapport confidentiel de gendarmerie[17] établi pour la période du 15 septembre au 15 octobre 1944.

Le dimanche 15 octobre 1944, Mary Marquet se rend à « l'appel général du camp. Six mille huit cents noms vont retentir pendant des heures. »[18] Dont deux mille cinq cents de femmes[19]. Cette proportion de près de 30 % est une

13. Denis Peschanski, *op. cit.*, p. 449.
14. Sacha Guitry, *op. cit.*, p. 446.
15. Alfred Fabre-Luce, *op. cit.*, p. 167.
16. Pierre Taittinger, *op. cit.*, p. 263.
17. Henri Lottman, *op. cit.*, p. 556.
18. Mary Marquet, *op. cit.*, p. 132.
19. *Ibid.*, p. 135.

moyenne observable dans d'autres centres d'internement administratif. S'il convient d'en déduire un nombre non négligeable d'arrestations opérées par erreur, méprise ou pour des raisons complètement étrangères à une quelconque collaboration, ce pourcentage traduit cependant l'implication notable des femmes[20] dans les affaires de collaboration.
La population du camp semble se stabiliser en automne 1944. René Château évoque la présence de « près de sept mille »[21] internés à la fin du mois d'octobre.
Alfred Fabre-Luce remarque avec sa sagacité coutumière : « Nous sommes environ six mille. Mais quand il s'agit de fixer le nombre des rations, nous devenons sept mille ; et quand il s'agit de nous identifier, nous ne sommes plus que cinq mille. »[22]
Ces différentes évaluations, quoique relativement cohérentes et homogènes, traduisent les variations que connaît la population du camp qui paraît culminer en octobre avant de commencer à décroître vers la fin du même mois.

20. Dans *Vichy en prison*, Bénédicte Vergez-Chaignon, se référant aux travaux de Michèle Weindling et Françoise Leclerc (*La répression des femmes coupables d'avoir collaboré pendant l'occupation*, Clio, 1995.) précise : « [...] un justiciable de l'épuration sur cinq est une femme. Un tiers d'entre elles ont été condamnées aux travaux forcés. » *Vichy en prison*, p. 16.

21. Jean-Pierre Abel, *op. cit.*, p. 168.
Visitant Drancy, au début de l'automne 1944, Denise Aimé-Azam, qui accompagne le docteur Bernard Duhamel, note « [les pouvoirs publics] y ont parqué tous ceux et celles – sept à huit mille personnes – qui sont accusées d'avoir, de loin ou de près, collaboré. » Extrait d'un rapport cité par Robert Aron, *Histoire de l'épuration*, tome 2, « Des prisons clandestines aux tribunaux d'exception, septembre 1944-juin 1949 », Fayard, 1969, p. 137.

22. Alfred Fabre-Luce, *op. cit.*, p. 194.

Un dernier dénombrement mérite attention compte tenu de sa source. En octobre 1944, l'ancien instituteur André Delmas[23], qui officie au secrétariat du camp, comptabilise cinq mille internés.

Le nombre d'internés continue de diminuer. Dans une lettre à Maurice Bardèche, datée du 21 décembre 1944, Robert Brasillach reprend l'estimation de son beau-frère : « Tu me dis que vous n'êtes plus que trois mille cinq cents à Drancy. » Mais Drancy, comme le relève Alfred Fabre-Luce, ne peut rivaliser sur le plan de l'exactitude comptable avec une prison comme celle de Fresnes dont tous les prisonniers sont dûment matriculés et couchés sur registre à chaque déplacement. De surcroît, Drancy, comme le Vél' d'Hiv', est un lieu de transit en proie à une certaine incurie, propice notamment aux évasions.

Principale plaque tournante de l'épuration parisienne, Drancy est aux yeux d'Alfred Fabre-Luce une « gare » : « Chaque soir, un lot d'émigrants reprend son voyage. D'autres, plus nombreux, arrivent (ou reviennent). Noisy-le-Sec ! Les Tourelles ! Le Dépôt ! Des autobus partent dans toutes les directions. La police joue avec ses prisonniers, les brasse, les échange, les perd. »[24]

En février 1945, Bernard Faÿ[25] évalue à vingt mille le nombre de personnes passées à Drancy depuis septembre 1944.

23. Joël Kotek et Pierre Rigoulot, *Le siècle des camps*, JC Lattès, 2000, p. 514.

24. Alfred Fabre-Luce, *op. cit.*, p. 160.

25. Bernard Faÿ, *De la prison de ce monde*, Éditions du Sapin vert, 1952, p. 15.

Certains détenus rendus à la liberté puis arrêtés derechef reviennent à Drancy jusqu'à une demi-douzaine de fois. Ginette Leclerc fera ainsi huit allers-retours, tandis qu'Arletty n'y serait restée que quarante-huit heures.
À cette animation s'ajoutent les coups de feu claquant dans la nuit, les décès de prisonniers consécutifs aux sévices infligés par les FFI, que les gendarmes relèveront vers la mi-septembre, et les évasions, souvent moyennant finances, et dont il est permis de penser qu'elles n'étaient pas systématiquement signalées aux hautes autorités.
Il est en effet peu probable que celles-ci aient été informées, par exemple, de l'époustouflante sortie que firent par la grande porte du camp plusieurs détenus au nez des gardiens et au volant d'une voiture de FFI. Ces derniers, impuissants à faire démarrer un de leurs véhicules, avaient fait appel parmi leurs prisonniers aux mécaniciens de métier. Il s'en trouva quelques-uns qui examinèrent longuement le moteur récalcitrant, procédèrent à de minutieux réglages puis à des essais dans la cour avant de s'enfuir à la faveur de l'arrivée d'un panier à salade.
Pareille sortie ne dut pas échapper à beaucoup d'internés. En effet, bien que sommés par haut-parleur de regagner leur étage à chaque entrée ou départ de cars et de voitures cellulaires, les détenus se pressent alors aux fenêtres de leur chambrée. Celles-ci, occupées jusqu'à la mi-août par des juifs en instance de déportation, ont été souillées et « presque dévastées. »[26] Leur sol, à l'arrivée des épurés, est encore jonché d'étoiles jaunes[27].

26. Mary Marquet, *op. cit.*, p. 53.
27. *Ibid.*, p. 53.

Arletty s'étonne, quant à elle, de la présence de nombreux pèse-or abandonnés sur place[28].
Le nombre des internés augmentant sensiblement au début de l'automne, le taux d'occupation par pièce croît rapidement. Courant septembre 1944, une cinquantaine d'internés logent, en moyenne, dans chacune de ces chambrées. Dans celle d'Alfred Fabre-Luce s'entassent soixante-cinq hommes qui ont pour tout couchage une paillasse puis une litière.
Le 10 octobre 1944, Claude Jamet rencontre un de ses amis récemment sorti de Drancy qui lui décrit sa détention : « On y est soixante par chambre, et tout mêlé, intellectuels ou "gestapaches", ensemble. Les prisonniers couchent pêle-mêle dans la paille. Et la vermine grouille. »[29]

Les femmes regroupées dans l'aile droite ne sont guère moins à l'étroit. Mary Marquet loge avec cinquante-deux autres internées. Elles dorment sur le sol et ne disposent que d'un lavabo collectif de cinq robinets. Arletty évoque une « salle où il y avait environ quatre-vingts femmes »[30].
Mais du côté d'Alfred Fabre-Luce, « [...] les internés se lèvent à tour de rôle, pour uriner ou se laver, dans la même auge. »[31]
Les sanitaires se réduisent à une cinquantaine de latrines béantes alignées au fond de la cour où l'on doit aussi creuser des feuillées. Mais les files d'attente témoignent de leur criante insuffisance.

28. Arletty, *op. cit.*, p. 168.
29. Claude Jamet, *op. cit.*, p. 63.
30. Arletty, *op. cit.*, p. 168.
31. Alfred Fabre-Luce, *op. cit.*, p. 157.

Il faut brûler régulièrement les ordures ménagères qui s'amoncellent et que fouillent, taraudés par la faim, de jeunes internés[32].
Avant d'être portée à 400 grammes vers le 7 septembre 1944, la ration quotidienne de pain n'est que de 275 grammes par prisonnier.
L'ordinaire, composé d'une soupe essentiellement de choux, de navets et de carottes, est relevé une fois par semaine d'un peu de bœuf.
Bimensuel en septembre puis hebdomadaire à partir d'octobre, le colis de 5 kilogrammes représente donc un complément d'autant plus providentiel. Les distributions auxquelles procèdent les Quakers et la Croix-Rouge ne constituent qu'un maigre appoint.
Le marché noir prospère alors au sein du camp. La boîte de lait en poudre se vend 1 000 francs, soit le prix de deux paquets de cigarettes. Mais ces denrées demeurent inaccessibles à nombre d'internés.
Les réchauds étant interdits, la nourriture est donc en principe consommée froide. Les cas de dysenterie se multiplient. Aux premières pluies d'automne, la cour n'est plus que fange. Le froid précoce s'aggrave de l'absence de chauffage. Congestions pulmonaires, grippes et fièvres apparaissent. Sévissent aussi la scarlatine et... les punaises dont on tente de se défendre avec du soufre brûlé. Cet état sanitaire déplorable s'accompagne d'un sentiment de déréliction. Jusqu'à la mi-septembre, les internés ne peuvent ni écrire ni recevoir de lettre et de visite. À tout cela s'ajoutent les sévices. Sous-alimentés, malades, dépressifs, certains se suicident.

32. Pierre Hamp, *op. cit.*, p. 125.

Comme en d'autres lieux de détention, le remplacement des FFI par des gendarmes inaugure un nouveau régime pour les internés que ce changement transporte de joie.
Prévue pour la mi-septembre 1944, la relève des FFI n'est effective à Drancy qu'à partir du 18. Ce retard et les réticences extrêmes des partants illustrent la rivalité de pouvoir opposant les communistes au pouvoir légal.
Les FFI évincés du camp de Drancy, celui-ci subira longtemps encore la pression[33] de communistes d'autant plus vindicatifs que ce centre d'internement se situe dans l'un de leurs principaux fiefs[34].
Leur hostilité croît lorsque sont arrêtés et enfermés, le 13 octobre 1944, à Drancy même, les deux anciens chefs FFI du camp. Ces derniers devront être promptement exfiltrés par les nouvelles autorités pour ne pas risquer de subir les représailles des détenus. Interné durant les mois d'octobre et novembre 1944 au fort de Charenton, Robert Cardinne-Petit relate un fait similaire. Parmi les nouveaux arrivants déversés par l'autobus du jour, les détenus reconnurent trois de leurs anciens tortionnaires. Ces FTP, encore en uniforme, furent sauvés du lynchage par les gendarmes.
Le retour à Drancy, en tant que prisonniers, de ces deux anciens responsables du camp, haïs de tous les internés, est rapporté par plusieurs témoignages. Cet événement, pourtant mémorable, est situé au mois d'octobre par Alfred

33. Le Parti communiste a pesé sur le cours de l'épuration, notamment de tout le poids de sa presse. En novembre 1945, ses principaux quotidiens : *L'Humanité*, *Ce Soir*, *Franc Tireur* tirent respectivement à quatre cent soixante-cinq mille, quatre cent vingt-neuf mille et cent quatre-vingt-onze mille exemplaires.

34. La ville de Drancy a été administrée par une municipalité communiste de 1925 à 1939, puis de 1944 à 2001.

Fabre-Luce, mais consigné à la date du 26 septembre par Sacha Guitry et du 13 octobre par Mary Marquet.

Bien que s'accompagnant opportunément de la grâce amnistiante de Maurice Thorez, l'annonce, le 28 octobre 1944, de la dissolution et du désarmement, sur décision du gouvernement, des Milices patriotiques – bras armé du PCF –, porte à son comble l'exaspération des communistes. Ceux-ci font alors peser sur le camp un climat lourd de menaces. Se substituant bientôt aux Milices désormais proscrites, des équipes de « Gardes » tour à tour qualifiées, par les épurés, de « civiques républicaines » ou de « patriotiques », font le siège du camp qu'elles tenteront même d'incendier.
Elles interceptent des colis transportés par la Croix-Rouge et refoulent sans ménagement les épouses ou les proches qui tentent depuis la route de communiquer par gestes avec les détenus postés à couvert des balcons.
Cette hostilité est également entretenue par les journaux d'obédience communiste qui dénoncent à l'envi le confort dont bénéficient les internés de « Drancy-Capoue ». Ce laisser-aller, s'indigne la presse, s'observe jusque dans les locaux disciplinaires !
Après plusieurs tentatives, fin septembre 1944, d'incursions communistes repoussées par les gendarmes, une psychose se développe parmi les internés dont le camp a failli être incendié. Cette obsession fait écho aux massacres de septembre 1792 qui hantent, avec la Terreur révolutionnaire, les épurés. Elle s'exacerbe surtout lorsque les internés apprennent les exécutions sommaires, en province, de condamnés à mort graciés par de Gaulle mais arrachés de leur prison par la foule en furie.

Si le camp de Drancy n'est pas ce lieu de villégiature que la presse communiste se plaît à stigmatiser, il n'y règne pas moins une certaine liberté... notamment de mœurs.

Pour isoler le bloc des femmes, les autorités ont disposé dans la cour des barbelés que seuls peuvent franchir les porteurs de brassards désignant les infirmières, les plombiers ou les comptables. Mais des internés ont mis la main sur tout un lot de ces brassards oubliés au fond d'un tiroir. Des parties de débauche s'organisent avec la complicité de gendarmes et de détenus, notamment des « chefs d'escalier », composant comme sous l'Occupation une police interne et supplétive. La prostitution prospère à l'abri des combles, des caves ou des sanitaires.

Aux yeux de certains internés, tels que Alfred Fabre-Luce, Drancy revêt l'allure d'une gigantesque maison de passes.

À la prostitution et au marché noir s'ajoutent, au sein de cette ville dans la ville, d'autres trafics. Ainsi, celui des chambrées les plus prisées, qui s'obtiennent en soudoyant gendarmes et policiers supplétifs.

Contrastant singulièrement avec les commerces interlopes et les débauches dont Drancy est le théâtre, la messe tient aussi une place importante dans la vie accablante de désœuvrement des prisonniers. Par beau temps, elle a lieu en plein air. Un vicaire la célèbre à bord de la voiture équipée de hauts parleurs de laquelle sont ordinairement diffusés appels nominatifs de prisonniers et consignes diverses. L'office draine aussi tous ceux qui s'y rendent pour tromper leur ennui. « Certains vont à la messe comme à un concert. Ils écoutent ensuite, avec autant de plaisir, le service protestant et s'il y avait d'autres cultes, ils les suivraient aussi pour combler le vide affreux de leur journée. »[35] note Alfred Fabre-Luce.

Autorisée alors même que le camp est encore administré par les communistes[36], la célébration de l'office divin sous un tel régime paraît presque incongrue. Certes, certains prêtres « patriotiques » ne manquent pas à cette occasion de tancer les prisonniers et de les exhorter à expier leur faute. Cette concession d'ordre religieux, en évidente contradiction avec l'autre foi, toute matérialiste, des geôliers, concourt-elle à relever un peu le moral en berne des prisonniers, ou à tempérer les rigueurs de la claustration ? Elle a indéniablement des effets que n'ignorent pas les geôliers des différents lieux d'internement. Ainsi, après avoir été rappelés à l'ordre par l'état-major FFI, les FTP gardiens et tortionnaires de l'Institut dentaire accordèrent à leurs prisonniers la faveur de faire dire, le dimanche 10 septembre, une messe par un authentique prêtre qu'ils s'employèrent à trouver. La messe apparaît comme un privilège, une mesure d'apaisement mais qui se monnaye parfois. Alfred Fabre-Luce note durant son séjour au Dépôt que la messe y était célébrée « en principe toutes les trois semaines, mais [...] qu'en payant on pouvait y aller chaque dimanche. »[37]

À l'occasion de ces détentions s'instaure une sorte de mixité sociale des plus saisissantes.

Comme au Vél' d'Hiv' et à Fresnes, notamment, Drancy est le cadre d'une forme de « mixité sociale », sans précédent,

35. Alfred Fabre-Luce, *op. cit.*, p. 225.

36. Sacha Guitry consigne à la date du 10 septembre 1944 la célébration d'une messe. Sacha Guitry, *op. cit.*, p. 454.

37. Alfred Fabre-Luce, *op. cit.*, p. 189.

particulièrement chez les femmes. La marquise de Polignac, d'origine américaine, la comtesse de Cossé Brissac, née Schneider, et d'autres internées de haut parage ainsi que des célébrités du monde artistique partagent leurs chambrées avec des prostituées et des prisonnières de très modeste extraction sociale. Cette cohabitation forcée, que Mary Marquet a peut-être idéalisée, était, rapporte René Château, diversement appréciée de ces dames de la haute société.

Font alors figure de privilégiés les hommes qui comptant parmi les personnalités du monde politique, les hauts fonctionnaires et autres représentants des grands corps de l'État, vivent entre eux, regroupés au sein du même bâtiment, le bloc III que leur a affecté la direction.

Mais en certaines occasions, lors des promenades notamment, s'instaure entre ces personnages et les autres internés une sociabilité pittoresque et inédite : « L'escarpe, le souteneur se mêlaient très bien au groupe où conversaient le doyen Ripert [ministre de l'Éducation nationale] ou le général Herbillon [gouverneur militaire de Paris] »[38] observe René Château.

Ces brassages prennent une tonalité parfois très cosmopolite liée à la présence parmi les prisonniers de nombreux Arabes et Africains.

La constitution au sein du camp de commissions d'enquête[39] vient enfin secouer la monotonie accablante de l'existence des internés. Ces commissions de vérification

38. Jean-Pierre Abel, *op. cit.*, p. 171.

39. Selon les auteurs et les historiens, ces commissions sont tour à tour dites de « triage », de « criblage », « d'enquête », de « vérification » ou encore de « libération ».

des internements administratifs sont instituées le 4 octobre 1944. Or, Sacha Guitry note, à la date du 12 septembre 1944[40], la réunion à Drancy d'une commission d'enquête qui entend, ce jour-là, une quarantaine d'internés n'appartenant pas au bloc III des personnalités. Une semaine plus tard, Sacha Guitry est enfin appelé à comparaître, par la voiture haut-parleur qui diffuse à travers le camp et à longueur de journée, messages, convocations nominatives et instructions diverses. Il est reçu dans une grande salle meublée d'une douzaine de tables. À chacune d'elles, trois enquêteurs dont généralement un ou deux avocats.

Comme tant d'autres internés, il ressent alors toute l'absurdité de sa situation. C'est en effet au prisonnier lui-même qu'il revient d'éclairer la commission sur les raisons de son arrestation. À défaut de charges retenues contre Sacha Guitry, les enquêteurs invoquent la « rumeur publique » puis suspendent l'audition.

Le plus souvent, ces entretiens révèlent aux internés qu'aucune charge ne pèse sur eux et que de surcroît il n'a pas été délivré d'ordre d'internement. Certains détenus s'entendent dire que leur dossier a été égaré.

Pierre Hamp, qui se morfond au camp de Saint-Denis, rappelle indirectement les raisons qui ont fréquemment conduit à cette situation de déréliction : « Des milliers d'internés sont sans dossier. Les émeutiers qui les ont arrêtés ont disparu, n'ont pris aucun attachement, laissé aucune archive. Ça s'est passé dans la foule à coups de poing et de gueule. [...] Comme aucun officiel n'accepte la responsabi-

40. Bénédicte Vergez-Chaignon observe qu'une « commission de triage » commence à fonctionner à Fresnes dès le 14 septembre 1944. (*Vichy en prison*, p. 67.)

lité de les avoir séquestrés, personne ne prend l'initiative de les relâcher. »[41]

Fort mal vécu par la plupart des intéressés, l'internement administratif[42] représente cependant, de l'aveu même de plusieurs suspects, une sauvegarde, un refuge contre les périls extérieurs. Nombre d'épurés furent, assurément, sauvés de l'assassinat par l'internement administratif. De celui-ci, Alfred Fabre-Luce en récapitule, avec son ironie coutumière, les bienfaits : « Notre internement arrange donc tout le monde. Le ministre de l'Intérieur évite des interpellations, les communistes sont débarrassés de leurs adversaires, les détenus sauvent leur peau, les familles sont heureuses de les savoir en "sûreté". C'est, en somme, par égard pour nous qu'on nous maintient à Drancy. La justice populaire rend, par contraste, la justice officielle douce et humaine. »[43]

Ni charge ni mandat. Pas de dossier, pas de décision possible. Pour comble d'infortune, nombre d'internés ne peuvent, à Drancy, recevoir ni courrier ni avocat. Comment leur serait-il alors possible de se faire adresser quelque document que ce soit à l'intention de la commission ?

Condamné à s'étioler des semaines, des mois durant dans cet état indéfini, le suspect peut alors sombrer en dépression, se dissoudre dans l'oubli. Au mieux, certains auront quelques perspectives d'avenir si une enquête est menée aux fins d'instruction de leur dossier. Des semaines supplémentaires

41. Pierre Hamp, *op. cit.*, pp. 274-275.

42. « L'internement administratif : détention sans motif et sans terme, prison qui n'ose pas dire son nom. » Alfred Fabre-Luce, *L'Enfermé*, 1945, p. 41.

43. Alfred Fabre-Luce, *Double prison*, p. 168.

s'écouleront alors et majoreront donc lourdement la durée de détention déjà accomplie. Or le temps passé dans les prisons privées ou improvisées n'est pas défalqué de la durée d'emprisonnement légal.
Resté six semaines à Drancy, Sacha Guitry comparaît quatre fois devant la commission d'enquête avant d'être envoyé à Fresnes. L'un des membres de la commission, un commissaire, lui recommande de se faire inculper en bonne et due forme par un juge d'instruction.
Être enfin condamné et ainsi définitivement fixé sur son sort plutôt que de végéter interminablement dans cet état d'interné administratif ! C'est une issue à laquelle se résignent les suspects.
Malgré l'inconsistance des dossiers et l'embarras des enquêteurs, ces commissions de triage sont pour les internés l'amorce d'un processus qui les placera enfin sous l'autorité de la justice officielle, de la légalité et les conduira parfois à la libération. C'est l'espoir dont se bercent nombre de détenus pour lesquels, résume Alfred Fabre-Luce : « la Commission d'Enquête est une antichambre de la libération que les internés assiègent. »[44]
Enfermés au Dépôt puis à Drancy, des détenus se seront morfondus parfois plus d'un an avant d'être relâchés faute de preuve. Le journaliste Georges Lupo cite le cas d'une femme dénoncée comme agent de l'Abwher et qui cumula dix-huit mois de détention. Le poste émetteur qui était en possession de cette infirmière s'avéra être un poste à rayons ultra-violets pour les massages.

44. Alfred Fabre-Luce, *Double prison*, p. 204.

Drancy, qui fermera le 8 septembre 1945, représente avec ses quelque six mille hommes et femmes internés à la fin de l'été 1944, le premier centre d'internement administratif de la région parisienne. Celle-ci compte en outre sept autres lieux de détention dont les deux plus importants sont Noisy-le-Sec et Saint-Denis, peuplés l'un et l'autre, en octobre 1944, d'environ mille deux cents détenus des deux sexes.

Saint-Denis

Construite par Vauban, la vaste caserne de Saint-Denis, située non loin de la basilique royale, fut durant l'Occupation un camp destiné aux prisonniers anglais auxquels succédèrent presque sans transition les épurés.
Ceux-ci sont gardés par les gendarmes mais la caserne, propriété du Génie militaire, est administrée par la préfecture de la Seine. Quant aux formalités d'écrou et aux enquêtes, elles relèvent de la Préfecture de Police.
Les bâtiments s'élèvent sur trois étages en galetas, d'où l'on peut apercevoir la nécropole des Rois de France. Ils sont réservés aux quelque neuf cents hommes qui logent à douze par chambrée, dormant à même le plancher sans couverture ni paille.
Les trois cents femmes du camp sont installées dans des baraquements en bois, situés dans la cour.
La caserne de Saint-Denis se prête, notamment avec ses couloirs et soupentes, à de multiples rencontres galantes entre « pensionnaires ». Comme à Drancy, les maladies vénériennes se développent à la faveur de ce vagabondage. Prospèrent aussi les multiples trafics que génèrent inévitablement de telles agglomérations d'individus qui bénéficient de surcroît d'une certaine liberté de déplacement au sein du camp. Le régime auquel sont soumis les mille deux cents

prisonniers de Saint-Denis, observe Pierre Hamp, est relativement tempéré. Même le « cachot de police », appelé également mitard ou « gnouf » n'a pas la sinistre réputation des geôles en sous-sol de Drancy. Mais d'autres rigueurs pèsent sur les détenus de Saint-Denis.

Ainsi, l'ordinaire y est, comme ailleurs, très médiocre et insuffisant. Les colis de la Croix-Rouge et du Secours Quaker ne constituent qu'un médiocre appoint. Pierre Hamp évalue à deux cents le nombre d'internés, dont une majorité de jeunes, qui ne reçoivent aucun colis de leur famille et doivent donc se contenter de la soupe et du pain du camp ainsi que d'un demi-colis hebdomadaire de la Croix-Rouge. À la faim s'ajoute le froid précoce et pénétrant de cet automne 1944. Confisqués, les anciens poêles en fonte de la caserne sont remplacés, moyennant 100 francs la pièce, par de rudimentaires poêles en tôle alimentés en morceaux de planchers et de lattes.

La température hivernale a surpris nombre d'internés vêtus en novembre comme ils l'étaient en août au moment de leur arrestation. Gens de modeste condition pour un grand nombre d'entre eux, les suspects portent donc encore leurs vêtements de travail. D'une importance particulière, cette question vestimentaire, en tous lieux d'internement, revient dans nombre de témoignages. Ainsi, à Fresnes, lors de la promenade, en un mois de septembre précocement frais, Pierre Hamp ne comptera parmi les quarante-trois prisonniers de son groupe que six pardessus.

Se procurer des lainages, un manteau, des couvertures devient alors l'une des préoccupations majeures de ces épurés dont le logement a été bien souvent pillé. Avant d'être ligoté au poteau d'exécution, un matin d'avril 1947,

Fernand de Brinon ôta son pardessus, un vêtement de qualité, pour en faire don à quelque détenu nécessiteux.

Les internés de Saint-Denis, comme ceux de Drancy, vivent aussi dans la hantise des « septembriseurs ». La ville, après plusieurs années de doriotisme et la parenthèse de l'Occupation, est revenue dans le giron communiste. La présence en ce bastion de la ceinture rouge de mille deux cents collaborateurs indigne la presse communiste et est vécue par la municipalité comme une intolérable provocation. Des manifestants scandant des menaces de morts et brandissant des drapeaux rouges défilent devant la caserne qui essuie même des coups de feu depuis des maisons voisines. De ce fait, il ne peut plus être procédé à l'appel des internés réunis à cet effet, le matin, dans la cour.
Pierre Hamp est témoin de l'arrivée, vers la fin du mois d'octobre 1944, de cinq cent soixante policiers sanctionnés par le comité d'épuration de la préfecture mais dont la présence pèse sur les autres internés.
Xavier Vallat note dans ses souvenirs qu'un camp spécial a été créé à Saint-Denis pour les policiers épurés dont il ne précise pas le nombre. Or selon Pierre Hamp, détenu à Saint-Denis, la population totale du camp est toujours, dans la première quinzaine de novembre, de mille deux cents personnes. Les policiers n'ont-ils séjourné que peu de temps à Saint-Denis ou le camp s'est-il, par le jeu des transferts ou des libérations, délesté de plusieurs centaines de prisonniers ?
Saint-Denis renoue avec sa vocation de caserne en février 1945.

En matière d'internement administratif, un autre camp, celui de Noisy-le-Sec joue un rôle d'une importance comparable, du moins par le nombre d'internés, à celle de Saint-Denis.

Noisy-le-Sec

La caserne de Noisy-le-Sec, à l'automne 1944, compte elle aussi mille deux cents prisonniers dont cinq cents femmes. Sur ce camp, parfois mentionné dans les récits des épurés, Robert Brasillach, qui y fut détenu du 14 septembre au 15 octobre 1944, apporte quelques précisions.
Si les internés bénéficient, à l'intérieur de la caserne, d'une certaine liberté de circulation limitée par les barbelés cernant la cour, ils vivent en revanche dans des conditions d'inconfort que Robert Brasillach juge bien pires que celles de son ancien camp de prisonniers en Allemagne.
Les suspects s'entassent dans les chambrées et dorment sur des paillasses ou de la paille ; chaque homme disposant d'une largeur de plancher d'environ 50 centimètres. Les lits superposés ont en effet été retirés et placés chez les femmes.
Le nombre total de robinets, vingt pour sept cents hommes, traduit bien la suroccupation des lieux. Comme ailleurs, le colis hebdomadaire de vivres complète avantageusement un ordinaire jugé aussi monotone que chiche. Mais les détenus semblent souffrir plus encore de l'interdiction qui leur est faite de recevoir des lettres et d'en écrire. Aux secours de la religion représentée par deux aumôniers et un prêtre s'ajoutent les livres de la bibliothèque et les conférences préparées et prononcées par des détenus.
La caserne où se rencontrent notamment des FFI arrêtés pour vols est majoritairement peuplée de gens de modeste condition. Le benjamin n'a que 14 ans et le doyen 84 ans.

Les autres lieux de détention, tels que les forts de Romainville, de Bicêtre, le camp de la Châtaigneraie, à la Celle-Saint-Cloud, et le château de Gaillon, ne font, dans les récits d'épurés, que l'objet de rares et simples mentions.
Nous disposons toutefois de quelques précisions concernant deux autres camps : les forts de Charenton et du Mont-Valérien. Ce dernier, à l'automne 1944, s'apparente plus à une prison privée qu'à un centre d'internement.
Pierre Hamp, alors détenu à Fresnes, rapporte le témoignage d'un prisonnier récemment transféré du fort du Mont-Valérien. Des FFI y ont supplicié des prisonniers et exécuté deux d'entre eux. Les sévices sont confirmés par le Docteur Bernard Duhamel[45] lors de ses tournées d'inspection des lieux de détention parisiens et périphériques, y compris ceux, lorsqu'ils sont localisés, qui échappent aux autorités légales. Les rapports de ce médecin et ancien résistant constituent à cet égard une source d'information de première importance. En septembre 1944, une centaine d'hommes et de femmes, selon son estimation, sont internés au Mont-Valérien et gardés par des FFI.

Le fort de Charenton nous est mieux connu grâce au témoignage de Robert Cardinne-Petit qui y fut interné entre octobre et novembre 1944.
Huit cents détenus dont une centaine de femmes succédèrent aux Allemands qui venaient de quitter précipitamment le fort de Charenton après y avoir détruit leur importante installation radiophonique de brouillage. Hormis la mauvaise hygiène générale, l'inévitable promiscuité, le couchage sur la paille, traits communs à la plupart

45. Henri Amouroux, *op. cit.*, p. 197.

des camps, les conditions d'internement à Charenton s'avèrent selon Robert Cardinne-Petit « relativement acceptables. »[46]

Une certaine chambre bénéficiant d'un appréciable confort est même équipée de « lampes de chevet branchées sur la force afin de pouvoir lire après l'extinction des feux. [Ses occupants] possédaient, en outre, un petit poste récepteur de TSF clandestin. »[47]

Les gendarmes-gardiens, il est vrai, exercent une surveillance plutôt débonnaire. D'ailleurs, plusieurs tentatives d'évasion réussissent.

De surcroît, l'intendance militaire, particulièrement généreuse, sert des repas quotidiens « copieux et variés (trois plats par service et viande tous les jours !) »[48]. Et si les vivres viennent à manquer, les colis suppléent alors aux éventuelles restrictions.

L'ambiance, comparable à celle de Saint-Denis ou de Noisy-le-Sec, n'est guère celle d'une prison. Les détenus peuvent déambuler, le soir, dans les couloirs, propices aussi aux rencontres intimes. À l'écart des dortoirs, des « économiques » jouent à forte mise. À Charenton, comme dans les autres camps, les trafics prospèrent.

D'autres activités plus culturelles sont organisées. Une troupe « récréative » s'est constituée. Chaque semaine des spectacles de variété sont présentés dans une salle aménagée à cet effet. Tous les dix jours, une messe est dite dans le réfectoire.

46. Robert Cardinne-Petit, *op. cit.*, p. 28.

47. *Ibid.*, p. 157.

48. *Ibid.*, p. 157.

Volontaires pour toutes les corvées, des jeunes, naguère des Chantiers de Jeunesse et des partis nationaux, ont pu, en échange, décorer leur chambrée et y donner des soirées d'animation.

N'étaient les barbelés condamnant les fenêtres, « on se serait cru – se souvient Robert Cardinne-Petit – au régiment les jours où la caserne est consignée. »[49]

Cette appréciation plutôt dédramatisante contraste avec le souvenir très pénible que des enfants d'épurés gardèrent des visites hebdomadaires, rendues en famille, au père prisonnier. C'est notamment le cas de Maryvonne Caron, fille du capitaine de frégate Michel Caron[50], détenu à Charenton à partir du mois de mars 1945. Le trajet, souvent fort long, du domicile de la famille au fort, l'attente à la porte des heures durant, sous la pluie ou la neige, dans le froid, puis enfin, le parloir. Lugubre local divisé en deux par du barbelé. Au coup de sifflet, plusieurs dizaines d'internés font irruption dans le parloir qui est immédiatement bondé des cris par lesquels chacun, dans le vacarme assourdissant, tente vainement de communiquer en accompagnant ses hurlements de gesticulations. Six minutes plus tard, un nouveau coup de sifflet met fin au face à face, laissant familles et détenus tout désemparés.

À partir de la fin août 1944, Paris et sa région comptent donc, outre plusieurs dizaines de prisons « privées », douze lieux de détention officiels entre lesquels s'effectuent de multiples déplacements de prisonniers. Cet ensemble fonctionne en effet en réseaux. Transferts, allers et retours,

49. *Ibid.*, p. 157.

50. Henri Amouroux, *op. cit.*, pp. 203, 204.

regroupements d'internés alimentent en permanence, et presque en tous sens, un ample mouvement qui apparaît comme l'un des traits distinctifs de l'épuration dans ses premiers mois.

Claude Jamet évoque ainsi, en novembre 1944, le cas d'internés qui ayant reçu leur avis d'inculpation s'apprêtent à quitter le Dépôt pour Fresnes, Saint-Denis, la Santé, ou Drancy.

L'itinéraire classique de l'épuré qui conduit celui-ci du Dépôt à Fresnes en passant par le Vél' d'Hiv' puis Drancy n'exclut pas en effet d'autres pérégrinations.

Robert Aron cite l'exemple d'une jeune femme qui, arrêtée le 23 août 1944, fut, après avoir été séquestrée dans différents locaux, enfermée deux semaines à l'Institut dentaire, puis séjourna un mois à Fresnes, quatre mois à Saint-Denis, sept semaines à Noisy-le-Sec, quatre mois aux Tourelles et six semaines au Château de Gaillon[51] !

Un compagnon de cellule de Pierre Hamp a été successivement détenu dans le commissariat de son quartier, le gymnase de la rue Huygens, non loin de la station de métro Vavin, au Vél' d'Hiv', à Drancy, à Fresnes et à Saint-Denis.

D'autres épurés quittent Fresnes pour y revenir après quelques semaines passées à Saint-Denis.

S'ils ne représentent sans doute que des variantes du parcours habituel, ces quelques exemples d'itinérance, rencontrés néanmoins par dizaines dans les récits d'épurés, traduisent la difficulté des autorités à localiser puis à canaliser des milliers de suspects aux dossiers étiques ou mal suivis.

51. Robert Aron, *Histoire de l'épuration*, Fayard, tome 1, 1970, pp. 580-586

Cependant, vers la fin de l'année 1944, les flux de prisonniers semblent maîtrisés et les nombreux transferts d'internés d'une prison à l'autre convergent plus systématiquement vers Drancy puis Fresnes. On observe d'une prison à l'autre de nombreux transbordements d'internés. Cette tendance se discerne, par exemple, à la lecture de la correspondance que Robert Brasillach échange avec son beau-frère, Maurice Bardèche. À celui-ci, alors détenu au camp archicomble de Drancy, il écrit le 16 décembre 1944 : « Oui, je savais que Noisy avait été transféré à Drancy. »[52] Mais, cinq jours plus tard, faisant écho à une lettre de Maurice Bardèche, Robert Brasillach souligne la brusque décrue du nombre de prisonniers à Drancy : « Tu me dis que vous n'êtes plus que trois mille cinq cents à Drancy. »[53] Cette migration semble se précipiter car le 1er janvier 1945, l'écrivain confirmant un transfert massif de prisonniers précise : « Fresnes est d'ailleurs plein, je crois que l'on vide Drancy. »[54]

Avant de redevenir une caserne vers la fin mars 1945, Saint-Denis ne comptait plus que cinquante hommes et vingt-cinq femmes emprisonnés.

Quant au camp de Drancy, longtemps le plus important centre de détention de la région parisienne, il fermera le 8 septembre 1945. Ses derniers prisonniers seront alors transférés à la prison des Tourelles.

À partir du printemps 1945, les arrestations, principalement en Allemagne, de combattants du front de l'Est et d'ultras de

52. Robert Brasillach, *Lettres écrites en prison*, Les Sept couleurs, 1952, p. 111.

53. *Ibid.*, p. 118.

54. *Ibid.*, p. 140.

la collaboration alimentent un nouvel afflux de prisonniers qui le plus souvent purgeront leur peine à Fresnes et en centrales. Comme les précédentes, cette nouvelle génération de détenus transite en grande partie par le Dépôt. Sa grande salle située sous la Sainte-Chapelle est encore peuplée fin juillet 1945 de plusieurs centaines de suspects. Parmi ces derniers, témoigne un ancien de la Légion des volontaires français[55], se trouvent notamment des « économiques » que caractérisent leur aisance matérielle et leur arrogance.

*

Du Dépôt à Fresnes, en passant par les camps et les forts de transit, les détenus sont tous en proie à une fièvre récurrente. Celle-ci naît, chez des hommes, dont la sensibilité particulière[56] est exacerbée par l'attente de leur condamnation, et les supputations auxquelles ils ne cessent de se livrer quant à la peine encourue puis aux espoirs d'une réduction de peine ou d'une amnistie. Cette sensibilité se traduit par une grande réceptivité aux multiples et incessants bobards, appelés aussi par les détenus « bouteillons » ou « percos », et circulant en tous lieux. Ces ouï-dire éclosent, prospèrent puis font place à d'autres bruits que les épurés, désormais

55. Léon Gaultier, *Siegfried et le Berrichon*, Perrin, 1991, p. 311.

56. Cette sensibilité atteint son paroxysme chez les condamnés à mort dans l'attente de leur grâce. Elle conduit aussi certains prisonniers à des crises de mysticisme aigu et même à des états hallucinatoires qui seront abordés plus loin, dans le cadre de la prison de Fresnes. Plus généralement, Robert Cardinne-Petit constate : « Le passage de l'homme libre à l'état de prisonnier transforme physiologiquement l'individu. On devient le jouet étonné d'une sensibilité suraiguë [...] » Robert Cardinne-Petit, *Les otages de la peur*, p. 81.

retranchés de la société, captent d'autant plus avidement avant de les colporter en les amplifiant.

Bruits et rumeurs

Le 9 novembre 1944, Claude Jamet, alors au Dépôt, porte sur ce besoin presque frénétique de nouvelles, un diagnostic aussi lucide que désabusé : « On ne sait rien. Les "bouteillons", comme de juste, n'en circulent que mieux. Hier, par exemple, le camp de Drancy a été attaqué par les fifis ; ou une bande de fifis, en tous cas, a voulu s'opposer à l'entrée des colis pour les internés : il y a eu de la bagarre ; les troupes américaines ont dû intervenir ; le commandant du camp a été arrêté ; et les fifis emmenés au Dépôt. [...] Un poste américain veillera désormais à Drancy au respect des prisonniers ! [...] Ces bouteillons, je ne jurerais pas qu'on y croie tout à fait ; on y boit comme à une gourde pleine d'alcool ; et ça fait chaud ; ça donne du courage ; ça vous soutient. Au fond, ce sont des rêves collectifs, éveillés – si candides – [...]. »[57]

Comme Claude Jamet, Robert Brasillach a été prisonnier dans un *oflag* jusqu'à la fin mars 1941. Prémuni lui aussi par cette expérience des emballements de l'imagination et de leurs effets capiteux, il constate, plus succinctement : « [...] Nous bavardions, au milieu des racontars les plus extraordinaires. Là aussi, je retrouvais l'atmosphère des camps, où naît et se propage à la vitesse de l'éclair la nouvelle la plus incontrôlable, la plus absurde. »[58]

57. Claude Jamet, *op. cit.*, p. 85.

58. Robert Brasillach, *Écrit à Fresnes*, p. 80.

Les sujets de nature à engendrer ces chimères sont fournis par l'abondante actualité politique nationale, et internationale, dont l'épuré suppute fébrilement les conséquences sur son sort.

Ainsi, l'espoir de mesures de clémence dont se bercent continuellement les détenus est-il conforté, fin octobre 1945, par la décision du gouvernement provisoire de dissoudre et de désarmer les envahissantes Milices patriotiques[59] tout acquises au Parti communiste. Annoncée le 28 octobre 1945, cette dissolution, quoique très opportunément assortie du retour en France de Maurice Thorez, semble confirmer la volonté du gouvernement de présider à une épuration enfin maîtrisée. Mais, à cette mesure, succède, à peine un mois plus tard, le voyage à Moscou du général de Gaulle. Ce déplacement est interprété par certains, dont Claude Jamet, comme une pause, voire une inquiétante régression sur la voie de cette normalisation.
Contrastant avec plusieurs verdicts de mort, la condamnation à cinq ans de travaux forcés de Georges Albertini, pourtant gravement compromis en tant que secrétaire général du

59. La décision de dissoudre les Milices patriotiques, créées en mars 1943, mais aux effectifs relativement limités jusqu'à la libération de Paris, fut qualifiée par le journal *La Voix du Peuple*, dans son édition du 3 novembre 1944 de « crime contre la Patrie ». Elle ulcéra profondément le Parti communiste. Et, lors du meeting du 4 novembre 1944, au Vél' d'Hiv', Benoît Frachon, secrétaire général de la CGT, vitupérant le gouvernement, invoqua « l'ordre garanti par les masses » et refusa véhémentement qu'il soit porté atteinte aux Milices patriotiques. Celles-ci furent, dès le lendemain, opportunément transformées en « Gardes civiques républicaines ». Ces dernières seront finalement dissoutes le 25 janvier 1945, dans le prolongement des déclarations légalistes que fit, quelques jours plus tôt, Maurice Thorez.

très collaborationniste Rassemblement national populaire, fait naître chez les épurés de moindre rang l'espoir de se voir infliger des peines relativement légères[60]. Espoir vite évanoui !

Car les Allemands ont, le 17 décembre 1944, lancé, dans les Ardennes, une contre-offensive, à leur avantage durant quelque quinze jours. Cette opération militaire d'envergure a-t-elle incliné les tribunaux à plus de rigueur ? L'examen des sentences et des statistiques judiciaires doit confirmer cette probable inflexion du cours de l'épuration.

Quoi qu'il en soit, l'anxiété prévaut désormais parmi les épurés en instance de jugement. Claude Jamet, jusqu'alors dans l'attente confiante de sa mise en liberté provisoire et de son retour, sous quinze jours, chez les siens, appréhende les conséquences de ce brusque retournement de la situation militaire : « Ce qui m'inquiète surtout, consigne-t-il le 28 décembre 1944, c'est cette satanée contre-offensive allemande. Ne parle-t-on pas aujourd'hui de la prise de Liège, et d'une trouée – encore – sur Sedan ? J'imagine assez bien ce qui se passerait en cas d'une nouvelle invasion. Notre sort serait bon. À défaut d'un massacre sur place, ce serait au moins la déportation. Pour peu que la menace se précise, en tous cas, il faut s'attendre à un redoublement de sévérité à notre égard – qui ne serait, avouons-le, que d'élémentaire précaution. Et, pour commencer, cela va de soi : pas un "collaborateur" relâché. On suspend les non-lieux, les mises en liberté provisoire : c'est le moins ! »[61]

60. Les peines infligées accusent une grande disparité liée notamment à la composition des jurys, aux magistrats et à l'actualité politique. Ainsi, le chauffeur et Simone Delb, la secrétaire de Jean Hérold-Paquis, furent condamnés aux travaux forcés à perpétuité.

61. Claude Jamet, *op. cit.*, p. 175.

Également détenu à Fresnes à la même époque, Robert Cardinne-Petit décrit l'énorme résonance que l'événement eut au sein de la prison et ses effets quasi-hallucinogènes parmi les prisonniers : « La nouvelle avait éclaté à Fresnes dans une atmosphère de branle-bas. De toutes les fenêtres, les prisonniers en glapissaient les détails, risquaient leurs commentaires personnels selon l'immuable stratégie en honneur dans tous les cafés du Commerce... L'attaque était foudroyante. Des parachutistes tombaient partout à la fois, en Picardie, en Normandie, en Bretagne, jusque dans la région parisienne ! On en avait même signalé à la Croix-de-Berny, tout près de la prison, et des battues locales s'étaient organisées. »[62]

Une psychose collective n'en règne pas moins durant plusieurs jours, notamment au sein des forces de l'ordre. C'est ainsi que les avocats se rendant à Fresnes pour visiter leurs clients doivent désormais franchir plusieurs barrages de gendarmes.

La hantise, déjà signalée, des septembriseurs, étreint à nouveau nombre de détenus politiques. Ceux-ci ont déjà été profondément traumatisés par le massacre de condamnés à mort graciés par le général de Gaulle, mais qu'une foule frustrée de sa vengeance et ivre de rage a assassinés. Ils redoutent à présent que le retour de l'ennemi ne les expose à être, eux aussi, hâtivement massacrés par des justiciers populaires. Les « Milices populaires », les FTP reprendraient du service en remplacement des Gardes mobiles, se persuadent certains prisonniers !

La contre-offensive des Ardennes déclenche aussi des frayeurs diamétralement opposées que Robert Brasillach

62. Robert Cardinne-Petit, *op. cit.*, pp. 60-61.

rapporte avec un détachement amusé : « Me Jacques [Isorni] a des clients qui lui demandent de supplier le juge d'instruction de brûler leur dossier en cas d'avance allemande, car ils ont dit trop de mal des Fritz ! C'est d'un haut comique... »[63]

Un signe de détente, au plan intérieur, marque cependant le début de l'année 1945. Dans son discours, prononcé lors de la réunion du comité central du Parti communiste, à Ivry, du 21 au 23 janvier 1945, Maurice Thorez entérine la dissolution des Gardes civiques républicaines, avatar des Milices patriotiques interdites par le gouvernement quelque trois mois auparavant. À Ivry donc, Maurice Thorez déclare péremptoirement : « Les Gardes civiques, et d'une façon plus générale, tous les groupes armés irréguliers ne doivent être maintenus plus longtemps. »

En prononçant la fin de ces formations qui furent le bras armé du PCF, Maurice Thorez donne un gage d'allégeance au général de Gaulle, président du premier gouvernement provisoire qui compte déjà deux ministres communistes.

Ce geste légaliste s'inscrit dans une tendance générale qui conduit à l'intégration de FTP-FFI dans l'Armée française, et au départ de cadres FFI pour le front d'Alsace.

Les épurés qui, à l'affût de toute amélioration possible de leur sort, s'évertuaient à scruter l'évolution politique du pays, accusèrent le coup que leur portait, au printemps 1945, le retour massif des prisonniers et des déportés. Les révélations de ces derniers sur le monde concentrationnaire affectèrent assurément l'opinion publique.

Robert Cardinne-Petit déplore alors : « L'épuration, que l'on pouvait croire dominée, à la suite des campagnes de quel-

63. Robert Brasillach, *Lettres écrites en prison*, p. 153.

ques écrivains à l'esprit demeuré clair ou qui s'est ressaisi, connaît une violente recrudescence. L'apaisement, tant de fois préconisé par le Chef du gouvernement lui-même, ne faisait pas l'affaire de certains groupements politiques qui n'ont pas manqué de sauter sur l'occasion du retour des prisonniers et des premiers déportés [...]. »[64]

Un autre événement accentue le pessimisme des prisonniers. La tentative de suicide de Pierre Laval entraîne un durcissement du régime carcéral des épurés que l'exécution, le 15 octobre 1945, de l'ancien chef du gouvernement, plonge dans un état d'abattement profond. Enfin, six jours plus tard, les élections législatives confirment au grand dam des détenus et prévenus le poids politique prépondérant des communistes qui obtiennent 26,2 % des suffrages exprimés et cent soixante sièges sur cinq cent quatre-vingt-trois[65].

Maintes autres vicissitudes politiques devaient continuer à faire alterner chez les épurés phases de confiance et de dépression. Ce furent par exemple le départ, en janvier 1946, du général de Gaulle, celui en mai 1947 des ministres communistes du gouvernement Ramadier, l'émergence de nouveaux antagonismes concomitants de la Guerre froide, l'exécution si inattendue, le 20 avril 1948, de Jean Bassompierre...

64. Robert Cardinne-Petit, Les otages de la peur, pp. 209-210.
Aux quelque soixante-dix mille survivants des camps de concentration s'ajoutent environ neuf cent cinquante mille prisonniers de guerre et huit cent mille travailleurs partis pour l'Allemagne, au titre de la « Relève ».

65. La SFIO et le MRP obtiennent respectivement 23, 4 % et 23, 9 % des suffrages exprimés.

Épousant la courbe de l'actualité politique, le moral des prisonniers est donc soumis à rude épreuve. De surcroît, la rumeur si souvent récurrente d'une amnistie met, à chaque fois, tout détenu au comble de l'exaltation.

La première occasion d'un tel paroxysme se présente dès la fin du mois d'octobre 1944. La nouvelle de la grâce amnistiante que de Gaulle a prononcée le 28 octobre en faveur de Maurice Thorez déclenche parmi les internés de Drancy une véritable euphorie collective vécue par René Château : « Thorez venait d'être amnistié ! Et la nouvelle, aussitôt, agita, souleva tout le camp. On s'accostait, on se congratulait, on s'embrassait presque, dans la grande cour. Je ne suis pas sûr que les communistes eux-mêmes se soient autant réjouis, au Siège Central, dans la rue de Châteaudun... Et nous étions près de sept mille, d'un coup, à délirer comme ça. »[66]

L'allégresse ne dura pas.

Mais, au cours des premières semaines de l'année 1945, les prisonniers, notamment à Fresnes, se grisent d'une nouvelle rumeur d'amnistie qui – soutient-on – s'inscrit naturellement dans la perspective des élections municipales d'avril et mai, le premier scrutin depuis neuf ans. C'est également la première fois que les Françaises se rendent aux urnes. Cette amnistie doit, assurément, contribuer à la réconciliation et à la concorde nationale.

Nouveau et cruel désenchantement ! Robert Cardinne-Petit constate amèrement : « Le moindre propos sur l'amnistie ou l'apaisement déclenche dans tous les cœurs à la fois le mouvement d'horlogerie de l'espoir. On s'inflige à soi-même, à tout prétexte, la torture de l'espérance. »[67]

66. Jean-Pierre Abel, *op. cit.*, p. 168.

67. Robert Cardinne-Petit, *op. cit.*, p. 101.

La fièvre de l'amnistie se déclare presque automatiquement à l'approche de Noël, du jour de l'An, du 18 juin, du 14 juillet, de la semaine de l'insurrection parisienne, du 11 novembre... À toutes ces occasions, le plus souvent sans lendemain, s'ajoutera à partir de 1947, le 17 janvier, date de l'arrivée à l'Élysée du premier président de la IVe République.
La rumeur d'amnistie, et plus généralement le bruit ou la « nouvelle », procèdent chez le prisonnier politique d'un besoin irrépressible que Claude Jamet analyse avec acuité : « On parle beaucoup d'amnistie à Fresnes depuis quelques jours. Un beau sujet de conversation pour les prisonniers politiques ! Je connais trop bien le mécanisme, je devrais dire la physiologie de ces rumeurs collectives pour y prêter beaucoup d'attention, d'ordinaire. Je n'ai pas été KG en Allemagne pour rien. Il y aurait toute une étude à mener, scientifique, expérimentale, sur la génération quasi-spontanée de ces bobards consolants, leur croissance foudroyante, leur fructification merveilleuse, et leur mort. Ce sont les éphémères de la captivité. Ils brillent, ils bruissent quelques heures dans le soleil. Et, déjà d'autres sont nés, aussi beaux, aussi fous qui ne dureront pas plus... »[68]
Si elle n'avait été jusqu'alors que pur fantasme, la rumeur qui courut fin décembre d'une nouvelle amnistie devait, cette fois, s'avérer bien réelle.
Oui, une amnistie était en préparation ! Mais les prisonniers apprirent, consternés, qu'elle n'intéressait que les députés communistes condamnés après l'interdiction de leur parti en septembre 1939[69], les Nord-Africains arrêtés lors des émeu-

68. Claude Jamet, *op. cit.*, pp. 225, 226.

69. La loi du 16 janvier 1940 déclare déchus de leur mandat les députés « staliniens » qui n'ont pas rompu avec leur parti.

tes qui secouèrent l'Algérie durant l'été 1945 et les jeunes délinquants condamnés avant la Libération.
D'autres amnisties se succédèrent, dont celles de 1951 et 1953 qui devaient enfin répondre globalement à l'attente des épurés.

Cahoté de rumeurs en fausses nouvelles, bercé d'espoirs toujours déçus, le prévenu s'abîme bientôt dans une attente à laquelle l'instruction, qui inaugure une nouvelle phase de son parcours, vient enfin mettre un premier terme.

L'instruction

L'instruction est classiquement confiée à un juge. Mais s'agissant d'écrivains et de journalistes elle peut être précédée d'une enquête menée par des inspecteurs de la Brigade mondaine. Bien que se consacrant surtout à la lutte contre le trafic de drogue, cette subdivision de la police fut à la Libération requise pour contribuer à la préparation des dossiers de personnalités du monde littéraire et journalistique compromises pendant l'Occupation. Leurs articles et écrits étaient réunis, à charge, par les policiers de cette brigade. Ils avisaient également l'intéressé, à son domicile, de son inculpation et de sa convocation à leurs locaux du quai des Orfèvres.
Robert Cardinne-Petit qui fut durant l'Occupation secrétaire général de la Comédie française évoque son passage, fin septembre 1944, à la « Brigade mondaine, service du commissaire Galy, auquel les investigations sur la presse d'occupation étaient dévolues [...]. »[70]

70. Robert Cardinne-Petit, *op. cit.*, p. 34.

Après quatre semaines à Noisy-le-Sec, puis une première nuit au Dépôt, Robert Brasillach est lui aussi interrogé par la Brigade mondaine. « L'interrogatoire fut mené avec la plus grande courtoisie par un jeune inspecteur qui m'avoua ne rien entendre à la politique, il m'interrogea sur mon passé, sur mes idées, sur les articles que j'avais faits. »[71]
Avant de comparaître devant son juge d'instruction, rue Boissy d'Anglas, Sacha Guitry est également entendu à la Brigade mondaine. Il s'y entretient en octobre 1944 avec un inspecteur d'une extrême courtoisie. La remémoration de cette conversation dont il ne livre pas la teneur, lui est, après deux mois d'une détention chaotique, d'un grand réconfort.
Marcel Jouhandeau rapporte dans son *Journal*[72] avoir eu, chez lui, la visite, le 5 mai 1945, de l'inspecteur Galy toujours chargé des écrivains qualifiés de collaborateurs. Le 9 mai 1945, l'auteur de *Chaminadour*, entendu par un secrétaire dans un bureau de la brigade, s'explique sur plusieurs de ses livres que son interlocuteur a en main. L'entretien terminé, Marcel Jouhandeau doit attendre dans une salle en présence de plusieurs prostituées arrêtées sur la voie publique. Tout à l'observation de cette pittoresque compagnie, il est bientôt rejoint par Henri de Montherlant. L'un et l'autre sont ensuite conduits 11 *bis* rue Boissy d'Anglas.

Selon les cas, les dossiers des épurés sont instruits quai des Orfèvres[73], rue Rabelais pour les « économiques », par le

71. Robert Brasillach, *Écrit à Fresnes, Journal d'un homme occupé*, Plon, 1967, p. 83.

72. Marcel Jouhandeau, *Journal sous l'Occupation*, Gallimard, 1980, pp. 361-365.

73. En octobre 1944, Sacha Guitry est conduit à plusieurs reprises au quai des Orfèvres pour y être entendu par un juge d'instruction.

tribunal militaire, au Palais de justice et rue Boissy d'Anglas. Le tribunal militaire et la rue Rabelais sont trop rarement évoqués tant par les historiens que par les justiciables, même indirectement, pour permettre ne serait-ce qu'une approche du cadre et du fonctionnement de ces instances. En revanche, le Palais de justice et la rue boissy d'Anglas ont fait l'objet de plusieurs mentions et descriptions relativement exploitables. La première raison tient au nombre important d'affaires qui y furent traitées. Mais le Palais de justice aurait sans doute pris une moindre place dans les témoignages si son Dépôt et sa Souricière n'avaient été, on l'a vu, le cadre de la plus immonde des détentions.

Quant à la rue Boissy d'Anglas, elle a surtout laissé le souvenir de ses pittoresques salles d'attente où tinrent salon maintes personnalités de la collaboration.

Le 11 *bis* de la rue Boissy d'Anglas dans la topographie de l'épuration, c'est d'abord un bâtiment à l'environnement prestigieux. L'immeuble dont la porte est sommée de l'inscription « Cour de Justice de la Seine » en impose, surtout par son emplacement. Situé à proximité de la place de la Concorde, proche du *Crillon*, l'édifice est mitoyen de l'Ambassade des États-Unis. Cette contiguïté fait éprouver à certains suspects le contraste entre la liberté que ce pays incarne à leurs yeux et l'un des hauts lieux de l'épuration officialisée. C'est à proximité de ces locaux de la Cour de justice que se massent les badauds dans l'espoir d'apercevoir, et de conspuer, des figures de la collaboration avant que celles-ci ne s'engouffrent sous le porche près duquel se tiennent aussi des parents d'épurés. Des heures durant, par tous les temps, des femmes guettent, dès l'aube, dans une attente anxieuse, le passage d'un mari ou d'un fils. Mais l'arrivée précipitée de la voiture cellulaire ne permet ni à ses passagers ni à leurs parents de s'entrapercevoir. À leur des-

cente, les détenus sont remis par les gendarmes escorteurs à des gardes municipaux et promptement enfermés dans une salle d'attente, au rez-de-chaussée.
Celle-ci, de modestes dimensions, n'est meublée que de bancs. Parfois, une fenêtre que le surveillant consent à faire ouvrir permet de ventiler la pièce enfumée et surchauffée car bondée de prévenus. Toute la promiscuité et l'animation de cet espace ainsi que l'extrême diversité des prévenus qui s'y pressent ont été rendues de façon saisissante par Ralph Soupault. Sous le pseudonyme de Rio, celui-ci a consacré, dans son album sur Fresnes, une lithographie, datée du 31 mai-1er juin 1946, à « l'antichambre de l'instruction ». « Elle est – précise-t-il en regard de la planche – un lieu de réunion très mélangé. On y trouve de tout, du ministre au souteneur, en passant par l'ancien directeur de la PJ et le tourneur de chez Renault. Des uniformes s'y côtoient de façon inattendue, puisque "l'officier anglais" éclabousse de sa tenue d'une stricte élégance le parachutiste à peau de serpent ocellé des spécialistes de la Wehrmacht ou le marsouin à vareuse modernisée de l'armée Leclerc. »[74]
Précédant Ralph Soupault d'environ un an et demi, Claude Jamet observe le 30 décembre 1944, lors de l'un de ses passages rue Boissy d'Anglas : « Parmi les prévenus, il y a moins d'amiraux, et plus de Miliciens ; il y a même deux soldats de l'armée régulière[75]. »
Mais au sein de ce milieu si hétérogène, la conversation s'engage, surtout en vertu d'affinités socioprofessionnelles. Et bien avant que ne soient regroupée, à Fresnes, en un

74. Rio (Ralph Soupault), *Fresnes, reportage d'un témoin.* Sans mention d'éditeur, Paris, 1947, p. 36.

75. Claude Jamet, *op. cit.*, p. 179.

quartier du dernier étage de la première division, la société très choisie des détenus justiciables de la Haute Cour, amiraux, généraux, hauts fonctionnaires et ministres tiennent salon rue Boissy d'Anglas.

Arrivés tôt le matin, ils doivent faire antichambre de longues heures avant de comparaître devant leur juge d'instruction et ne regagneront la prison qu'en fin de journée. Cette attente, endurée souvent à jeun, est l'occasion d'inépuisables monologues ou d'indignations ressassées au grand dam des voisins. Transféré en 1945 de sa prison de province à la rue Boissy d'Anglas, l'auteur anonyme des *Prisons de l'Épuration* s'applique à écouter l'ancien ministre Spinasse qui lui prodigue maints conseils en prévision de sa future détention[76]. Pour Alfred Fabre-Luce, son voisin de salle d'attente, l'amiral comte Jean de Laborde[77], se fait le conférencier de sa propre vie : « Celui-ci [l'amiral de Laborde] a pris la parole vers 10 heures et m'a raconté le sabordage de la flotte à Toulon. À 13 heures, il est devenu évident qu'on ne nous donnerait rien à manger, mais je n'ai pas eu le loisir d'y penser : l'Amiral me décrivait sa propriété de Tamanrasset. À 15 heures, nous n'avions toujours pas vu le Juge, mais j'écoutais le récit de la conquête du Mexique par Cortès. L'Amiral venait de tuer Montezuma quand on me passa le “cabriolet”. »[78]

Habitué de la rue Boissy d'Anglas, l'amiral de Laborde se révèle intarissable sur sa carrière. Convoqué le 18 décembre

76. Anonyme, *Prisons de l'épuration*, Éditions Le Portulan, 1948, p. 38.

77. L'amiral comte Jean de Laborde (1878-1977). A fait procéder, sur ordre du maréchal Pétain, au sabordage de la flotte basée à Toulon, le 27 novembre 1942. Condamné à mort par la Haute Cour le 28 mars 1947, sa peine est commuée, après soixante-et-onze jours d'attente aux chaînes, en réclusion perpétuelle. Il est libéré en 1954.

78. Alfred Fabre-Luce, *op. cit.*, p. 238.

1944, à la Cour de Justice de la Seine, Claude Jamet entend, lui aussi, l'amiral conter ce jour-là, le sabordage de la flotte, à Toulon, et ses souvenirs d'escales en Chine pendant la révolution de 1911.
Lorsqu'il est enfin réclamé par son juge qui fait retentir sa sonnette, le prévenu doit avoir le poignet droit entravé par un cabriolet avant d'être conduit au troisième étage par un garde. Le cabriolet, cette chaîne métallique, soudainement, enserre, brutalise comme jamais auparavant Claude Jamet qui ne veut s'avouer qu'elle attente sans doute aussi à sa dignité. Celle de Robert Cardinne-Petit qui se dit, comme d'autres, « entraîné à la laisse », en est assurément meurtrie. Sacha Guitry s'ouvre lui aussi de cette pénible expérience. Il dit cependant surmonter la honte de se voir ainsi entravé grâce au regard distancié qu'il a, en dramaturge, résolu, dès le début, de porter sur ses mésaventures. Soit. Mais quelle cruelle et nouvelle infamie, laisse-t-il entendre, pour ces généraux et hommes de lettres recrus de principes, d'honneurs, et partant si vulnérables à ces avanies !
« Un gendarme est là qui m'attend – et qui me semble me tendre les mains. Mais ce ne sont pas ses mains qu'il me tend – ce sont les menottes. Ceux qui n'ont pas tout fait pour empêcher cela sont des lâches. Et pourtant, libre à moi de ne voir dans cet objet hideux qu'un accessoire de théâtre – puisque je me plais à considérer que tout cela n'est qu'une comédie. Mais parmi ces savants, parmi ces amiraux, parmi ces écrivains que vous incarcérez, parmi ces vieux soldats de la guerre de 1914, peut-être y en a-t-il qui croient encore à la Justice et qui respectent encore la Loi... »[79]

79. Sacha Guitry, *op. cit.*, pp. 624-626.

Nombre d'entre eux, on le verra, poursuivront encore des années leur long chemin de déchéance.

Conduit de la Souricière jusqu'à une salle du Palais de justice, « salle des témoins », l'ancien préfet de police de Paris, Amédée Bussière, subit, lui aussi, l'outrage des menottes et réintègre sa cellule encore chaviré par l'émotion.
Attendu à l'Instruction, Philippe Saint-Germain confie : « La première fois qu'on m'a passé ces menottes, j'ai failli crier [...] », et s'il croit pouvoir surmonter l'épreuve en pensant aux milliers d'autres menottés, il n'en éprouve pas moins « à chaque fois, le même glacement de cœur au contact de l'acier. »[80]
Une autre émotion étreint le prévenu. Voici qu'il va pouvoir enfin connaître, à la faveur de cette comparution, les charges portées contre lui, sortir de cette ignorance désespérante dans laquelle il végétait depuis des mois et commencer alors à organiser sa défense avec le secours de ses avocats ! Trop longtemps gardé au secret ou reclus, il s'était en effet enfermé dans une sorte d'autisme dont témoigne Robert Cardinne-Petit après cinq mois d'isolement : « Je vais enfin, pour la première fois, connaître de mon crime et m'évader de mes puissants soliloques en m'expliquant devant un être vivant qui ne sera pas moi-même. »[81]
Le prévenu, dûment escorté, traverse la salle réservée aux épouses de « collabos ». Des heures durant, celles-ci guettent leur mari pour un baiser, un mot, quelques menues denrées ou un paquet de cigarettes à lui glisser... si le garde y

80. Philippe Saint-Germain, *op. cit.*, pp. 75,77.

81. Robert Cardinne-Petit, *op. cit.*, p. 172.

consent[82]. Celui-ci, arrivé devant la porte du magistrat, libère le poignet de son prisonnier, le fait entrer et s'assoit derrière lui. Dans l'austère bureau ont déjà pris place le juge et son greffier – « Mais lequel est lequel ? » s'interroge d'entrée Claude Jamet –, ainsi que les avocats. L'instruction du dossier des écrivains et des journalistes donne lieu à un entretien, souvent courtois, bien plus qu'à un véritable interrogatoire. Elle se fonde sur l'examen de leurs articles et écrits pouvant être retenus à charge. D'autres cas s'avèrent plus singuliers. Ainsi, près de deux mois après son arrestation, Sacha Guitry constate que seule la « rumeur publique » continue, pour les épurateurs, de motiver son internement. Dans l'attente d'éléments complémentaires issus d'un appel à dénonciation qui sera publié dans la presse, le juge inculpe Sacha Guitry « d'intelligences avec l'ennemi » ; formule élastique qui résume la disposition majeure du fameux article 75 du code pénal. L'épuration en fera, avec les articles 76 à 83, un usage quasi-systématique. Article « standard », l'article 75 est effectivement invoqué d'office, préalablement à l'examen même du dossier. Assorti des articles 76 à 83, il tient lieu « d'inculpation préventive ». Ainsi l'auteur des *Prisons de l'Épuration* n'ayant pu être entendu par son juge d'instruction, retenu au Palais, se voit délivrer par un juge « de service » un mandat de dépôt pour Fresnes, « un petit bout

82. En 1946, l'ambiance des salles d'attente, relatée par Ralph Soupault, paraît beaucoup plus détendue. « Pendant ce temps fonctionne à plein tube le "téléphone" qui consiste en un orifice percé dans la porte derrière laquelle se trouvent les femmes. Des madrigaux s'échangent ou, plus émouvants, de longs dialogues entre époux et épouses qui, séparés par la cloison, passent cependant une rare journée ensemble. » Rio, *op. cit.*, p. 36.

de papier avec le motif de l'inculpation : "Article 75 et suivants". »[83]

Les convocations chez le juge sont le plus souvent décisives pour le prévenu. Mais celui-ci, compte tenu des conditions de son transfert chez le magistrat, ne s'y présente guère à son avantage. Emprisonné à Fresnes, il est réveillé dès 5 h 30[84] et doit se contenter pour toute la journée d'un quart de bouillon ou d'une indéfinissable tisane et d'une demi-boule de pain. Il est d'abord confiné avec un autre détenu, une heure et plus, dans une étroite cabine d'isolement aux flancs scarifiés par des générations de prévenus de multiples graffitis. À cette attente succède le voyage à destination de la rue Boissy d'Anglas ou du Palais de Justice. Dans chacun des petits placards de tôle de la voiture cellulaire se tiennent, debout, jusqu'à trois hommes déjà affaiblis par des semaines d'un éprouvant régime carcéral. L'audition est parfois précédée d'une troisième claustration dans un cagibi.

« En arrivant quai des Orfèvres, s'indigne Sacha Guitry, on nous fait entrer, six par six, dans des cages – cela ne peut pas s'appeler autrement – et ça se nomme la "Souricière". C'est infâme. Nous y sommes restés jusqu'au soir – sans boire ni manger – dans l'ombre. »[85]

83. Anonyme, *op. cit.*, p. 40.

84. Le détenu est réveillé à 5 heures 30, ou à 6 heures, selon l'époque et le témoignage. Henri Béraud avance une explication à cet horaire si matinal : « Pour comparaître à la chute du jour, il faut se lever avant l'aube. C'est la coutume. Elle date de l'époque où les percherons du panier à salade – celui des dessins de Forain – mettaient deux ou trois heures pour aller de Fresnes au Palais de Justice. » Henri Béraud, *Quinze jours avec la mort*, Plon, 1951, p. 93.

85. Sacha Guitry, *op. cit.*, pp. 623-624.

Comment dans de pareilles conditions soutenir au mieux l'interrogatoire du juge ? Comment ne pas défaillir d'épuisement et de faim s'offusque l'auteur des *Prisons de l'Épuration*, et tenir, le ventre creux, jusqu'au retour en cellule, le soir venu ? Marqué comme la plupart des épurés par le souvenir de cette lugubre journée, Henri Béraud évoque ce prévenu qu'il fut lui aussi, à l'image de tant d'autres : « Mal rasé, le regard éteint, sans cravate, sans bretelle, sans lacet, une boule de pain sous l'aisselle, la chaîne au poignet, l'homme va croupir jusqu'au soir entre les murs orduriers et la tinette débordante de la Souricière. C'est dans cet état qu'il lui faudra tenir tête à l'adversaire, un monsieur tiré à quatre épingles, frais comme un goujon, mordant comme un aspic. »[86]
Cependant, ce face à face offre au prévenu l'occasion de revoir sa femme !

L'épouse

L'audition terminée, celle-ci est en effet autorisée par le juge à entrer dans le cabinet. Moment d'effusion, étreinte fugace, la scène intense et brève, est immanquablement rapportée par ceux qui la vécurent. C'est aussi l'occasion pour le prévenu de se faire ravitailler par sa conjointe. Chez certains épurés, tels que Claude Jamet, ce souci de la provende semble primer : « J'ai demandé à voir ma femme : M. R... [son juge] y a consenti. Et la voici devant moi, un gros paquet de vivres et de douceurs à la main ; mais la bourrique est sans pitié. "Le règlement..." ronchonne-t-il. M. Naud [son avocat] doit insister pour qu'il me laisse prendre un

86. Henri Béraud, *op. cit.*, p. 94.

sandwich, et encore, à condition que je le mange tout de suite, dans le bureau du juge. »[87]

Toujours avec le consentement du juge, l'entrevue avec l'épouse peut aussi avoir lieu dans les couloirs de l'instruction. Chaque fois, la conjointe apporte au prévenu le réconfort de sa présence, mais aussi celui de quelques provisions de bouche. Après son audition au Palais de justice, Pierre Taittinger peut revoir sa femme et l'un de ses fils. « C'est un moment bien doux pour moi car, depuis longtemps au secret, j'étais complètement privé de nouvelles des miens. Les Gardes républicains sont très humains. Ils nous laissent pendant un bon moment en tête à tête avec nos familles, et je puis même me réconforter avec un solide sandwich et une petite bouteille de limonade, qui sont d'autant mieux accueillis que nous n'avons rien eu à manger depuis le matin. »[88]

D'autres témoignages, ne faisant alors dignement mention d'aucune préoccupation alimentaire, magnifient la femme et célèbrent son courage qu'elle infuse à l'époux transporté. « Ma femme est plus forte que moi, elle ne pleure pas, elle sourit à mes gardiens émus. [...] Je peux maintenant affronter tous les faux témoins de la ville, toutes les injures, je suis heureux ! »[89]

Avec sa force d'expression coutumière, Henri Béraud, comparaissant devant la Cour, vénère, lui aussi, l'épouse à l'amour farouche : « Elle est là. Rien n'a pu l'empêcher de venir. Son dur courage a quelque chose d'aveugle, presque d'animal. C'est celui de la femelle qui suit le mâle blessé, la

87. Claude Jamet, *op. cit.*, p. 179.

88. Pierre Taittinger, *op. cit.*, p. 269.

89. Philippe Saint-Germain, *op. cit.*, pp. 78, 79.

louve qui défend ses louveteaux. Malheureuse ! Jusqu'où me suivra-t-elle ? »[90]
Jouant un rôle de première importance tant sur le plan matériel qu'affectif et moral, l'épouse de l'épuré intervient en fait bien avant que ce dernier ne comparaisse devant le juge d'instruction ou le tribunal.

Rivée à son mari par un amour et une fidélité que l'épreuve exalte, l'épouse se manifeste en effet dès l'arrestation du conjoint. Bien qu'enceinte, celle de François Brigneau, interné au Dépôt, part à la recherche de celui-ci. « [...] Avec ses paquets, du linge de rechange, des vêtements, quelques vivres, elle a couru du Dépôt à la Santé, de la Santé au Dépôt. Je n'étais nulle part. [...] Submergée par ce raz-de-marée d'arrestations, l'Administration est aux bords de l'asphyxie par noyade. La pagaille est totale. »[91]
Avec le lyrisme qui est le sien, Henri Béraud narre également l'errance de sa femme : « De porte en porte, du soupirail des caves aux grilles du Dépôt, partout où l'on enfermait, torturait, exterminait, elle allait, tête haute, les yeux secs, rabrouée, chassée, insultée, menacée, risquant le pire, avec l'endurance invincible du sacrifice accepté. »[92]
Enfin localisé, l'interné n'en demeure pas moins inaccessible à son épouse. Si dans quelques cas, déjà évoqués, l'épuré, provisoirement détenu par exemple dans un commissariat de quartier, peut recevoir la visite de sa femme, il demeure, en règle générale et jusqu'à l'instruction, privé durablement de tout contact avec les siens. Chaque occasion d'entrevoir

90. Henri Béraud, *op. cit.*, p. 111.
91. François Brigneau, *op. cit.*, p. 28.
92. Henri Béraud, *op. cit.*, p. 122.

l'époux est donc à saisir : à la porte du Dépôt, à l'entrée des locaux de la rue Boissy d'Anglas ou encore lors des transferts de prisonniers. Pierre Hamp relate l'un d'entre eux, de Fresnes à Saint-Denis : « À la sortie de la prison, une nombreuse troupe attendait, mais pour des cris d'amour et des baisers lancés par des femmes, venues guetter leurs maris et leurs parents. Elles couraient au long des cars malgré les motocyclistes de la Préfecture de Police qui défendaient d'approcher. Les prisonniers debout cherchaient les personnes chéries. Des appels de tendresse retentissaient. »[93]

Les épouses d'épurés sont aussi capables d'autres audaces. Ainsi, certaines se tenant sur la route proche du camp de Drancy, se risquent à communiquer, à la façon du télégraphe de Chappe, avec leur mari posté dans l'embrasure d'une porte ou à couvert d'un balcon. Le plus souvent, une patrouille de « Gardes patriotiques » met brutalement un terme à l'échange de signaux en chassant ou en emmenant les femmes.

Plus hardiment encore, l'épouse du général Pinsard réussit à s'approcher, à portée de voix, de la cellule de son mari alors qu'une partie de la prison de Fresnes est encore administrée par les FFI.

« [...] J'eus le bonheur d'apercevoir ma chère compagne en compagnie de l'épouse de mon codétenu. Elles avaient réussi à se faufiler le long du grand mur de ceinture jusqu'à la hauteur de l'angle du bâtiment. »[94]

93. Pierre Hamp, *op. cit.*, p. 165.

94. Général Armand Pinsard, *Du ciel à l'enfer*, Irminsul éditions, s.d., p. 251,

Il est un autre moyen, aussi aléatoire que classique, de joindre son conjoint, privé de courrier les premières semaines de son incarcération : la lettre cachée.
Dissimulée dans le colis réglementaire, la lettre, singulièrement la « première lettre », échappée donc à la fouille, est pour le détenu un véritablement événement. Mais elle est parfois si bien enfouie dans quelque denrée que son destinataire lui-même la découvre beaucoup plus tard. À la déception.... succède l'émotion allègre.

L'épuré condamné à la prison, son épouse, dont la situation matérielle, on le verra, se dégrade inéluctablement, connaît désormais l'épreuve supplémentaire de la visite hebdomadaire au prisonnier. Au temps du trajet s'ajoutent en effet les heures d'attente à la porte de l'établissement pénitentiaire. Des heures endurées par les visiteurs sous la pluie, la neige ou le soleil ardent. Des heures pour dix minutes, à peine, d'un pathétique face à face avec l'époux...

Retenue avec son mari, sa détermination, sa dignité et son courage dans l'épreuve partagée suscitent l'admiration de celui-ci. Arrêtés le 30 août 1944, Jeanne et René Château furent séquestrés, côte à côte, à l'Institut dentaire de l'avenue de Choisy durant deux semaines, puis transférés ensemble à Drancy où des bâtiments distincts étaient destinés aux hommes et aux femmes. Jeanne put retrouver son domicile, et son fils, quinze jours avant René Château.
Il advient aussi que l'épouse expie d'avoir pour conjoint un homme honni et recherché. Ainsi, pour lui faire dire où se cachait son mari, l'ancien secrétaire général du Rassemblement national populaire, les tortionnaires FTP supplicièrent effroyablement Madame Albertini et lui enlevèrent son très jeune fils qui mourut peu après à l'Assistance

publique[95]. Le martyre de cette femme et le décès de l'enfant contribuèrent à expliquer la clémence les juges de Georges Albertini[96].

Extrait de Drancy, et le plus souvent du Dépôt, le prévenu est, en principe après comparution devant le juge d'instruction chargé de son dossier, transféré à la prison de Fresnes. Cette dernière marque une nouvelle et importante étape du parcours des suspects de l'épuration, que Pierre Taittinger résume ainsi : « La Préfecture de Police, le Dépôt, le Vél' d'Hiv, c'était l'arrestation arbitraire... Drancy c'était l'internement administratif, décidé par des autorités anonymes. Fresnes, c'est la détention légale, ouverte par la justice [...]. »[97]

95. Alfred Fabre-Luce précise que les enfants des collaborateurs frappés de plusieurs années de prison étaient confiés à l'Assistance publique, à la quelle étaient également remis, à partir de l'âge de 18 mois, les enfants nés en détention.

96. Secrétaire général du Rassemblement national populaire, d'avril 1942 à l'été 1944, Georges Albertini se refusa, contrairement à Marcel Déat, à fuir la France. Orateur réputé, il mena sa défense avec virtuosité et fit valoir maints témoignages à décharge. Il fut condamné le 21 décembre 1944 à cinq ans de travaux forcés. Bénéficiant d'une réduction de peine, il est libéré en février 1948.

97. Pierre Taittinger, *op. cit.*, p. 269. De cette progression on rapprochera celle formulée, l'année suivante, en 1949, par Sacha Guitry : « Fresnes, au moins, c'est sérieux. Le Dépôt, c'était l'imposture. Le Vél' d'Hiv', c'était l'horreur et la pagaille. Drancy, c'était indigne [...]. Fresnes, c'est autre chose. [...] Fresnes, c'est la prison. »

Deuxième partie

Fresnes

VI

FRESNES
PREMIÈRES IMPRESSIONS

Fresnes n'était destiné, en principe, qu'aux inculpés dûment arrêtés, faisant donc l'objet d'une procédure d'instruction préparatoire. Mais, durant la période d'affluence et de confusion qui suit la Libération, on y expédie aussi, et sans attachement excessif à la procédure [1], des internés et de simples suspects. En outre, c'est également à Fresnes que sont regroupés tous les justiciables de la Haute Cour, anciens dignitaires de Vichy pour la plupart. La situation

1. « Depuis le second jour d'octobre, où je fus traîné devant une sorte de tribunal révolutionnaire, [...] je n'ai pas subi le moindre interrogatoire. [...] Et nous sommes en décembre de l'an 1944 ; et je suis enfermé à Fresnes en qualité d'inculpé ! » vitupère Robert Cardinne-Petit. Robert Cardinne-Petit, *op. cit.*, p. 28. Le mois précédent, l'ancien secrétaire général de la Comédie française était sorti du Dépôt nanti d'une « inculpation préventive d'intelligence avec l'ennemi » pour être conduit directement à Fresnes.

se normalise peu à peu, notamment après le départ vers la fin octobre des FFI qui régentaient jusqu'alors l'une des trois divisions de la prison.

Celle-ci renoue peu à peu avec sa destination première de maison d'arrêt réservée, par définition, aux prévenus et aux condamnés à une peine limitée, en principe, à un an. Les condamnés aux travaux forcés n'y séjournent que dans l'attente de leur transfert en centrale [2].

Majoritairement politique, cette population carcérale, qui compte aussi des Allemands, devient passablement hétéroclite avec l'admission, à partir de 1947, des droits communs dont le nom commençait par les lettres A, B ou C ; les autres étant rassemblés à la Santé [3]. Cette diversité s'accentue encore avec l'arrivée, à partir de 1948, de communistes français placés en préventive pour leur hostilité active à la guerre d'Indochine. En 1950, arrivent aussi des soldats insubordonnés, enfermés jusqu'alors à la prison du Cherche-Midi [4], désormais trop vétuste.

Jusqu'en août 1944, les résistants étaient enfermés non seulement à Fresnes mais aussi dans les prisons de la Santé, du Cherche-Midi, de la Petite Roquette, des Tourel-

2. Il s'agit surtout des Centrales de Poissy (Yvelines), de Clairvaux (Aube), de Fontevrault (près de Saumur) et d'Eysses (Agenais). À celles-ci, s'ajoutent notamment les Centrales de Melun, Rennes, Nîmes, Caen, Haguenau, Ensisheim, Loos-les-Mines et Angers.

3. La Santé redeviendra, à partir de 1951, une prison politique. Robert Cardinne-Petit note que les droits communs, du moins les auxiliaires du personnel de Fresnes, commencent à réintégrer la Santé dès le printemps de 1945.

4. Ouverte en 1847, la prison du Cherche-Midi est fermée en 1950 puis démolie en 1961.

les ainsi que dans le camp de Drancy et le fort de Romainville. La nouvelle génération de politiques issue de la collaboration est donc, après les errances que l'on sait, concentrée en dernier lieu à Fresnes.
Le choix de cette prison, située dans une petite commune alors rurale, à environ 11 kilomètres de Paris, traduit la volonté du gouvernement de tenir à distance une population de plusieurs milliers de réprouvés. Cet éloignement est vécu par certains comme un exil et suscite chez eux la nostalgie du Dépôt, si animé et situé au centre de la capitale.
Oubliant les journées de détresse qu'il y vécut, comme tant d'autres, Claude Jamet confie : « Quand on pense à la grande salle du Dépôt, c'est comme à une espèce de paradis perdu, de Thélème sordide mais grouillante de vie. [...] Et puis, quoi ! on se sentait encore dans la Ville, en plein cœur. On était enfermé, on n'était point relégué, ni exclu ni banni. On se voyait très bien – on en avait vu d'autres – sur un signe du Destin, à gueule de geôlier, prendre son baluchon, et hop ! sans transition, le métro au Châtelet. »[5]
L'itinéraire du Dépôt, du Palais de justice ou de la rue Boissy d'Anglas jusqu'à la prison de Fresnes ne varie pas : le fourgon cellulaire file plein sud. Au boulevard Saint-Michel, ce « boul'mich » toujours entraperçu avec mélancolie, succèdent la place Denfert-Rochereau, la Porte d'Orléans, la Vache noire à la hauteur du fort de Montrouge, le carrefour de la Croix de Berny et enfin Fresnes-lès-Rungis.

De prime abord, le cadre de la plus grande prison de France paraît presque agreste. De fait, Fresnes a conservé son carac-

5. Claude Jamet, *op. cit.*, p. 121.

tère rural. « On croirait la campagne »[6] écrit Claude Jamet, rapportant les propos d'un de ses voisins de fourgon cellulaire. « À première vue, le lieu n'a rien de sinistre. On se croirait à la campagne »[7] confirme l'auteur des *Prisons de l'Épuration.*

Non loin de l'établissement pénitentiaire se déploient des champs, notamment de poireaux, dont les travaux au printemps requièrent le service rétribué par les fermiers de détenus volontaires aussi satisfaits que fourbus par ces journées de labeur au grand air.

Certes, il y a encore le *blockhaus* bétonné par les Allemands devant l'entrée, et ce double mur d'enceinte, haut de huit mètres, enserrant le chemin de ronde parcouru par les gendarmes et leurs chiens. Mais, alentour, les toitures de tuiles orange, la grande allée bordée de tilleuls, les jardins potagers, les massifs de fleurs et les pavillons de briques rose du personnel de direction, les logements des gardiens, les arbres masquant les bâtiments de détention font dire à l'aumônier de Fresnes, l'abbé Jean Popot : « Le premier aspect en est assez riant »[8].

Mais cette impression générale, presque rassurante, s'évanouit brutalement à la vue de la grille d'entrée.

« Quelle grille barre le vestibule dans toute sa largeur ! Jamais, même dans *Big House*[9], je n'en ai vu une aussi

6. *Ibid.*, p. 114.

7. Anonyme, *op. cit.*, p. 42.

8. Chanoine Jean Popot, *J'étais aumônier à Fresnes*, Paris, Perrin, 1962, p. 56.

9. D'autres prisonniers tels que la résistante, Noémi Hany-Lefebvre, mais aussi l'ultra de la collaboration, Jean Hérold-Paquis ou François Brigneau font référence à *Big House*, film centré sur l'univers carcéral et tourné en 1931 par Georges Hill. Noémi Hany-Lefebvre, pour sa part, cite *Big House*

large et aussi haute ! Elle doit avoir 15 mètres ! » [10] s'effraye Mary Marquet.
Le général Pinsard, lui-même, ne dissimule pas son émotion lorsqu'après avoir gravi les quelques marches du perron puis franchi la porte d'entrée, « l'énorme grille en fer de l'enceinte intérieure » [11] se referme sur lui.

Étrangement, Claude Jamet ne dit mot de la grille et ne se départit pas de son impression favorable. L'intérieur de la prison lui apparaît sous un jour presque enchanteur : « Nous entrons, et ça sent la peinture fraîche. Tout est clair, propre et neuf. Nous sommes dans une prison modèle ! [...] Est-ce Thélème ici ? Si on ne savait pas, on dirait de cette maison qu'elle est accueillante [...]. » [12]

Cette grille monumentale franchie, après les quelques marches du perron, commence alors le temps de l'incarcération officielle, dont ne seront pas décomptés les précédents jours de séquestration ou les mois d'internement. Elle marque aussi l'entrée dans l'un des lieux emblématiques de l'épuration légale.
Inaugurée en juillet 1898, la prison, dont le site couvre 20 hectares, a été construite sur un fond marécageux, proche de la Bièvre, qui entretient l'humidité chronique et débilitante des cellules.

non à propos de la grille mais du hall de la division. Noémi Hany-Lefebvre, *Six mois à Fresnes*, Flammarion, 1946, p. 18.

10. Mary Marquet, *op. cit.*, p. 153.

11. Général Armand Pinsard, *op. cit.*, p. 250.

12. Claude Jamet, *op. cit.*, pp. 114, 115.

Fresnes est alors le premier établissement pénitentiaire en France, et à l'étranger, dont la construction répond à la nouvelle conception de l'enfermement préconisant, après le Second Empire, l'encellulement individuel [13] afin de soustraire le prisonnier aux mauvaises influences. Autre novation, les bâtiments de la détention ne sont plus disposés en forme d'étoile selon le modèle panoptique. Ils sont parallèles les uns aux autres et séparés de quelque cinquante mètres.
Le complexe pénitentiaire : constructions, cours, allées, terrains intérieurs, espaces arborés, composent un vaste domaine se terminant à son extrémité Est en redan. L'ensemble, clos d'un double mur, est parcouru en son milieu par une allée déterminant une certaine symétrie générale. Au Nord, hors de l'enceinte, à quelque 500 mètres à gauche de la porte principale, se situent la morgue et l'hôpital pénitentiaire, un pavillon à deux étages, de cent chambres-cellules, ceint lui aussi d'un double mur. Tout à côté, se trouvent le garage-atelier de la prison et le cimetière des prisonniers, en bordure des champs [14].
À gauche de la cour d'entrée, sont groupés les services généraux : cuisines, boulangerie, magasins, lingerie, buanderie et chaufferie que domine une haute cheminée.

13. L'encellulement des prisonniers de Fresnes inspire à Claude Jamet cette réflexion : « [...] le régime cellulaire, tel que nous le subissons, ne répond pas seulement à une intention punitive (qui serait au moins prématurée dans le cas des prévenus que nous sommes, simples inculpés, et donc présumés innocents), c'est une précaution contre la révolte en masse. » (Claude Jamet, *op. cit.*, pp. 132-133.)

14. Les Fresnois s'émurent du voisinage de ces prisonniers, alors de droit commun, et souhaitèrent qu'ils ne soient pas inhumés dans le cimetière du village.

Fresnes, souvent comparée à une ville, est un monde clos et presque autarcique. On y est soigné, hospitalisé, marié, baptisé, inhumé. On y voit même le jour. À droite de la première cour, un quartier est en effet réservé aux mères [15] avec leurs enfants nés en détention. Non loin, l'aile des mineures [16], qui compte deux cent cinquante cellules, fait face à la détention des femmes.

Implantés en position médiane, les bâtiments de l'administration pénitentiaire sont disposés de part et d'autre du large corridor qui prolonge l'allée centrale puis traverse perpendiculairement le « grand quartier » ; les trois divisions réservées aux hommes, trois barres identiques orientées Ouest-Est, bâties en meulière et couvertes de tuiles oranges. Au-delà de ces trois divisions qui se succèdent à intervalle de 50 mètres, l'enceinte de la prison abrite encore la « grande chapelle » et, en vis-à-vis, le quartier de la correction ou le « mitard » et ses soixante cachots. Enfin, tout à l'extrémité de la parcelle, dont il marque la limite, se dresse, en bordure du chemin de ronde, un château d'eau délabré [17]. Au-delà, en direction de la route nationale voisine, une ferme complète le domaine pénitentiaire.

15. Dans ce quartier, appelé aussi la « Pouponnière », les mères étaient autorisées à garder auprès d'elles leur nourrisson jusqu'à son dix-huitième mois. Toutefois, Xavier Vallat dit avoir croisé une détenue et son enfant âgé de vingt-deux mois.

16. En 1947, Fresnes comptait cent vingt mineures.

17. Ce château d'eau, mis à mal par des combats, menaçait ruine. C'est à proximité de ce réservoir, bordant l'enceinte de la prison, que fut fusillé, le 15 octobre 1945, Pierre Laval, jugé intransportable après sa tentative d'empoisonnement. Son exécution, bâclée, se déroula à quelques pas des fenêtres de la troisième division dont les détenus huèrent le procureur général Mornet.

Dans les premières années de l'épuration, l'histoire de la maison d'arrêt de Fresnes[18] qui dut concentrer, quelques semaines après la Libération, jusqu'à sept mille cinq cents hommes et quatre à cinq cents femmes, se réduit surtout à celle de sa première division.

Une partie de son quatrième et dernier étage, qui a vue sur le parc de Sceaux et les bois de Robinson, est en effet dévolue aux justiciables de la Haute Cour. L'administration leur consent un régime amélioré qui accrédite l'image, véhiculée par les journaux communistes, d'un *« Fresnes Palace »* entretenant encore une vie de mondanités. L'attention que la presse et l'opinion publique portent à ces quelques dizaines de dignitaires du feu gouvernement de Vichy se fixe plus encore sur le sort des condamnés à mort, à l'isolement dans leurs cellules individuelles du rez-de-chaussée de la première division. Entre ces hommes aux fers et les excellences déchues du quatrième, le premier étage, celui de la Haute Surveillance[19], est réservé à d'autres personnalités appelant toute la vigilance des gardiens. Journalistes de renom, gros brasseurs d'affaires et célébrités du milieu, également détenus à la première division, confirment le caractère très choisi de sa population. Face aux cellules orientées à l'ouest, se dresse le mur de la « Pouponnière ». Chacune de ses fenêtres est condamnée, sur presque toute sa hauteur par un assemblage de planches en forme de hotte. À l'heure des messages muets, parce qu'intimes, une main de femme en émerge et

18. « La Santé, en 1945, compte près de six mille détenus ». Pierre Montagnon, *42 rue de la Santé, une prison politique*, Pygmalion, 1996, p. 267.

19. Inspecteur général de la Milice, Jean Bassompierre, s'étonne, à son entrée à Fresnes en 1947, de ne pas avoir été placé, dès son arrivée, en Haute Surveillance.

s'agite, telle celle d'une marionnettiste, à l'adresse d'un prisonnier[20].

À la deuxième division sont surtout affectés les droits communs. Son rez-de-chaussée est occupé par les relégués. Une infirmerie annexe y a été également aménagée et des cellules réservées aux vieillards, aux impotents ainsi qu'aux prisonniers aliénés. Au deuxième étage, on y trouve, en décembre 1944, des détenus tels que Claude Jamet qui a pour compagnons de cellule un commandant vichyssois et un jeune journaliste.
La population de la troisième division est des plus composites. En avril 1945, la plupart des policiers épurés y sont rassemblés. Au printemps 1947, les droits communs, présents en nombre croissant, occupent deux de ses quatre étages. Des cellules du troisième sont destinées aux mineurs « politiques » et de droit commun jusqu'à leur majorité, à l'époque à l'âge de 21 ans. Les plus jeunes n'ont pas encore atteint leur seizième année. Cette section appelée la « Maison d'Éducation Surveillée » regroupe la catégorie des J3 ainsi que celle des jeunes de la Milice et de la Waffen-SS. Au dernier étage séjournent des politiques dont ceux arrêtés en Allemagne après avril 1945 et en Italie.

*

À son arrivée, le prévenu ne perçoit rien de ce vaste et profond déploiement de bâtiments qu'il découvrira plus

20. Seul Ralph Soupault évoque ces échanges pathétiques auxquels il consacre une lithographie, « une main de femme », de son ouvrage sur Fresnes.

tard à la faveur d'un changement de division et de ses déplacements à l'intérieur de l'enceinte.

Le porche et la première grille franchis, il est d'abord conduit à travers un large corridor central.

S'engageant dans ce premier couloir qui a les « proportions du hall de la gare Saint-Lazare »[21], la comédienne Mary Marquet exprime, non sans un certain lyrisme, son émotion : « [...] Une sorte de suaire parut me couvrir des épaules aux talons. Ce froid mortel s'exhalait du sol, des murs, des escaliers innombrables, de cet ensemble monumental dressé devant moi comme un spectre. »[22]

Corridors glacés pour ceux arrivés en automne ou en hiver, mais « couloirs spacieux et altiers comme des galeries de musée »[23] ou « [...] larges comme des avenues, suaves comme des aquarelles, bleu lavande et rose bonbon [...] »[24] pour Claude Jamet entré pourtant fin novembre mais encore marqué par « [...] les ténèbres et la crasse et les brutes grises du Dépôt [...]. »[25]

Le contraste est plus saisissant encore pour Pierre Hamp qui vient de quitter les caves de la rue de Châteaudun : « Du cul de basse-fosse, nous passons à la cathédrale pénitentiaire. »[26]

Et même l'odeur générique des prisons, bien qu'écœurante, n'est plus la puanteur insoutenable du Dépôt.

Mais à l'exténuant voyage dans les minuscules cabines du panier à salade, succède l'attente non moins éprouvante des

21. Mary Marquet, *op. cit.*, p. 153.
22. *Ibid.*, p. 155.
23. Claude Jamet, *op. cit.*, p. 115.
24. *Ibid.*, p. 117.
25. *Ibid.*, p. 115.
26. Pierre Hamp, *op. cit.*, p. 95.

nouveaux arrivants que, dès leur entrée à Fresnes, l'on enferme, avant la fouille, deux par deux, dans d'étroits placards sombres et surmontés d'un grillage qui fait office d'aération. Leur exiguïté est telle qu'on ne peut, rapporte Alfred Fabre-Luce, s'y « asseoir qu'à tour de rôle »[27].
Claquemurés une heure et plus dans ces « cages à poules »[28], ils découvrent après ceux du fourgon cellulaire, les graffitis qui en constellent les cloisons. La diversité des préoccupations et des opinions exprimées ainsi que la multitude enchevêtrée de ces inscriptions tracées ou gravées évoquent à Claude Jamet « [...] une invraisemblable cacophonie muette, un chevauchement épique de toutes contradictions emmêlées et superposées, communistes, gaullistes, collabos, pétainistes, unanimes au fond – mais qui y regarde ? Le tout fait un grimoire prodigieux [...]. »[29]
À l'étroit dans son cagibi, Robert Cardinne-Petit déchiffre cette déclaration d'une belle et poétique assurance : « le rêve nous reste ! »[30]
Extraits de leur réduit, les prévenus sont conduits à la fouille. Il leur faut se dévêtir entièrement et subir le traditionnel examen des « cavités naturelles ». Des gardiens inspectent aussi jusqu'aux coutures dans lesquelles peuvent être introduits crayon, argent ou épingle de cravate. Montre, portefeuille, stylo, briquet, rasoir, glace, canif, papiers d'identité et argent leur sont confisqués. Les sommes retenues sont dûment enregistrées. Au greffe, un fonctionnaire procède

27. Alfred Fabre-Luce, *Double prison*, p. 238.

28. Ce réduit est désigné de multiples façons : « cage à lapins », « isoloir en planches », « cabine de bain », « vestiaire », « boîte à sel »...

29. Claude Jamet, *op. cit.*, p. 117.

30. Robert Cardinne-Petit, *op. cit.*, p. 24.

sur d'amples registres aux formalités de rigueur : renseignements d'état civil, mention éventuelle de la récidive, empreintes digitales et signature du prévenu. Celui-ci reçoit ensuite un numéro d'écrou[31], puis touche une gamelle étamée, un quart et une cuillère souvent rouillés, ainsi qu'une ou deux couvertures.

Nantis de la sorte, les nouveaux prisonniers, accompagnés de gardiens, gagnent leur cellule.

Le règlement, pourtant, impose une autre procédure. Ainsi, à leur arrivée à Fresnes, Robert Cardinne-Petit ou Claude Jamet et leurs compagnons de voyage, se rendent au greffe puis perçoivent ustensiles et couvertures avant de passer leur première nuit dans une cellule dite d'attente. Ce n'est que le lendemain qu'ils connaîtront l'attente étouffante dans les placards d'« isolement » avant d'être fouillés[32], puis conduits à leur cellule définitive.

Empruntant le couloir central partageant en son milieu chaque barre de détention, les nouveaux arrivants découvrent l'imposante architecture intérieure de leur division. L'impression est saisissante.

Chacune des trois divisions, réservées aux hommes, aligne au total cinq cents cellules et se déploie identiquement sur plus de 200 mètres de longueur et se dresse sur cinq niveaux, rez-de-chaussée inclus ; soit une hauteur totale de quelque 20 mètres. La façade vitrée qui ferme les extrémités de la

31. À tout détenu est également attribué un « numéro de compte » composé des chiffres du numéro d'écrou, mais augmenté de cent. Ces deux numéros assortis de la mention « récidive » ou « première fois » constituent le « passeport » du prisonnier.

32. Cette procédure était appliquée par les Allemands aux résistantes arrivées à Fresnes en 1943. Noémi Hany-Lefebvre, *Six mois à Fresnes*, Flammarion, 1946, p. 19 à 24.

division, et les verrières de la toiture, défense passive oblige, dispensent encore une lumière bleutée. Le hall intérieur qui occupe l'ensemble du rez-de-chaussée est dominé par des coursives. Celles-ci courent tout le long de chaque étage et sont reliées, en vis-à-vis, par des passerelles et desservies par deux escaliers métalliques situés chacun à une extrémité du hall et deux autres pratiqués dans le milieu du bâtiment.

En pénétrant dans les lieux, Mary Marquet est transie par le froid ambiant tandis que Pierre Taittinger évoque la « nef livide » du hall central. Dès l'automne, celui-ci est baigné d'un brouillard glacé, parsemé des chétives lumières des veilleuses.

Conduit à la deuxième division, Claude Jamet lui-même perd de son alacrité.

Les volumes, les perspectives, l'extrême rigueur géométrique de ce qui fut présenté à son inauguration, comme la « prison modèle », suggèrent à Jacques Benoist-Méchin et à François Brigneau l'image d'une usine : « Tout dans cette usine à fabriquer du condamné est atrocement froid, rectiligne et fonctionnel »[33] assène le premier.

Le second renchérit : « De chaque côté de ce hangar sans machines, de ce silo sans grain, quinze cents hommes tournent en cage dans cinq cents alvéoles identiques qui constituent l'usine des réprouvés. »[34]

Comparé à une « immense caserne », à « une ville en état de siège permanent » ou encore à une gare, lorsque son hall s'emplit des nouveaux arrivants et des détenus de retour de chez leurs juges d'instruction, les divisions de Fresnes ins-

33. Jacques Benoist-Méchin, *À l'épreuve du temps*, tome 2, « 1940-1947 », Julliard, 1989, p. 373.

34. François Brigneau, *op. cit.*, p. 34.

pirent à la plupart des détenus[35] l'image d'un navire ; un navire, pourrait-on ajouter par boutade, où furent incarcérés sept amiraux de France.
Les coursives avec leurs passerelles, les enfilades de cellules pareilles à des cabines, les gardiens à casquette plate et en uniforme bleu-marine leur font en effet penser à un vaisseau. Cette vision, Robert Brasillach, chantre de Fresnes, l'a fixée à jamais dans la mémoire de l'épuration :

« À bord du vaisseau de fer et de pierre
j'écoute la mer, j'écoute la nuit
j'écoute le vent corner aux gouttières
j'écoute crier les hommes meurtris
À bord du vaisseau de fer et de pierre
À bord du vaisseau de fonte et d'ennui. »[36]

35. Citons notamment :
François Brigneau, *op. cit.*, p. 33.
Lucien Combelle, *Liberté à huis-clos*, p. 11.
Rio, *op. cit.*, p. 76.

36. Inspiré de Robert Brasillach, *Poèmes de Fresnes*. Recopiés pieusement par maints détenus, les poèmes de Robert Brasillach, hérault des épurés de Fresnes, émaillent nombre de leurs récits.

VII

COMPTABILITÉS CARCÉRALES

Présenté comme le premier établissement pénitentiaire de France[1], Fresnes devance, probablement, une première fois à l'automne 1944, la Santé et ses quelque six mille prisonniers de 1945.

Conçue conformément au principe de l'encellulement individuel, la prison de Fresnes pouvait recevoir jusqu'à mille six cent soixante et onze détenus, dont cent quarante-sept femmes[2]. Mais face à l'augmentation des effectifs durant l'Occupation, et plus encore à partir de la Libération, les prisonniers, hommes et femmes, sont désormais plusieurs par cellule.

1. Claude Jamet, *op. cit.*, p. 132.
Chanoine Jean Popot, *op. cit.*, p. 56.

2. Données extraites de l'article de Dominique Meunier, « Inaugurée il y a cent ans, Fresnes se voulait "une prison républicaine" », *Le Monde*, 27 novembre 1998.

Leur nombre varie, bien sûr, corrélativement avec le cours de l'épuration et le déroulement des derniers mois de la guerre. Seule l'analyse des registres d'écrou et des archives pénitentiaires autoriserait, enfin, un calcul exact et précis de la population carcérale, au fil des années.

Les anciens de Fresnes, mais aussi certains historiens, n'établissent donc que des ordres de grandeur, qui ne sont d'ailleurs pas donnés comme tels. Leurs approximations, avancées pour une même époque, sont d'une grande diversité. Celle-ci est souvent constatée, y compris chez nombre d'historiens, dès lors qu'il s'agit, bien sûr, de quantifier les exécutions sommaires, mais aussi tout rassemblement d'internés ou de prisonniers !

Se fondant, comme la plupart des auteurs de témoignage, sur les mille cinq cents cellules des trois divisions réservées aux hommes, Robert Aron affirme : « Mais, au moment de la Libération, chacune d'elles [cellules], en moyenne, en contient cinq [prisonniers], car il s'agit alors de loger sept mille cinq cents détenus. »[3]

Cette affluence, corroborée par certains témoignages, marque un pic historique. Emprisonné à Fresnes alors que les FFI règnent encore sur la troisième division – ils n'en partiront que dans la deuxième quinzaine d'octobre 1944 –, Pierre Hamp ne hasarde pas de dénombrement total, mais témoigne du désordre ambiant et du despotisme qui présidèrent, durant ces premières semaines, au remplissage des cellules, occupées par deux, quatre ou six, voire sept suspects. Cet entassement extrême apparaissant alors comme une punition supplémentaire.

3. Robert Aron, *Histoire de l'épuration*, tome 2, « Des prisons clandestines aux tribunaux d'exception, septembre 1944-juin 1949 », Fayard, 1969, p. 179.

Détenu à la première division, Robert Brasillach écrit, le 7 janvier 1945, à son beau-frère Maurice Bardèche, enfermé à la troisième division : « Seriez-vous cinq dans votre cellule, d'après ce que tu dis ? C'est beaucoup. Ici, on n'est que trois, on parle d'ailleurs d'en mettre quatre. »[4]

Robert Cardinne-Petit, arrivé fin novembre 1944, déclare : « Et nous sommes plus de cinq mille à Fresnes [...]. »[5] L'ancien secrétaire général de la Comédie française rappelle, par ailleurs, « cinq mille détenus, dont quelques centaines de femmes, sont entassés quelquefois cinq par cinq [...] »[6].

Cette population répartie dans les deux mille cent quatre-vingts cellules, mentionnées par Bénédicte Vergez-Chaignon, induit donc une moyenne de 2,30 occupants par cellule. Mais, certains et rares détenus, tels que Pierre Malo[7], en janvier 1945, disposent d'une cellule pour eux seuls.

Henri Béraud évoque, lui aussi, les « cinq mille individus »[8] de la prison en décembre 1944. Lucien Combelle et d'autres épurés confirment ce total de cinq mille prisonniers évalué en hiver 1944.

Évaluations que pondère cependant Bénédicte Vergez-Chaignon : « La prison cellulaire de Fresnes a été prévue pour accueillir exactement deux mille cent quatre-vingts détenus, tous quartiers confondus, dont mille cinq cent vingt-quatre hommes. Durant les premiers mois de l'épuration, le

4. Robert Brasillach, *op. cit.*, p. 151.

5. Robert Cardinne-Petit, *op. cit.*, p. 15.

6. *Ibid.*, pp. 21-22.

7. Pierre Malo, *Je sors du bagne*, Éditions de l'Élan, 1948, p. 33.

8. Henri Béraud, *op. cit.*, p. 145.

nombre de détenus masculins atteint quatre mille cinq cents et se maintient au-delà de quatre mille durant toute l'année 1945 (quatre mille quatre cents en juillet). »[9]

Or, en comparaison avec ces dernières moyennes, plusieurs épurés pourtant peu enclins à minorer l'ampleur de l'épuration font preuve d'une modération digne d'attention. Ainsi, Xavier Vallat s'en tient à trois mille cinq cents prisonniers en mars 1945 et Jean Hérold-Paquis, fusillé le 13 octobre 1945, fait mention de quatre mille détenus[10]. L'auteur anonyme des *Prisons de l'Épuration* évoquant, en 1945, la vie religieuse de la prison, fait état de « cette vaste paroisse de trois à quatre mille âmes. »[11]

Quoiqu'à la hausse par rapport à ces dernières, l'estimation de Pierre Malo demeure recevable. L'ancien journaliste du *Matin* consigne, en effet, le 28 janvier 1945 : « Les trois divisions sont occupées par plus de quatre mille cinq cents détenus. »[12]

La population de Fresnes paraît culminer sous la plume d'Henry Charbonneau qui allègue six mille détenus en juin 1945[13] ! S'agit-il d'un pic momentané coïncidant avec l'incarcération, à partir du printemps 1945, des collaborateurs arrêtés en Allemagne et en Italie ?

Bénédicte Vergez-Chaignon esquisse la courbe rapidement décroissante de la population carcérale de Fresnes dans le

9. Bénédicte Vergez-Chaignon, *op. cit.*, p. 131.

10. *Des illusions, désillusions !* Mémoires de Jean Hérold-Paquis (texte posthume), Genève, Bourgoin, 1948, p. 181.

11. Anonyme, *op. cit.*, p. 84.

12. Pierre Malo, *op. cit.*, p. 33.

13. Henry Charbonneau, *Les mémoires de Porthos*, tome II, La Librairie Française, 1981, p. 215.

courant de l'année 1946 : « Ils [les détenus masculins] sont encore deux mille huit cents à la fin de 1946 et de nouveau plus de trois mille en juin 1947. »[14]
Cette relative stabilité des effectifs est corroborée par les témoignages de Xavier Vallat et de Ralph Soupault. Le premier évalue à deux mille six cents détenus la population de Fresnes en août 1946[15], tandis que le second évoque, fin 1946, les « trois mille corps »[16] de la prison. Ces deux évaluations, dues à des épurés, s'approchent donc du nombre total, et *a priori* exact, de détenus donné par le directeur de la prison, Maxime Escoffier, aux membres d'une commission en visite d'inspection à Fresnes, le 25 octobre 1946 : « Deux mille huit cents dont deux mille six cent soixante-dix politiques et cent quatorze droits communs. »[17]
Mais, moins d'un mois après cette déclaration, le directeur de l'administration pénitentiaire, Paul Amor, fait état, dans une note[18] datée du 20 novembre 1946, de trois mille quatre cent cinquante-huit détenus ! Doit-on en déduire que Fresnes a reçu, en quelque trois semaines, six cent cinquante-huit prisonniers supplémentaires ?
En 1947, les effectifs sont-ils à nouveau à la hausse ?
Georges Lupo qui fut libéré en mai 1947, évoque la présence de cinq mille détenus[19] et l'aumônier de Fresnes, l'abbé

14. Bénédicte Vergez-Chaignon, *op. cit.*, p. 131.
L'historienne précise par ailleurs que la population carcérale de Fresnes dépassa les trois mille détenus jusqu'au début des années 1950.

15. Xavier Vallat, *op. cit.*, p. 166.

16. Rio, *Fresnes*, p. 68.

17. Bénédicte Vergez-Chaignon, *op. cit.*, p. 179.

18. *Ibid.*, p. 333.

19. Georges Lupo, *Levée d'écrou*, p. 73

Jean Popot, en dénombre, la même année, quatre mille six cents[20].

Hormis les deux totaux déclarés, en octobre et novembre 1946, par le directeur de Fresnes et celui de l'administration pénitentiaire, toutes les autres données relevées au fil des récits demeurent assurément entachées d'approximation. L'historienne Bénédicte Vergez-Chaignon, elle-même, ne se départit pas d'une certaine prudence et s'en tient, quelle que soit la période considérée, à des ordres de grandeur : « En 1944 ou 1945, la population carcérale y frôlait les quatre mille cinq cents détenus, pour un établissement de deux mille cent quatre-vingts places[21] dont mille cinq cent vingt-quatre pour les hommes. Elle resta supérieure à trois mille jusqu'au début des années 1950. »[22]

Attentifs aux flux des prisonniers transitant par cette prison, certains épurés tentent d'en calculer le nombre sur un laps d'un mois ou de plusieurs années.

Au début du mois de janvier 1945, Claude Jamet avance : « En un mois, on peut compter qu'il est arrivé quinze cents nouveaux clients, rien qu'à la deuxième division »[23].

Non sans perspicacité, Xavier Vallat, se référant aux numéros d'écrou, observe à la date du premier janvier 1946 :

20. Chanoine Jean Popot, *op. cit.*, p. 72.

21. On eût apprécié qu'historiens et journalistes s'entendent sur le nombre total de cellules ; deux mille cent quatre-vingts pour Bénédicte Vergez-Chaignon, mille six cent soixante-et-onze pour Jean-Claude Vimont, *La prison, À l'ombre des hauts murs*, Gallimard, Découverte Histoire, 2004, pp. 35, 47. Mille six cent soixante-et-onze également pour Dominique Meunier, *Le Monde*, 27 novembre 1998.

22. *Ibid.*, p. 16.

23. Claude Jamet, *op. cit.*, p. 190.

« Voilà exactement un an que je suis entré dans la cellule 32 de l'Hôpital Central des Prisons de Fresnes [...]. Mon numéro d'écrou est 3 065, celui des derniers entrants est supérieur à 9 500 ; cela veut dire que six mille cinq cents personnes, rien que pour le département de la Seine, ont été inculpées de trahison depuis mon arrivée ici. »[24]
L'auteur des *Prisons de l'Épuration*, libéré en 1947, indique, sans situer chronologiquement son observation : « Sur une population qui compte en permanence de trois à cinq mille détenus, Fresnes a vu passer, depuis la fin de 1944, plus de dix mille "politiques". »[25]
Cette dernière estimation émanant pourtant d'un homme demeuré un ardent contempteur de l'épuration, se tient singulièrement en deçà de celle donnée par Bénédicte Vergez-Chaignon. « Au total, fait valoir celle-ci, on compte entre l'été de 1944 et le printemps de 1947, le passage de dix-huit mille détenus à Fresnes. »[26]
Outre ces totaux, livrés sans plus de précisions, nous disposons de quelques numéros d'écrou et dates d'entrée, relevés dans plusieurs témoignages[27]. Ces deux données permettent

24. Xavier Vallat, *op. cit.*, p. 125.

25. Anonyme, *op. cit.*, p. 46.

26. Bénédicte Vergez-Chaignon, *op. cit.*, p. 131.
On préfèrera, pour sa relative précision, cette mention à celle de la page 16 : « En trois années seulement, à partir de l'été 1944, elle [Fresnes] a vu passer dix-huit mille inculpés de collaboration. »

27. Arrivé à Fresnes le 18 octobre 1944, Robert Brasillach a pour numéro d'écrou le 513 ; Robert Cardinne-Petit, incarcéré fin novembre 1944, a reçu le numéro 1 942 ; Xavier Vallat, entré le 28 décembre 1944, le 3 065. À la date du 31 janvier 1945, Claude Jamet met en scène un prévenu, anonyme, « appelé aux colis » dont le numéro d'écrou est le 4 175. Lucien Rebatet, écroué en octobre 1945, se voit attribuer le numéro 8 340. Ralph Soupault, emprisonné à Fresnes au printemps 1946, note : « Je ne suis plus

de suivre d'un peu plus près la courbe de la population carcérale de Fresnes.
Ainsi, de la fin novembre 1944 au premier janvier 1945, soit en à peine plus d'un mois, les effectifs pénitentiaires croissent de mille cent vingt-trois prisonniers. Aussi sensible que rapide, cette augmentation, à raison de quelque trente-sept incarcérés par jour, se confirme au cours de 1945. On constate, en effet, qu'au mois d'octobre de cette même année, cinq mille deux cent soixante-quinze nouveaux prisonniers ont été écroués. Un tel accroissement s'explique par le durcissement et l'amplification de l'épuration au printemps 1945 sous-tendus par le retour des prisonniers et des déportés ainsi que par les nombreuses arrestations de collaborateurs et miliciens opérées en Allemagne et en Italie. Ce nombre de cinq mille deux cent soixante-quinze incarcérés, calculé au terme des dix premiers mois de 1945, corrobore l'estimation de Xavier Vallat notant que six mille cinq cents personnes sont arrivées à Fresnes durant toute l'année 1945, soit une moyenne mensuelle de cinq cent vingt-sept hommes. La tendance est ensuite au ralentissement. Durant l'année suivante, la population carcérale gagne, d'octobre 1945 à décembre 1946, près de cinq mille numéros d'écrou, équivalant à trois cent cinquante-sept détenus par mois. La décrue s'accentue en 1947, puisque de décembre 1946 à début février 1947, on ne compte plus que deux cent neuf entrées. Ce sont donc onze mille cinq cent

qu'un numéro de cinq chiffres [...] (Rio, *op. cit.*). Emmanuel Caloyanni auteur d'une biographie de Ralph Soupault (*Ralph Soupault, Dessinateur de l'extrême*, Geste éditions, 2009) précise que son numéro d'écrou est le 10 952. Jean Bassompierre enfermé le 10 décembre 1946, reçoit le numéro 13 237. Georges Lupo arrivé début février de l'année 1947, le 13 446.
Chez les femmes, nous ne disposons que du numéro d'écrou, le 197, de Mary Marquet, écrouée le 17 octobre 1944.

quatre détenus qui ont été écroués, en quelque vingt-sept mois, de novembre 1944 à février 1947, soit en moyenne, quatre cent vingt-six hommes par mois.

Si l'on peut, de récit en témoignage, recueillir quelques évaluations de la population carcérale masculine, il ne s'en trouve aucune concernant le nombre de femmes à Fresnes. Détenue de juin à décembre 1943 à Fresnes pour faits de résistance, Noémi Hany-Lefebvre dénombre deux cent cinquante cellules de femmes[28], sans plus de détail.
Présentant Fresnes après la Libération, Bénédicte Vergez-Chaignon, on s'en souvient, fait état « de deux mille cent quatre-vingts places dont mille cinq cent vingt-quatre pour hommes ». De ces six cent cinquante-six « places » destinées aux femmes[29] combien l'étaient aux « politiques » enfermées à part, dans leur quartier ?

28. Noémi Hany-Lefebvre, *Six mois à Fresnes*, p. 33.

29. D. Meunier et Bénédicte Vergez-Chaignon s'accordent tous deux sur le nombre de cellules destinées, à l'origine, aux hommes, soit un total de mille cinq cent vingt-quatre. Mais, ils divergent quant à celui des places pour les femmes, cent quarante-sept pour le premier contre six cent cinquante-six pour la seconde.
Une même question, demeurée sans réponse, se pose tant à propos des hommes que des femmes. Les quelque deux cent cinquante lits de l'infirmerie centrale des hommes, enfermés dans des chambres-cellules entrent-ils dans ce total de mille cinq cent vingt-quatre cellules ? Les lits de l'infirmerie des femmes sont-ils compris dans les cent quarante-sept, ou six cent cinquante-six places destinées aux femmes ?
Autre interrogation connexe : Jean-Claude Vimont fait mention, dans sa présentation de Fresnes, de « l'infirmerie générale, hôpital-prison de cent chambres-cellules, [...]. » Jean-Claude Vimont, *La prison, À l'ombre des hauts murs*, p. 55. En l'absence de toute autre précision de sa part, on pourrait donc en déduire, à tort, que Fresnes est doté d'un seul hôpital, un même bâtiment accueillant hommes et femmes.

L'abbé Popot évoque en effet un « premier groupe pénitentiaire, entouré, comme les autres, de son double mur [qui est] réservé aux femmes "politiques" »[30].
Ces dernières, souligne Bénédicte Vergez-Chaignon qui ne précise pas la durée considérée, « représentent environ 20 % des prisonniers de Fresnes, regroupées dans le quartier des femmes. »[31]
Vingt pour cent des deux mille cent quatre-vingts « places », soit quatre cent trente-six « résidentes » politiques.
L'abbé Popot constate qu'en mai 1946 « elles s'entassent à trois et parfois quatre dans chaque cellule. »[32]
Celle-ci, indique Noémi Hany-Lefebvre, a une surface de 10,25 mètres carrés. Chacune des trois détenues dispose donc d'à peine 3,5 mètres carrés alors qu'au printemps 1946, les hommes ne sont plus, selon Bénédicte Vergez-Chaignon, que deux mille huit cents, soit à peine deux par cellule.
En fait, il importe de ne pas déduire du nombre total de prisonniers celui des occupants par cellule.
Rio, qui évoque en 1946 les « trois mille âmes »[33] de Fresnes, note, au printemps de la même année : « Il y a trois prisonniers dans ma cellule, et des centaines de fois trois, ou quatre, ou deux prisonniers dans les cellules d'en face. »[34]
Cette distribution erratique, encore observable en 1946, résulte-t-elle d'une mauvaise administration ou répond-

30. Chanoine Jean Popot, *op. cit.*, p. 56.
31. Bénédicte Vergez-Chaignon, *op. cit.*, p. 16
32. Chanoine Jean Popot, *op. cit.*, p. 56.
33. Rio, *op. cit.*, p. 68.
34. *Ibid.*, p. 10.

t-elle, au contraire, à une volonté de favoriser ou de pénaliser[35] ?

Le nombre d'occupants par cellule a toute son importance mais, dans certains cas, les affinités socioprofessionnelles des détenus semblent intervenir dans l'occupation et la composition des cellules.

Au printemps 1946, l'abbé Popot, venant de prendre son ministère, est accueilli par quatre anciens policiers qui partagent la même cellule. Ailleurs, il est reçu par trois opulents « économiques » qui avaient transformé leur intérieur en un confortable « boudoir ».

Cette arithmétique des densités d'occupation, du moins toute tentative de calcul, s'avère d'autant plus vaine que l'on ne peut même pas raisonner en fonction d'une surface unitaire, par cellule !

Elle varie, en effet, selon les épurés, et les historiens, de 7,7 mètres carrés à 16,50 mètres carrés. Nous avons relevé pas moins de neuf surfaces[36] dont on ne peut savoir si elles

35. Pierre Hamp arrivé à Fresnes, dont la troisième division est encore administrée par les FFI, écrit « Nous revenons à quatre occupants alors que d'autres logis en ont sept pour la place d'un. » (Pierre Hamp, *op. cit.*, p. 113.)

36. – 7,7 m² (« 3 m 50 × 2 m 20 », Henry Charbonneau, *op. cit.*, p. 216).
– 8 m² (« Notre espace vital de quatre mètres sur deux. » Rio, *op. cit.*, p. 18.).
– 9 m² (« Environ neuf mètres carrés », Bénédicte Vergez-Chaignon, *op. cit.*, p. 120).
– 10 m² (« Chaque cellule (4 mètres de long et 2,50 mètres de large [...] ». D. Meunier, « Inaugurée il y a cent ans, Fresnes se voulait "une prison républicaine" », *Le Monde*, 27 novembre 1998.)
– 10,25 m² (« 2 m 50 × 4 m 10 », Noémie Hany-Lefebvre, *op. cit.*, p. 31.).
– 11,40 m² (« Chaque cellule fait quatre mètres huit, sur deux mètres quatre-vingts, soit onze mètres carrés quarante. » Robert Aron,*op. cit.*, p. 178.).

diffèrent au sein d'une même division ou d'une division à l'autre.

Comment expliquer une diversité si contraire à l'image d'un milieu particulièrement normalisé, répétitif et réglé ? On peut constater, il est vrai, une différence sensible de surface entre la cellule minuscule représentée par Rio[37] et celle, presque spacieuse, dont la photo est publiée par Lupo[38]. Comme nous le verrons, les courettes réservées à la promenade des prisonniers sont, selon les témoignages, elles aussi, de dimensions très différentes. Cette diversité est d'autant plus troublante que photos et dessins attestent que ces préaux sont tous d'une surface standard.

L'analyse des plans de la prison permettrait, bien sûr, de connaître précisément la ou les surfaces des cellules et... d'apprécier toute la faillibilité ou l'inexactitude des témoignages.

Un même constat s'impose, une fois encore.

– 12 m² (« Quatre mètres sur trois. », Maurice Marquet, *op. cit.*, p. 159.) 12 m² (« 4 mètres sur trois » Robert Brasillach, *Lettres écrites en prison*, p. 40.).
– 15 m² (« Chaque cellule fait 3 mètres sur cinq. » Georges Lupo, *op. cit.*, p. 31). « la cellule : cinq mètres par trois. » François Brigneau, *op. cit.*, 10.).
– 16,50 m² (« À titre simplement anecdotique, je vous signale que nous sommes depuis tantôt un mois quatre dans ma cellule, de 5,50 m sur 3. » Lucien Rebatet, *Lettres de Prison, 1945-1952, adressées à Roland Cailleux*, p. 94.) (« 5 m 50 × 3 m. » Robert Cardinne-Petit, *op. cit.*, p. 78.) Robert Cardinne-Petit indique par ailleurs « – Cent fois la longueur de la cellule aller et retour, cela fait exactement un kilomètre [...] ». Robert Cardinne-Petit, *ibid.*, p. 58.
Henri Béraud ne précise pas les dimensions de sa cellule, mais « De la porte à la croisée de nos cellules, écrit-il, on en mesure ordinairement cinq [pas] », soit une longueur d'à peine deux mètres. Henri Béraud, *op. cit.*, p. 216.

37. Rio, *op. cit.*, p. 53.

38. Georges Lupo, *op. cit.*, photo en regard de la page 112.

Chaque type de dénombrement, qu'il s'agisse de la population totale des prisonniers masculins, des flux de détenus sur une période donnée, des femmes, ou de la densité d'occupation par cellule, donne lieu à des résultats d'une disparité confondante. Certes, il s'agit là de masses importantes et de données soumises à fluctuations.
Mais, force est de constater que même la réalité physique peut, malgré toute son évidence, être très diversement rapportée ou exprimée !

Historiens et anciens prisonniers s'accordent, heureusement, sur un total de cinq cents cellules pour chacune des trois divisions réservées aux hommes. Bénédicte Vergez-Chaignon porte ce nombre à cinq cent huit pour chaque division, mais ce n'est là qu'un détail. On doit surtout noter une imprécision supplémentaire résultant d'une confusion, aussi simple que troublante, entre étage et niveau. Si certains témoignages distinguent bien le rez-de-chaussée des étages, d'autres ne mentionnent que des étages. Ainsi, Henri Béraud note : « [...] La première division superposait cinq étages de galeries »[39]. On aura compris que l'écrivain a assimilé le rez-de-chaussée à un étage.
Soit, mais le rez-de-chaussée n'est aucunement pourvu d'une galerie. Pierre Hamp consigne plus curieusement encore le « [...] grand hall que dominent nos trois étages de balcons. »[40]
Certains, comme Henry Charbonneau, prennent soin de préciser, « cent cellules par étage »[41], mais omettent de men-

39. Henri Béraud, *op. cit.*, p. 129.
40. Pierre Hamp, *op. cit.*, p. 136.
41. Henry Charbonneau, *op. cit.*, p. 217, n. 2.

tionner le rez-de-chaussée. Claude Jamet confirme, à sa façon, cette répartition de cent cellules par niveau : « Qui croirait que quinze cents hommes (en comptant le rez-de-chaussée) vivent là-dedans, bien rangés par boîtes de trois [...] »[42].

Or gravures et photos de Fresnes montrent d'emblée que chacune des trois divisions s'élève sur quatre étages surmontant un rez-de-chaussée[43].

François Brigneau consigne bien singulièrement : « La première division de Fresnes [...] c'est cinq cents cellules qui se superposent sur quatre étages [...] »[44] alors qu'il ne peut ignorer que, au rez-de-chaussée, des cellules sont dévolues aux condamnés à mort, et d'autres laissées vacantes pour les avocats, ou occupées provisoirement par les nouveaux arrivants. À son tour, Bénédicte Vergez-Chaignon écrit erronément : « Dans chacune des divisions qui comptent cinq cent huit cellules sur quatre étages [...] »[45].

Des semaines ou des mois durant, nuit et jour, trois à quatre prisonniers partagent une cellule à l'aménagement aussi invariable que sommaire.

42. Claude Jamet, *op. cit.*, p. 219.

43. Robert Brasillach est l'un des rares à mentionner « quatre étages de balcons » ; évitant ainsi toute ambiguïté. (Robert Brasillach *op. cit.*, p. 86.)

44. François Brigneau, *op. cit.*, p. 34.

45. Bénédicte Vergez-Chaignon, *op. cit.*, p. 137.

VIII

LA CELLULE

Pénétrant dans la cellule, le nouveau découvre, en un face à face rarement avenant, ses codétenus. Son regard est surtout aimanté par le siège d'aisance, le WC, le « chiotte ». Généralement dans l'angle gauche de la pièce, en entrant, le « trône », bien en vue, à l'odeur toujours putride, est un pôle important des activités quotidiennes du prisonnier. L'eau de la chasse, fournie par un robinet surplombant le siège et commandé par un bouton-pression en cuivre, lui permet aussi de se désaltérer et de remplir, en l'ajustant à l'ouverture de la lunette, la cuvette émaillée réglementaire, fréquemment mentionnée, dans laquelle il peut faire sa toilette, laver ses gamelle, cuillère, quart et linges. Le volume intérieur du siège d'aisance se prête à d'autres usages domestiques. Pierre Hamp et ses compagnons y lavent leur linge en bouchant le trou d'évacuation des toilettes avec une serviette [1].

Sur le mur gauche, en entrant, une petite table rabattable surmontée d'une ampoule commandée de l'extérieur et complétée d'une chaise ou d'un escabeau. Au côté opposé sont fixés une ou deux étagères ainsi qu'un étroit châlit métallique [2] réservé généralement au premier arrivé dans les lieux, ou au doyen. Les autres détenus se contentant, pour la nuit, d'une paillasse déroulée sur le plancher. Celui-ci, si souvent briqué et marqué du pas des prisonniers transis qui battent la semelle, est raviné d'usure. À son pourtour, une rigole de petits carreaux de faïence recueille l'eau de condensation qui ruisselle sur les murs autrefois blanchis à la chaux et à présent envahis de salpêtre et... par la multitude grouillante des graffitis [3]. Ceux, d'une obscénité extrême, laissés par les droits communs d'avant-guerre voisinent avec les inscriptions d'inspiration religieuse et les slogans péremptoires des politiques. D'autres, gravés par des aviateurs anglo-saxons et des résistants promis au poteau, ont la concision et le pathétique des épitaphes. Après la Libération, le Parti communiste dépêcha sur place des gens à lui pour relever celles de ses militants déportés ou exécutés. C'est ainsi que Robert Cardinne-Petit et Claude Jamet se trouvèrent, un jour d'automne 1944, en présence de ces enquêteurs emplis de mépris pour ces nou-

1. Certaines cellules sont pourvues d'un « lavabo », que Claude Jamet évoque à plusieurs reprises. Pierre Hamp mentionne un lavabo d'angle, sans doute inutilisable puisque dans sa cellule « la tuyère coule au-dessus de la lunette du cabinet pour servir à l'ablution et à la chasse. » (Pierre Hamp, *op. cit.*, p. 98.)

2. Comme l'attestent photos et dessins, la disposition du mobilier varie selon les cellules ; le lit et la table pouvant se trouver à droite ou à gauche de la porte.

3. La table, le tabouret, le châssis de la fenêtre et la gamelle sont également couverts de graffitis.

veaux prisonniers et scrutant gravement les murs de leur cellule. Or, en 1945, paraissait sous le titre *Les murs de Fresnes* une anthologie de ces messages, certains photographiés et assortis d'un texte d'Henri Calet[4].

Face à la porte, la fenêtre

Pratiquée dans presque toute la largeur du mur et surmontée d'une imposte mobile cintrée, elle est composée de carreaux de verre dépoli rarement entiers. Parfois clouée ou privée de sa crémone, il faut en forcer, longuement, l'ouverture, à deux battants, avec le manche d'une cuillère[5] en fer. Elle est défendue par neuf forts barreaux[6] recoupés horizontalement par trois autres. Leur espacement ne laisse pas passer la tête mais le bras ou une cuisse. Ainsi, à la belle saison, les détenus peuvent, jambes pendantes, prendre le frais derrière

4. Édition consultée, Henri Calet, *Les murs de Fresnes*, 1945, Éditions Viviane Hamy, 1993.

5. En l'absence de tout couteau et de fourchette, l'un et l'autre strictement proscrits en prison, la cuillère en fer, à la grande différence de celle en aluminium, que l'administration s'emploie à généraliser, offre de multiples avantages vantés par Robert Cardinne-Petit : « [...] La cuillère, ustensile de bouche d'usage commun, seul autorisé, [...] sert de chausse-pied, puis de levier pour ouvrir la fenêtre, que l'Administration a dépourvue de crémone, puis d'instrument d'appel télégraphique pour les conversations avec les invisibles voisins, enfin de couteau [...], il suffit d'en frotter vigoureusement le manche sur le ciment que revêt l'écoulement des waters. On obtient ainsi, à force de patience, [...] une vraie lame de rasoir avec laquelle on tranche le pain, on se taille l'ongle des orteils, on aiguise la mine des crayons, on hache menu la bourre de la paillasse pour approvisionner la pipe [...]. (Robert Cardinne-Petit, *op. cit.*, p. 95.)

6. La vision, obsédante, de ces neuf barreaux s'impose à nombre de témoins. Sacha Guitry leur consacre un dessin mais n'en représente que huit. (Sacha Guitry, *op. cit.*, p. 599.)

leurs barreaux, aérer leur literie, faire sécher du linge[7]. Le rebord de la fenêtre devient aussi garde-manger.

Aux rescapés des geôles souterraines et à ceux qui ont connu les prisons délabrées de province, cette cellule semble, du moins les premiers temps, presque « luxueuse ». Le siège d'aisance avec sa chasse d'eau a remplacé l'infect trou noir, le plancher la pierre glacée, et la fenêtre, par laquelle « le ciel » s'offre « à profusion », le simple vasistas ou le soupirail. Le regard du nouveau venu se tourne vers l'huis et son guichet ouvrant de l'extérieur pour le passage de la pitance et du « jus ». Au-dessus, est encastré le judas ou l'œilleton en verre, le « mouchard », le « viseur ». Tel un « monocle », ou un œil de cyclope. Le gardien y rivant le sien peut ainsi surveiller les prisonniers dans leur intimité. Mais ceux-ci, de leur côté, parviennent, s'il n'est pas occulté, à distinguer les cellules face à la leur ainsi qu'une partie des coursives. Placé en entonnoir dans l'épaisseur de la porte, le judas permet aussi, comme un cornet acoustique, de capter certains bruits extérieurs, inaudibles autrement.

Journaliste, haut fonctionnaire, acteur, officier, artisan, militant ou cadre politique, le détenu doit à présent faire l'apprentissage d'une nouvelle quotidienneté[8].

7. « [...] derrière les barreaux noirs, où sèchent des guirlandes de chemises, de caleçons, de chaussettes et de mouchoirs. [...] Des sacs de couchage prennent l'air que le vent gonfle et balance comme des baudruches... » Robert Cardinne-Petit, *op. cit.*, pp. 22-23.

8. La prison n'est pas une expérience inédite pour certains anciens cagoulards qui séjournèrent à la Santé avant la guerre. Et certains PPF, transfuges du PCF, avaient connu la geôle dès 1927, en raison de leurs activités subversives, antimilitaristes et plus généralement antinationales. Rappelons le cas, plus original, de quelques épurés, dont Alfred Fabre-Luce et Pierre Malo, que les Allemands avaient emprisonnés, respectivement au Cherche-Midi, et à Caen.

IX

QUOTIDIENNETÉ DU DÉTENU

Celle-ci est, de l'aube à la nuit, jalonnée des multiples bruits de la prison. Dès 5 h 30 retentit l'appel des « extraits » du jour, ces prévenus à transférer à Paris, chez le juge d'instruction ou à la Cour. Passent ensuite les auxiliaires, des détenus de droit commun qui, de porte en porte, à chaque étage de la division, relèvent le nom des détenus « candidats au dentiste » et le courrier destiné aux avocats. Puis, vers 7 heures, débute la distribution du jus. La division s'emplit alors du grondement des wagonnets de « café-viandox » [1] ferraillant sur les rails qui courent le long des coursives, à chaque étage. Préparés en sous-sol, les chariots accèdent aux différents niveaux par des monte-charges. Les quelque cinq cents portes du bâtiment s'ouvrent successivement, à chaque fois dans le grincement du double tour de leur serrure ; les

1. La ration moyenne est d'un litre pour trois hommes.

détenus munis de leur quart s'ébrouent et échangent, à la faveur de la distribution, quelques mots avec ceux des cellules voisines. Un claquement puis, derechef, deux tours de clef.

Le breuvage, imbuvable les premiers jours, et la demi-boule de pain de son constituent l'essentiel du petit-déjeuner de chaque homme. Les prisonniers de l'automne 1944 reçoivent encore le pain noir et rassis laissé par les Allemands, soit quelque 300 grammes par tête et pour la journée[2]. Cette ration quotidienne, portée ensuite à 600 grammes, est ramenée à 400 grammes vers la mi-janvier 1945[3].

Les prévenus n'étant pas assujettis à un horaire fixe pour le réveil, certains, comme Claude Jamet, s'attardent jusqu'à 8 h 30 au creux de leur paillasse. D'autres se livrent, malgré l'exiguïté des lieux, à quelques mouvements de gymnastique. Vient ensuite, selon les habitudes, le moment de la toilette au-dessus de la bassine ajustée dans la lunette des sanitaires. Un ménage sommaire de la cellule conclut généralement la matinée, lorsqu'il n'a pas lieu dès le lever !

Codétenu de Claude Jamet, un commandant s'y emploie activement, chaque jour, dès 7 heures.

Jacques Benoist-Méchin partage sa cellule avec un ébéniste et le général Colson, ancien secrétaire d'État à la Guerre. Ce dernier, au grand dam de ses compagnons, est particulièrement matinal, été comme hiver. « Levé tous les matins à six heures tapant, il enjambe nos corps engourdis,

2. C'est le poids moyen relevé, en octobre 1944, par Robert Cardinne-Petit.
Robert Cardinne-Petit, *op. cit.*, p. 38.

3. Claude Jamet, *op. cit.*, p. 202.

s'avance vers la fenêtre et tambourine sur les vitres en criant à tue-tête : "Debout, là-dedans ! Debout, là-dedans ! Beau temps pour les manœuvres ! Beau temps pour les manœuvres !" »[4]
Exhortation qu'il répète invariablement chaque matin.
Jean Bassompierre, qui s'est composé un emploi du temps presque minuté, passe son plancher au cirage. Autres anciens de la Charlemagne, Léon Gaultier et Briand briquent et récurent quotidiennement leur cellule au tesson de bouteille. Pierre-Antoine Cousteau astique le plancher de sa cellule de condamné à mort avec une bouteille d'encre Waterman.
De telles activités accaparent salutairement des détenus minés par la morne répétitivité et désespérant d'être appelés à l'instruction.
Chez les femmes où les gardiennes semblent faire régner une plus stricte discipline, la cellule, comme le note Mary Marquet[5], doit être entièrement balayée dès 7 h 30.

Vers 9 heures arrivent les premiers avocats. Le hall de la division retentit alors des appels du gardien[6] qui depuis le rez-de-chaussée communique le nom du prévenu, attendu par son défenseur, et son numéro de cellule au « comptable »[7] de l'étage. Ce dernier les transmet ensuite

4. Jacques Benoist-Méchin, *À l'épreuve du temps, t. 2, 1940-1947*, Julliard, 1989, pp. 374-375.

5. Confirmation en est donnée par l'abbé Popot qui, découvrant en mai 1946, la prison des femmes, observe : « [...] Les surveillantes donnaient l'impression d'être beaucoup plus exigeantes que les gardiens et l'ensemble était terriblement froid. » Chanoine Jean Popot, *op. cit.*, p. 60.

6. Cette tâche était aussi déléguée à des détenus appelés « aboyeurs ».

7. Henry Charbonneau compare le « comptable » au fourrier de compa-

aux gardiens chargés d'ouvrir les cellules et de fouiller le détenu à sa sortie ainsi qu'à son retour des cellules du rez-de-chaussée réservées aux entretiens.

L'avocat

Rencontrer son avocat est pour le prévenu, qui vit dans les affres de sa détention et l'incertitude de son sort, un moment très attendu. Investi d'une importance souvent immodérée par des clients, à la sensibilité d'écorché vif, l'homme du barreau a tôt fait d'être vilipendé ou au contraire loué.

D'un récit à l'autre, la figure de l'avocat est en effet contrastée. Les préventions classiques contre la robe se font, en prison, plus radicales et définitives.

L'épuration, vitupère une partie des politiques, est une aubaine pour les « bavards » et Fresnes leur vivier. Ancien avocat lui-même, Xavier Vallat les accuse de « racolage auprès des malheureuses familles des embastillés pour

gnie. Le rôle de ce factotum est particulièrement important. « [...] Il loge les arrivants, s'occupe de la cantine, veille aux distributions. Sa cellule, ouverte bien entendu, est un peu le bureau de la compagnie. Le surveillant de service s'y repose ; l'aide-comptable y aligne les chiffres ; on y reçoit les nouveaux, les plaignants ; ceux qui "remontent" de l'avocat, du parloir, de l'infirmerie. [...] » Henry Charbonneau, *op. cit.*, p. 218. Un bon comptable doit être diplomate avec les surveillants. Il arrange de multiples problèmes, obtient faveurs et tolérances. Bref, l'homme doit être doué de talents multiples !

Les comptables veillaient aussi à placer les détenus nécessiteux, « non assistés », dans la cellule de prisonniers d'une certaine aisance. Les fonctions de comptable et de chef-comptable de division échoient à des politiques.

ramasser des clients, parmi des hommes qu'ils honnissent sur le plan politique. »[8]

Claude Jamet renchérit et dit du plaideur : « Quand il parle de ses "clients", ce n'est pas au sens romain, mais comme l'épicier ou le tabac du coin. »[9]

Ne lui est pas seulement imputé le caractère sordidement mercantile de ses relations avec les justiciables des cours de justice. Ceux-ci s'indignent aussi de la vénalité de maints avocats surtout préoccupés de percevoir leurs honoraires, souvent exorbitants, et de soutirer des provisions. Plus encore que l'incompétence du défenseur, au demeurant rarement invoquée, sont blâmés son absentéisme, sa désinvolture et ses négligences professionnelles. Trop rarement au fait du dossier à défendre, beaucoup de ces plaideurs fort peu consciencieux, et toujours très pressés, passent à Fresnes quand ils veulent. « Certains à l'heure de la soupe, qu'on mange froide ensuite... »

L'auteur, anonyme, des *Prisons de l'Épuration*, précise qu'il a dû, pour ces raisons, changer plusieurs fois d'avocat. Il est également de ceux qui relèvent que rares sont les avocats osant dénoncer « l'arbitraire des juridictions d'exception, l'illégalité des poursuites intentées au mépris du principe du droit français – en vertu des effets rétroactifs d'une ordonnance promulguée pour les besoins de la cause. »[10]

Enfin, certains s'irritent de cette habitude qu'ont les avocats, face à la cour et après le prononcé de la sentence, de se substituer à leur client. « [...] Quand on ramasse vingt ans de "dur" (travaux forcés), s'indigne Henry Charbonneau, ils

8. Xavier Vallat, *op. cit.*, p. 58.

9. Claude Jamet, *op. cit.*, p. 174.

10. Anonyme, *op. cit.*, pp. 64, 65.

ont le culot de remercier le président en s'exclamant "Nous les ferons courageusement"... "Nous" ! » [11]

À ce portrait exécrable, d'autres épurés opposent celui d'un homme digne d'éloges. Bien plus que ses talents professionnels, ils font valoir son humanité. Ce n'est pas le technicien du droit, l'orateur des prétoires qu'ils saluent, mais l'homme qui s'emploie, comme l'aumônier, au réconfort des détenus. Henry Charbonneau distingue « [...] ceux qui n'auraient jamais manqué de venir passer les après-midi de Noël et de Pâques à Fresnes, pour bavarder avec leurs clients afin qu'ils ne se sentent pas trop seuls. » [12]

Les prisonniers évoquant cette présence fraternelle la désigne comme le trait le plus marquant de leur relation.

« Rappelez-vous, souligne l'un de ces proscrits à l'adresse de ces anciens compagnons d'infortune, au soir de ces longues journées de cellule, quand l'accablement de l'injustice et de la solitude pesait sur vous, votre joie, quand le gâfe annonçait : parloir, avocat. Soyez juste, il n'avait souvent rien à vous dire, votre "bavard", mais il venait vous apporter le réconfort de sa présence, quelquefois de sa sympathie et de son amitié, les nouvelles de l'extérieur [...] » [13].

11. Henry Charbonneau, *op. cit.*, p. 232.
La plupart des épurés rapporte dans leur récit cette manie propre aux avocats et que Georges Lupo résume plaisamment : « J'ai toujours beaucoup apprécié la saveur du "nous" dont se servent les avocats, parlant aux clients qu'ils doivent assister. "Nous passerons en cour", ou "Nous ne risquons que les travaux forcés" ou "Nous irons à la mort courageusement". Georges Lupo, *op. cit.*, p. 18.

12. *Ibid.*, p. 236.

13. Philippe Saint-Germain, *op. cit.*, p. 68.

Dans une situation d'entière dépendance vis-à-vis de son défenseur, le prisonnier, fréquemment, s'en remet éperdument à celui-ci.
« Le prévenu, en prison, observe Claude Jamet, attend son avocat comme le malade attend le médecin à l'hôpital, avec la même confiance – jusqu'à la superstition –, le même accrochage total d'espoir, pendu à lui ; remis à lui. »[14]
À survaloriser ainsi son avocat, le détenu en vient à réagir de façon presque passionnelle à son égard. Une visite oubliée ou des parloirs plus rares sont souvent interprétés comme les indices d'un détachement, voire d'un désintérêt inavoué.
L'avocat plébiscité par les détenus est aussi leur pourvoyeur en cigarettes, journaux et livres. S'il est désigné du terme quelque peu dépréciatif de « balluchonneur », c'est surtout par les économiques et autres gros brasseurs d'affaires avec l'occupant, qui rétribuent des « avocats-bidons », « balluchonneurs en robe, qui font les commissions, apportent le tabac blond, la fiole de porto, la gourde d'eau-de-vie. »[15]
Des avocats compatissants se font aussi les messagers de détenus impécunieux auprès des familles en passant dans leur serviette lettres et photos, auxquelles s'ajoutent bien sûr cigarettes, journaux et livres.
Quelques témoignages d'épurés célèbrent aussi l'abnégation et le courage de ces hommes qui s'honorent de défendre des « maudits » dont ils ne reçoivent, souvent, que de modiques honoraires. Et, pour prix d'un tel choix, assumé sans faillir, parfois durant des années d'une procédure exténuante, essuient l'hostilité générale, compromettent leur réputation, perdent leur clientèle.

14. Claude Jamet, *op. cit.*, p. 173.

15. Henry Charbonneau, *op. cit.*, p. 235.

L'auteur très engagé d'*Article 75* et l'ancien chef milicien Bassompierre saluent ainsi la hauteur d'âme de leur défenseur, juif, ancien résistant et déporté.

Manger !

Vers 12 heures et 18 heures passe le « soupier » qui distribue à chaque prisonnier une louche de la sempiternelle soupe aux choux puisée au chaudron du wagonnet poussé sur ses rails. À son arrivée à Fresnes, Claude Jamet la trouve « [...] bonne et plus consistante qu'au Dépôt. »[16]
Elle est, trois fois par semaine, accompagnée de haricots et, une fois par semaine, d'un morceau de bœuf bouilli, nous apprend François Brigneau.
Le 22 octobre 1944, Robert Brasillach, qui n'a quitté le camp de Noisy que depuis une semaine, résume presque enthousiaste : « La nourriture y est bien meilleure (viandox le matin, soupe à midi, soupe très épaisse le soir, viande une fois par semaine). »[17]
À Noël, l'administration octroie jusqu'à 33 centilitres de nouilles et le premier janvier, la ration de carottes et de rutabagas est doublée !
L'ordinaire, aussi monotone qu'insuffisant, s'enrichit fort heureusement des provisions de bouche que le prévenu est autorisé à recevoir, hebdomadairement, de sa famille. Les prisonniers savent quels sacrifices renouvelés chaque semaine, ces quelques denrées représentent pour leurs proches, en ces années de rationnement aggravé !

16. Claude Jamet, *op. cit.*, p. 116.
17. Robert Brasillach, *op. cit.*, p. 40

En octobre 1944, la viande est rationnée à raison de 150 grammes par personne et par semaine. Son prix augmente implacablement. Au printemps 1945[18], le kilogramme s'élève à 400 francs, puis à 500 en 1946.
Quant au pain[19], la ration quotidienne, qui était de 250 grammes par Parisien à la Libération, est réduite à 200 grammes en 1947. Son prix augmente de façon exorbitante : de janvier à septembre 1947, le kilogramme passe de 11 francs à 24 francs !

Comme la première lettre et la première visite, le premier colis est un moment d'incomparable émotion ! L'administration pénitentiaire consent au général Pinsard, deux mois après son incarcération, que sa femme lui remette le sien.
C'est au rez-de-chaussée de la division que les détenus attendent en une longue file de percevoir leur colis hebdomadaire de 3 kilogrammes[20] déposé par la famille la veille, lors de la visite au parloir. Mais auparavant, il sera impitoyablement vidé, obstinément fouillé, minutieusement déchiqueté et sondé par des gardiens à la recherche de tout objet prohibé par le règlement : briquet, miroir, montre, lime à

18. Dans son *Journal depuis la Libération*, Jean Galtier-Boissière consigne à la date du 3 avril 1945 : « Au marché noir, la viande est maintenant cotée 400 francs le kilo et l'œuf 20 francs pièce ! ».
Le 14 avril 1945, il ajoute : « Huit mois après la Libération, on donne cette semaine 60 grammes de viande – ce qui ne s'était jamais vu sous l'occupation – et il n'y a pas eu de distribution de beurre depuis deux mois ! »

19. Jean Galtier-Boissière vitupère la fermeture, en août 1947, des boulangeries et des boucheries, respectivement trois et cinq jours par semaine. (Jean Galtier-Boissière, *Mon Journal dans la drôle de pagaïe*, La Jeune Parque, 1948, p. 137.

20. À la même époque, les droits communs détenus à la Santé ont droit à un colis hebdomadaire de cinq kilos, et peuvent recevoir des cigarettes.

ongles, fourchette, couteau, mais aussi livres, lettres, médicaments, allumettes et cigarettes. Les détenus ne sont, en effet, autorisés à fumer que le tabac distribué chaque décade par l'administration pénitentiaire !

Silencieux, muet d'une indignation douloureusement contenue au spectacle de ce saccage méthodique, le prisonnier regagne sa cellule avec dans sa couverture son colis en vrac.

Selon un usage, auquel peu dérogent, les codétenus mettent en commun, « à la masse », les vivres reçus. Si le ravitaillement familial fait défaut à un ou deux d'entre eux, ce partage solidaire n'assure plus qu'un maigre complément alimentaire à chacun. Mais que tous soient approvisionnés et c'est alors bombance !

Claude Jamet, à Fresnes depuis à peine huit jours, note avec une satisfaction repue : « Nous avions reçu tous les trois des colis ; le garde-manger, sur le rebord de la fenêtre, était plein. Nous avons fait, pour une fois, un vrai repas, un festin avec viande, fromage, cake aux confitures, eau sucrée ; une Camel pour finir. »[21]

Le niveau de ressources des pourvoyeurs, bien sûr, a aussi toute son importance. Le 19 janvier 1945, alors que la pénurie est générale, Claude Jamet se félicite que l'un de ses deux compagnons de cellule soit encore ravitaillé, même en moindre quantité : « Nos repas sont succincts, mais – grâce aux colis capitalistes du camarade Chastel – soignés et délicats. Après la soupe maison (choux et carottes déshydratés), nous avons un morceau de rôti ou de corned-pork, une tranche de cake, une pomme. Je prépare les cocktails au

21. Claude Jamet, *op. cit.*, p. 127.

sucre. Chastel fait circuler les bonbons de chocolat [...] et les Philip Morris. »[22]

Au sommet de cette hiérarchie, règnent les « économiques », souvent des entrepreneurs associés à la construction du mur de l'Atlantique ou d'anciens munitionnaires de l'armée allemande. Approvisionnés régulièrement en denrées de choix, et ayant un train de vie qu'anciens ministres et hauts fonctionnaires n'atteignent pas, ils dédaignent de se lever pour le café de la prison ou toute autre distribution.

Aux plus démunis, ceux qui ne reçoivent aucune aide extérieure et qui représentent selon Henry Charbonneau un tiers des prisonniers, la Croix-Rouge et les Secours Quakers allouent aussi des rations.

Néanmoins, le régime alimentaire des détenus s'avère, d'une façon générale, insuffisant et carencé. Les jeunes, particulièrement, en ressentent les effets.

La faim même a sévi à Fresnes, lorsque sa troisième division était régentée, du 25 août au 18 octobre 1944, par les FFI. Ces semaines d'une disette, certes bien plus durable pour la plupart des Français, furent d'autant plus pénibles pour les détenus qu'elles s'inscrivaient dans un contexte de représailles exercées par les FFI-FTP. Aux séquestrés et aux suspects qui leur arrivaient massivement des geôles privées et de Drancy, ils imposèrent, durant près deux mois, un régime de terreur. Miliciens et légionnaires de la LVF étaient leurs victimes de prédilection ; affamés, suppliciés, battus le jour et la nuit. Le hall retentissait alors de leurs hurlements et des coups des FTP. Pierre Hamp rapporte l'effroyable tapage nocturne que lui-même et son codétenu observaient, fasci-

22. *Ibid.*, p. 202.

nés, terrifiés, par l'œilleton de leur porte[23]. Déjà informé de cette sinistre époque par l'aumônier de la prison, Claude Jamet recueille dans l'intimité du panier à salade le témoignage d'un ancien[24] sur ces quelque huit semaines d'épouvante, si souvent omises de l'historiographie officielle.

Les premières semaines de la Libération, les FFI n'avaient pu faire face à l'afflux des suspects massivement arrêtés. L'intendance n'avait pas suivi. Les distributions aux détenus de la troisième division étaient donc très insuffisantes et irrégulières.

Deux jours durant, ce fut même la diète imposée. Aux hurlements de protestation des affamés, les soldats avaient répondu par des tirs d'intimidation. La Croix-Rouge put distribuer « biscuits, confitures et chocolats ».

Pierre Hamp se souvient, un jour de promenade dans une courette prévue à cet effet, avoir vu « un jardinier en sabots, encore vêtu du tablier bleu qu'il portait au moment de son arrestation [...] »[25]. Celui-ci explorait la végétation au pied des murs et, trouvant deux escargots, les goba. Puis, déracinant un pissenlit, le croqua.

Pierre Hamp observe aussi, sur le chemin du retour aux cellules, des jeunes qui, tenaillés par la faim, fouillent furtivement l'amas des rogatons jetés des cellules abondamment approvisionnées.

Progressivement, la situation sur le plan alimentaire revient aux normes pénitentiaires ordinaires ; des rations parcimonieuses mais ponctuellement servies, et que peuvent avantageusement compléter les colis hebdomadaires. À ceux-ci

23. Pierre Hamp, *op. cit.*, p. 107.

24. Claude Jamet, Fifi roi, *op. cit.*, p. 149.

25. P. Hamp, L'Éternel, *op. cit.*, p. 122.

s'ajoutent, pour les moins impécunieux, les produits et articles vendus au noir à l'intérieur de la prison. Fresnes abrite un marché noir endémique, alimenté dès la dernière semaine d'août 1944 par les FFI-FTP préposés à la fouille des colis. Les cigarettes, tout particulièrement, sont confisquées puis revendues au prix fort aux détenus. Chez ces derniers, fumeurs d'autant plus intempérants que l'ennui est souverain, la cigarette est en effet la référence absolue, l'étalon incontesté. Tout s'apprécie à l'aune de la cigarette. Tout se convertit en cigarettes, même la complaisance des gardiens. Une seule suffit à obtenir du « soupier » double ration. Pièce, la Gauloise vaut, courant septembre 1944, 20 francs, l'équivalent du salaire horaire d'un manœuvre. Comme au Dépôt, le paquet se vend alors, en moyenne, 300 francs, soit environ le double de son prix public. Derrière « les hauts murs », sa valeur croît rapidement et atteint dès le début de l'année 1945, 450 puis 500 francs[26]. Fin décembre 1944, début 1945, la boule de pain est troquée contre cinq Gauloises. Dans sa lettre du 10 janvier 1945, Robert Brasillach confie à Maurice Bardèche que l'on peut changer de « cellule au même étage contre trois paquets de cigarettes – et le paquet vaut 450 francs au marché noir d'ici. »[27]

Lire durant une demi-heure les journaux procurés clandestinement par le plombier, de droit commun, coûte deux cigarettes aux politiques. À ces derniers, les droits communs chargés des tâches journalières « proposent, en douce, des

26. Les quelques indications de prix du tabac relevées dans les récits des épurés ne concernent que les années 1944 et 1945.

27. Robert Brasillach, *op. cit.*, p. 156

confitures à 400 francs le kilogramme ; une demi-boule de pain, 50 [...]. »[28]

Deux ans plus tard, la demi-boule vaut, au cours de la prison, deux cigarettes, la lettre à faire poster par un intermédiaire 10 à 20 cigarettes et un chandail deux paquets. Camel et Lucky Strike, parachutées à la Résistance puis introduites par les soldats alliés, sont particulièrement prisées, mais bien plus rares que les habituelles Caporal ordinaires.

Les cours en vigueur à Fresnes auraient sans doute été plus élevés encore s'il n'y avait eu, au sein de la prison, une distribution réglementaire de tabac tous les dix jours. Mais la plupart des détenus ont tôt fait d'épuiser ce complément et vivent dans l'attente obsessionnelle de la « décade » qui revient dans plusieurs récits. Certains, en état de manque, en viennent à fumer la bourre de leur paillasse.

Composée essentiellement de pain, de légumes et de féculents, l'alimentation ordinaire du prisonnier a pour autre caractéristique d'être rarement servie à bonne température[29]. Mais au désagrément de la soupe ou du jus servis à peine tiède et des denrées, bien sûr toutes froides, des colis, supplée l'ingéniosité des détenus. Ceux-ci, contrevenant au règlement, fabriquent clandestinement un « gazo ». Ce petit réchaud, composé de vieilles boîtes de conserves, équipe en toute discrétion la plupart des cellules. Alimenté avec des

28. Claude Jamet, *op. cit.*, pp. 126-127. À la mi-décembre 1944, la Gauloise vaut, à Fresnes, 20 francs.

29. À Noël 1944, Robert Cardinne-Petit remarque : « On nous a servi une gamelle d'eau de nouilles. Elle avait du moins un mérite inhabituel cette eau de nouilles, elle était chaude. » (Robert Cardinne-Petit, *op. cit.*, p. 75.)

tablettes de métaldéhyde, des papiers et des cartons, il permet, avec moult précautions pour se cacher du gardien, de réchauffer les aliments et de faire bouillir l'eau du café. Au quatrième étage de la première division, quelques « éminences » du défunt régime de Vichy disposent d'un gazo fonctionnant au moyen d'une dérivation de la ligne électrique. Même tiédie, la soupe aux choux, servie midi et soir, n'est pas sans effet sur l'organisme des prisonniers. Ceux-ci se relaient sur le siège, sans intimité possible. Seuls quelques « économiques » ont pu se procurer un petit paravent pliable. Ralph Soupault, témoin naturaliste de Fresnes, explique qu'après quelques jours de cohabitation, un ordre de succession sur le « trône » s'instaure en fonction du transit intestinal de chaque codétenu.

L'espace si mesuré de la cellule a tôt fait d'imposer à la micro-communauté de ses occupants une stricte règle de vie, une discipline collective. Exploitation de la moindre surface, assignation d'une place à chaque objet dont se peuple peu à peu la cellule, coordination des gestes, rotation des activités. Tout doit s'ajuster aux dimensions d'un cadre de vie au sein duquel le détenu ordinaire passe la majeure partie de son temps. L'hiver venu, celui de 1944-1945 est cruellement froid, tous les détenus de la prison, privée de chauffage, doivent tourner des heures durant, dans le même sens, pour lutter contre des températures de – 10 à – 15 °C. Cette ronde martelée sur le plancher, aussi bruyante qu'abrutissante, devait hanter longtemps la mémoire des prisonniers.

Autre fléau, l'humidité chronique des lieux, entretenue par les bas-fonds marécageux de Fresnes.

Le ruissellement presque continuel des murs et du plafond oblige à ouvrir la fenêtre malgré le froid flagellant et à éponger l'eau recueillie dans la rigole de céramique au périmètre du plancher. Mais la nuit, les écoulements inondent les paillasses étendues sur le sol. Remugles de litière humide, exhalaisons fétides du siège d'aisance, relents de tabagies et de fricot composent l'odeur dont la cellule, dans la succession des générations de prisonniers, s'est à jamais imprégnée.

Communiquer

À l'exiguïté et à l'inconfort extrême de la cellule s'ajoute la morne répétitivité des journées que rythment la distribution des soupes de midi, de 18 heures et l'extinction des feux vers 20 h 30, voire 20 heures[30]. Les nuits paraissent donc d'autant plus longues. Surtout en hiver et lorsque les coupures d'électricité se multiplient dans une France industriellement exsangue. Ces veillées imposées sont alors propices aux longues conversations entre codétenus qui revivent les soirées de dortoir de leur jeunesse d'internes. L'obscurité libère la parole et incite aux confidences. Expériences, conseils, souvenirs et savoirs s'échangent ainsi au fil de ces mois de confinement nocturne. Henry Charbonneau se félicite de l'érudition d'un codétenu qui dispense leçons d'histoire et de sciences politiques.

La claustration cellulaire exacerbe ce besoin de communiquer qui revêt de multiples formes et emprunte différents moyens, connus de toujours des droits communs et des gardiens. Ainsi, en frappant le mur, ou la gaine du chauffage, de sa cuillère, le prisonnier peut dialoguer en morse avec les

30. Durant le très bref séjour qu'il fit en division, avant d'être admis à l'hôpital de la prison, Xavier Vallat note le 31 décembre 1944, que le couvre-feu est imposé dès 19 heures. « La nuit serait interminable, si un magnifique clair de lune ne permettait de prolonger la veillée. » (Xavier Vallat, *op. cit.*, p. 44.)

cellules contiguës. Échanges souvent des plus sommaires que résume Claude Jamet : « D'une cellule à l'autre, on essaie de communiquer en morse par la muraille ; de communiquer quoi ? Rien, seulement qu'on est là, et les autres à côté. »[31]

La façon la plus simple d'entrer en relation avec ses voisins consiste à leur « téléphoner », c'est-à-dire à les apostropher, tout simplement, par la fenêtre... grande ouverte, aux heures où les surveillants sont requis loin des étages.

C'est également par la fenêtre que, chaque début d'après-midi, Claude Jamet, reprenant une habitude prise au Dépôt, tonitrue, non sans risques, son émission d'information de « Radio-Fresnes »[32] qu'il prépare comme une revue de presse, à partir des journaux que lui procurent clandestinement, et contre cigarettes, le plombier-droit commun ou d'autres détenus. « Radio Fresnes » connaît un réel succès[33] que rapportent plusieurs épurés dans leurs mémoires. Claude Jamet est libéré le 11 février 1945. « Radio Fresnes » lui survit. Sans doute la tradition connaît-elle quelques hiatus. Mais, arrivé en juillet 1945, et fusillé le 13 octobre 1945, Jean Hérold-Paquis reprendra le relais en diffusant, chaque midi, son éditorial, qu'il conclut, invariablement, par sa fameuse prophétie : « Et l'Angleterre, comme Carthage, sera détruite ! »

31. Claude Jamet, *op. cit.*, p. 122

32. Sous l'occupation, les informations circulant à voix basse, de cellule à cellule, alimentaient ce que les prisonniers appelaient déjà « Radio-Fresnes ».

33. Encouragés par le succès de « Radio-Fresnes », Claude Jamet et l'un de ses codétenus lancent également « le Canard enfresné », une émission hebdomadaire, humoristique, à deux voix.

Les générations de « speakers » se succèdent. Ainsi, le 21 janvier 1946, Xavier Vallat apprend de « Radio Fresnes » la démission, deux jours plus tôt, du général de Gaulle de la présidence du Gouvernement provisoire. Perpétuant la tradition, à sa façon, Lucien Rebatet, dans l'attente de sa grâce, les chaînes aux pieds, lance à partir de mars 1947 et pour le plus grand plaisir de ses voisins de division, son émission-canular : « Radio Q », dont la grivoiserie et la salacité sont un défi à l'adversité et à la Camarde.

En certaines occasions solennelles, la fenêtre de la cellule tient lieu de chaire d'où sont déclamés, à pleine voix, des messages posthumes : les poèmes de Robert Brasillach ou la lettre d'adieu de Darnand à ses Miliciens.

C'est aussi de sa fenêtre que, le soir du 24 décembre 1944, Tino Rossi, cédant aux sollicitations de la deuxième division, aurait consenti à chanter, une seule fois, *Ave Maria*. Longtemps, la mémoire collective de Fresnes conserva le souvenir de cette interprétation unique, à tous égards.

Cette communication orale à tous propos s'accompagne non moins fréquemment de l'envoi d'aliments, de cigarettes, journaux, romans, d'une cellule à une autre au moyen du « téléphone » ou de la « camionnette ». Une ficelle qui, passée entre les barreaux et lestée du paquet à faire passer ou d'une boîte de conserve vide, permet par un mouvement de balancier bien ajusté d'atteindre les fenêtres voisines. C'est ainsi que circulent en tous sens les poèmes de Brasillach, le texte pionnier du bâtonnier Fernand Payen en défense des épurés, ou des messages personnels. Verticalement, d'un étage à l'autre, la transmission s'effectue plus simplement encore. Le procédé toutefois échappe à certains. De jeunes voyous détenus sous la cellule de Pierre Laval, fumeur au dernier degré, quémandent auprès de celui-ci des cigarettes. L'ancien président du Conseil accepte volontiers, mais leur demande comment les faire passer. « Par la ficelle, eh, vieux con ! » s'entend-il répondre[34].

Échapper, aussi souvent que possible, au huis clos d'une cellule d'une surface moyenne de quelque 11 mètres carrés, où l'on doit cohabiter à trois, sinon à quatre, reste l'obsession de la majorité des détenus. Ceux-ci ne bénéficient pas des avantages consentis aux justiciables de la Haute Cour. En effet, ces quelques dizaines de prisonniers, regroupés au dernier étage de la première division, ont vue, du côté nord-ouest, sur les champs, les arbres et les collines. À l'horizon qu'empourpre le soleil couchant, ils distinguent même la Tour Eiffel. Ces éminences disposent même d'une cellule individuelle qu'ils peuvent, s'ils le souhaitent, partager avec quelqu'un de leur choix. De surcroît, liberté leur est consentie de déambuler, quelques heures par jour, au long des coursives et de converser avec leurs voisins d'étage.

Lorsque, de la coursive, le gardien éteint, à l'heure du couvre-feu, l'ampoule électrique de la cellule et que l'obscurité ensevelit peu à peu les détenus, les puissants projecteurs de la surveillance plaquent, par dizaines[35], des barreaux au plafond, sur les murs et les dormeurs. En légende d'une lithographie intitulée *Nocturne*, Rio écrit : « [...] Voilà que, par la magie d'une fantasmagorie électrique, les neuf barreaux surgiront à nouveau, multipliés, agrandis, prodigieusement étirés, projetés de toute part, le long des murs, au plafond, par des lampes de veille installées au-dehors. La

34. Cette anecdote est rapportée par Jean Galtier-Boissière. Le directeur du *Crapouillot* la tenait de Youki Desnos qui était l'assistante d'un chirurgien de Fresnes. (Jean Galtier-Boissière, *Mon Journal dans la drôle de paix*, Éditions de La Jeune Parque, 1945, p. 26.)

35. Georges Lupo en compte jusqu'à cent quatre !

lune elle-même se plaît à les dessiner sur le sol de la cellule. Et celle-ci prend ainsi l'allure d'une cage fantastique, gigantesque [...] »[36].

La vie du détenu « ordinaire » n'est cependant pas celle du prisonnier au secret.
Le parloir hebdomadaire, la remise du colis par les gardiens, dans le hall, la messe dominicale, les visites de l'avocat, l'appel au service social de la division, les « extractions » pour comparution devant le juge d'instruction du Palais de Justice ou de la rue Boisssy d'Anglas, la douche et la promenade sont autant d'occasions, prévues par le règlement pénitentiaire, à la faveur desquelles il peut changer de cadre, entrevoir ses proches, rencontrer d'autres compagnons d'adversité, échanger informations, « bidons » et « tuyaux ».

La promenade

La promenade est l'un de ces moments d'intermède, mais trop rares ou trop brefs au gré des intéressés. Sa fréquence et sa durée, les épurés en témoignent, varient selon la saison, l'humeur, et surtout la disponibilité des gardiens. Ceux-ci, en nombre très insuffisant[37] face à la surpopulation carcérale des deux premières années, ne peuvent pas non plus déléguer la surveillance des prisonniers aux supplétifs que sont les droits communs assurant des services internes.

36. Rio, *op. cit.*, p. 68.

37. « Dans chacune des divisions, qui comptent 508 cellules sur quatre étages, il y a six surveillants la nuit, quatorze le jour. » (Bénédicte Vergez-Chaignon, *op. cit.*, p. 137.)

Ces moments à ciel ouvert sont donc d'une fréquence et d'une durée très irrégulières. À l'automne 1944, le général Pinsard bénéficie d'une heure de promenade devenue quotidienne[38]. En hiver 1944, celle de Jacques Benoist-Méchin est hebdomadaire[39] alors que Robert Cardinne-Petit, à la même époque, prend l'air deux à trois fois par semaine[40]. L'un et l'autre ne précisent pas pendant combien de temps. Claude Jamet, arrivé le 30 novembre 1944, n'a droit, durant ses deux premières semaines, qu'à deux promenades « sous la pluie » d'un quart d'heure chacune[41].

Fin 1944, l'auteur des *Prisons de l'Épuration* mentionne la promenade quotidienne[42], d'une demi-heure, organisée au début de l'après-midi. En 1946, les prisonniers, précise Rio, ne sortent qu'une demi-heure à la mauvaise saison, mais jusqu'à deux heures aux beaux jours[43]. Un an plus tard, à l'époque de Jean Bassompierre, ce régime reste inchangé. Le nombre des détenus appelés à la promenade, d'une demi-douzaine à quarante, paraît, lui aussi, varier en fonction de celui des gardiens disponibles. Car les espaces aménagés pour ces sorties ne manquent pas. Au pied de chaque division s'alignent deux séries de quinze courettes contiguës réservées aux promenades. Chacun de ces préaux se réduit, invariablement, à un rectangle de pelouse encadré d'un étroit sentier dallé et clos de murs hauts de 3 mètres.

38. Général Armand Pinsard, *op. cit.*, p. 253.

39. Jacques Benoist-Méchin, *op. cit.*, p. 376.

40. Robert Cardinne-Petit, *op. cit.*, pp. 42,43.

41. Claude Jamet, *op. cit.*, p. 134.

42. Anonyme, *op. cit.*, p. 69

43. Rio, *op. cit.*, p. 12.

Celui du fond est surmonté d'une galerie où se tient une sentinelle. Par temps maussade, les prisonniers ne peuvent guère que parcourir le chemin longeant les murs. Mais, aux premiers rayons, la courette s'anime des conversations, des parties de cartes plus ou moins discrètes mais souvent tolérées, et des jeux de ballon au moyen d'un simple balluchon de vêtements. D'autres détenus préfèrent la lecture ou s'exposer au soleil. L'agrément de ces sorties « au détail » ou « en demi-gros » doit aussi s'apprécier par rapport à la surface de ces courettes, dont on constate d'après les photos et les dessins qu'elles sont toutes identiques. Or, si les épurés s'accordent sur la description du préau, ils divergent notablement quant à ses dimensions.

Ainsi, avons-nous, à partir des longueurs et largeurs indiquées, relevé sept surfaces différentes, variant de 18 mètres carrés à 300 mètres carrés[44] ! Force est de noter cette disparité, saisissante, qui paraît avoir échappé à Bénédicte Vergez-Chaignon ; celle-ci faisant sommairement état d'un préau « d'une trentaine de mètres carrés »[45] et des « sempiternelles

44. – 18 m² « [...] un cube de six mètres de long sur trois de large, sous trois mètres de hauteur de mur ». Chanoine Popot, *op. cit.*, p. 59.
– 20 m² « Chaque préau, de quatre mètres sur cinq mètres [...] » Noémie Hany-Lefebvre, *op. cit.*, p. 32.
– 30 m² « courettes de cinq mètres sur six [...] » Georges Lupo, *op. cit.*, p. 39.
– 32 m² « quatre mètres par huit mètres » Jean Basssompierre, *Frères ennemis*, p. 205.
– 36 m² « [...]une cour de six mètres sur six mètres environ. » Mary Marquet, *op. cit.*, p. 177.
– 40 m² « [...] c'est un rectangle d'environ huit mètres sur cinq [...] » Jacques Benoist-Méchin, *op. cit.*, p. 375.
– 300 m² « [...] de petites cours de vingt mètres sur quinze [...] » Général Armand Pinsard, *op. cit.*, p. 253.

45. Bénédicte Vergez-Chaignon, *op. cit.*, p. 125.

promenades dans les cours en camembert [...] »[46] ; ces dernières n'apparaissant dans aucun des récits étudiés ! Comment le périmètre du préau, même mesuré en pas, peut-il accuser, d'un récit l'autre, de tels écarts ? Pareille diversité, déjà constatée au sujet des dimensions de la cellule, doit-elle conduire à récuser toute donnée chiffrée relative à l'espace carcéral et à sa population ? Faute de pouvoir trancher à partir du plan des divisions et de leurs dépendances, on retiendra donc cette multiplicité, insoupçonnée, dès lors qu'il s'agit de mesures. Elle fait valoir toute la subjectivité du témoignage, sa fragilité, et la part prédominante de la sensibilité du prisonnier qui semble déterminer, chez celui-ci, une vision singulière, un angle personnel sous lequel la réalité lui apparaît.

Le parloir

Plus attendue encore du prisonnier que la promenade, la visite hebdomadaire ! Il s'y prépare avec ferveur, soigne sa mise, se fait raser par le coiffeur de la prison, empaquette son linge sale à blanchir par la famille et se munit d'une liste pense-bête tant il a à lui dire. L'ordre alphabétique des écroués détermine leur jour de parloir[47]. Mardi et jeudi,

46. *Ibid.*, p. 162.

47. Les jours de parloir varient selon les témoignages. Claude Jamet, en cellule à la deuxième division, reçoit la visite de sa femme un vendredi 8 décembre 1944, tandis que l'un de ses compagnons, dénommé Tassin, a entrevu la sienne un lundi. Mais les jours les plus souvent mentionnés sont le mardi et le jeudi. François Brigneau, enfermé à la première division, en octobre 1944, note le mardi « pour lui » et le jeudi comme jour de visite aux détenus « qui, par l'initiale de leur nom appartiennent à la deuxième moitié de l'alphabet » (François Brigneau, *op. cit.*, pp. 38, 63.) Geneviève

respectivement pour les initiales de leur patronyme appartenant à la première et à la seconde moitié de l'alphabet. À l'appel de son nom qui retentit dans la nef centrale de la division, le détenu dévale l'escalier et se rend au sous-sol. Dans un local tout en longueur, des gardiens vont et viennent entre deux alignements opposés de quatorze cabines finement grillagées destinées au prisonnier et à son visiteur. La résille métallique de ces cages ternit lugubrement le visage. Le tumulte assourdissant des voix empêche tout dialogue. « [...] Les visites eurent lieu dans une invraisemblable cacophonie, où les paroles de tendresse étaient dites sur le ton de la plus violente engueulade, et où on s'entendait à peine » constate Robert Brasillach[48]. L'échange se réduit à des interjections, des cris, des quiproquos, à un tohu-bohu qui rend bien dérisoire la censure, par les surveillants, des propos relatifs aux affaires des prisonniers. « Nous avons hurlé nos confidences, comme les autres, car ce "parloir" de prison [...] est plutôt un "gueuloir" »[49], constate tristement Robert Cardinne-Petit. Certains renoncent à se parler. Sourires et regards sont leur langage.

Maugis précise à propos des notabilités regroupées au quatrième étage de la première division : « Le mardi est le jour de la première partie de l'alphabet : Albertini, Allot, Benoist-Méchin, Béraud, Brasillach, Bonnafous, de Brinon, Chack, Combelle, Darnand... » Geneviève Maugis, *Mon demi-frère, Robert Brasillach*, La Pensée Universelle, 1981, p. 22. Ralph Soupault, de la première division, explique, en 1946, « Du mardi au mardi (de A jusqu'à L), du jeudi au jeudi (de L jusqu'à Z), des milliers d'hommes ont attendu cette minute [...]. » (Rio, *op. cit.*, p. 22.) Cette répartition demeure inchangée en 1947, comme en témoigne Georges Lupo (Georges Lupo, *op. cit.*, p. 47.)

48. Robert Brasillach, *Écrits à Fresnes*, p. 97.

49. Robert Cardinne-Petit, *op. cit.*, p. 81.

Le temps de ce face à face, limité à moins d'un quart d'heure, va bientôt expirer. Le tue-tête s'exaspère, s'emballe et s'achève abruptement au coup de sifflet intimant le retour aux cellules. Un gardien miséricordieux permet parfois à un prisonnier d'étreindre, promptement, l'épouse ou l'enfant au sortir de leur cage. Cette dizaine de minutes, consentie à la famille, contraste cruellement avec les heures de voyage et d'attente imposées aux parents du détenu. De quatre à six heures pour un simple aller.

À la Croix de Berny, les familles doivent descendre du train puis, chargées de leur colis, parcourir, jusqu'à la prison, 2 kilomètres à pied, par tous les temps. Mais que surviennent l'une de ces grèves à répétition qui, notamment en juin 1947, affectent notamment les transports, et le trajet doit s'accomplir à vélo... Lorsque les jours de parloir ne sont pas supprimés. Geneviève Maugis, la demi-sœur de Robert Brasillach, rappelle de quelle patience se paye ces quelques minutes d'entrevue : « En arrivant à 9 heures, nous pouvons espérer passer dans le parloir à 15 heures. »[50]

Et quel n'est pas le désarroi de la mère ou de l'épouse qui apprennent au terme de ces heures de piétinement que le fils ou le conjoint a quitté Fresnes la veille pour une centrale !

C'est debout, sous la pluie, le soleil ardent ou dans le froid flagellant de l'hiver 1944-1945 que les proches endurent cette attente à la porte de la prison, conspués au long du boulevard par un public vindicatif[51], puis accablés des sar-

50. Geneviève Maugis, *Mon demi-frère Robert Brasillach*, p. 22.

51. « Il paraît que les premiers temps, des gens de Fresnes ou d'ailleurs, faisaient la haie sur le passage des femmes de collabos pour les huer, ou leur cracher dessus, ou leur jeter des pierres. Avec l'hiver est venue l'indifférence, et il fait si froid que personne ne sort pour son plaisir. » Dominique Jamet, *Un petit Parisien*, Flammarion, 2000, p. 214.

casmes haineux de certains gardiens. Des amitiés se nouent alors entre les mères et les épouses des réprouvés. Dans la file des visiteurs qui s'étire le long du boulevard « de la Liberté », personnalités du monde du spectacle et de la politique ne manquent pas, en ces premiers mois de l'épuration.

Gaby Morlay l'actrice de cinéma, toujours très appréciée des détenus, rend visite à son futur époux Max Bonnafous, qui fut ministre de l'Agriculture et du Ravitaillement. À ses côtés, le grand comédien Jules Berry marié avec Josseline Gaël, écrouée à Fresnes en raison de ses fréquentations du côté du PPF. On remarque aussi, pour son inaltérable longanimité, la vieille mère de l'ancien secrétaire d'État aux Rapports franco-allemands, Jacques Benoist-Méchin[52].

Geneviève Maugis se souvient aussi de Madame Albertini, au comble du désespoir après la mort de son jeune fils et ne sachant comment apprendre à son mari le décès de leur enfant. Un peu plus loin, attendant également son tour, la secrétaire de l'ancien collaborateur de Marcel Déat. La présence simultanée de l'épouse et de la secrétaire, venues pour le même homme, fait parfois peser un malaise empreint d'une sourde hostilité entre les deux femmes. Fernand de Brinon, subissant jusqu'à sa mort l'ascendant de sa secrétaire et maîtresse, Simone Mittre, refusa de recevoir son épouse, Lisette ; lui évitant ainsi l'humiliation d'une rencontre avec sa rivale.

Pour certains détenus conscients de leur déchéance physique et désireux d'épargner à leur famille une journée aussi longue que frustrante, le parloir est une épreuve trop pénible

52. « Oui, on se fait des relations, j'imagine, dans les "queues" de Fresnes ! Tu [mère de Robert Brasillach] es rentrée avec les Flandin, Suzanne [sœur de Robert Brasillach], l'autre jour est revenue avec Madame Benoist-Méchin (la mère) [...]. » Robert Brasillach, *op. cit.*, p. 212.

à laquelle ils préfèrent renoncer. D'autres n'ont pas ce choix. Jean Bocognano[53] rapporte le cas de ces prisonniers qui attendent parfois depuis deux ans qu'un juge d'instruction leur soit assigné, un avocat commis et un motif d'inculpation signifié, et qui n'ont droit ni aux colis ni aux parloirs.

La religion

La messe est un autre moment d'émotion vécu par les détenus pénétrés d'un sentiment religieux et par ceux qui, sous l'influence de leur nouvelle existence, s'éveillent à la foi. Mais pour maints écroués, l'office dominical est surtout une occasion supplémentaire d'échapper une heure, au moins, à l'exiguïté oppressante de la cellule et à une cohabitation devenue, parfois, insupportable. Nombre d'épurés en conviennent. Claude Jamet le dit tout net : « J'ai été, ce matin, à la messe à peu près comme je serais allé aux douches, chez le dentiste, au cinéma, au diable, ou n'importe où, simplement parce que pour y aller on sort de la cellule. [...] »[54]

Le nombre de « pratiquants » atteste le succès de cette sortie à laquelle s'inscrit donc régulièrement Claude Jamet. Le principe en vigueur est d'abord d'un dimanche par étage, puis par division. Il s'agit alors du plus important déplacement de détenus au sein de la prison. À l'appel tonitruant lancé par « l'aboyeur », repris par l'auxiliaire d'étage, les prisonniers, ensommeillés, habillés à la hâte, ou achevant leur petit déjeuner, se rangent le long des coursives entre les deux rails.

53. Jean Bocognano, *Quartier des fauves*, pp. 42, 43.

54. Claude Jamet, *op. cit.*, p. 187.

« Un millier d'hommes, indique l'auteur anonyme des *Prisons de l'Épuration*, défilent, en bon ordre, par rangée de deux, groupés par petits paquets de vingt [...]. »[55]
La colonne, accompagnée des gardiens et de l'aumônier, emprunte le couloir central[56] jusqu'à la chapelle. Celle-ci, située à l'extrémité du domaine pénitentiaire, derrière la troisième division et face au bâtiment du mitard, abrite deux cents cinquante « boîtes à prière », disposées en gradins[57] et se déployant en un ample amphithéâtre parcouru d'escaliers. Destinées aux prisonniers, ces guérites, comparées à des tonnes ou des cabines de souffleur, sont pourvues d'un guichet à hauteur de visage, ne laissant apercevoir, en contrebas, que le prêtre sur son estrade-autel, encadré de gardiens recrus d'ennui ou somnolents. Tapis dans la pénombre de leur cahute et semblant scruter l'horizon à l'affût d'un gibier de passage, les détenus rappellent des chasseurs à la palombe. À leurs pieds se tient la chorale, exclusivement composée des policiers des anciennes brigades spéciales de la préfecture de police. La salle aux fenêtres ogivales et dépourvues de barreaux, est, malgré quelques fresques, d'une austérité toute pénitentiaire. Vers 1947, des prisonniers complèteront la décoration de nouveaux

55. Anonyme, *op. cit.*, p. 73.

56. Commentant la photo du couloir central, illustrant son livre, Georges Lupo écrit « [...] Au plafond, un splendide lustre ? Non, des bombes à gaz à déclenchement automatique. » Les déplacements massifs occasionnés par la messe pouvaient effet faire craindre à l'administration troubles et mutineries.

57. La disposition étagée des guérites qui ne laissent apparaître que le visage des détenus fait écrire à Ralph Soupault « Entassées les unes audessus des autres, comme coupées au ras du sol, les têtes des prisonniers [...] » (Rio, Fresnes, *op. cit.*, p. 62.)

sujets religieux[58]. Les détenus, trop nombreux, sont enfermés, par deux, voire trois, à clef, dans chacune de ces cabines prévues à l'origine pour une personne. D'une exiguïté extrême, plongées dans la pénombre, mal ventilées, ces casemates aux parois elles aussi constellées de graffiti imposent aux prisonniers les conditions d'inconfort extrême des placards de la voiture cellulaire, de la cabine d'isolement et de la guérite pour les « extraits ». Robert Cardinne-Petit, mortifié d'être traité ainsi, exhale son indignation : « On subit comme un malaise, l'impression d'étouffer, d'être en prison dans sa prison. On éprouve une douloureuse contrainte physique et morale à suivre l'office, placé dans une telle condition d'humiliation et de sottise. Les voix priantes qui répondent aux psalmodies du prêtre montent, assourdies et mystérieuses, de cette gigantesque menuiserie. [...] Dieu lui-même semble être placé sous mandat de dépôt ! »[59]
Sont toutefois dispensés de « boîtes à prières » les excellences de Vichy, de la Haute Cour, les vieillards cacochymes et les infirmes qui se tiennent tout en haut de l'amphithéâtre.
Le nombre des pratiquants occasionne, à partir de 8 h 30, jusqu'à quatre offices par dimanche. La messe de Noël 1947 draine près de deux mille détenus qui trouvent difficilement place dans la chapelle.
La messe est aussi dite dans la chapelle de la division, aménagée dans une cellule du rez-de-chaussée. Les fidèles,

58. L'abbé Popot écrit que Ralph Soupault compléta, dans la nuit du 24 au 25 décembre 1948, la décoration de la grande chapelle. Le célèbre caricaturiste, au talent unanimement reconnu, était le portraitiste des gardiens. Il disposait, par faveur spéciale, d'une cellule-atelier. Il dut, en effet, apporter sa contribution à la décoration de la grande chapelle, mais avant son départ, en novembre 1947, pour la Centrale de Fontevrault. Chanoine Jean Popot, *op. cit.*, p. 106.

59. Robert Cardinne-Petit, *op. cit.*, p. 64.

de toutes conditions s'y pressent avec ferveur, munis d'un même petit livre jaune, *Prières du Prisonnier.*

« L'affluence des communiants est telle, certains jours, note l'auteur anonyme des *Prisons de l'Épuration*, que la petite chapelle ne peut les contenir tous. [...] Et après la messe, le prêtre portant le ciboire passera dans les étages, se fera ouvrir une porte, puis une autre. »[60]

L'assiduité et l'affluence des détenus dépendent surtout de l'aumônier dont les sermons, inspirés et roboratifs, sont toujours très courus de ses ouailles. Son ardent dévouement et sa bienveillance déclarée pour les détenus le désignent aussi à l'attention suspicieuse de l'administration pénitentiaire, mais incitent certains prisonniers à solliciter sa complicité. Claude Jamet, désireux de faire passer une lettre d'admiration au condamné à mort Robert Brasillach, via l'aumônier, s'entend répondre par ce dernier : « Non. Mon prédécesseur, qui avait été pris comme cela, a fait quinze jours de cachot. »[61]

Cet ecclésiastique, l'abbé Le Petit, que Claude Jamet ne nomme pas, consent cependant à transmettre, de vive voix, le message à Robert Brasillach qui sera fusillé trois jours plus tard. Jugé trop proche des épurés, l'aumônier

60. Anonyme, *op. cit.*, p. 88.

61. Claude Jamet, *op. cit.*, p. 224.
Infliger à un aumônier de la prison qui n'en compte généralement que quatre, quinze jours de « cachot » paraît, même en 1944, d'une sévérité peu vraisemblable. Le « cachot » évoqué est l'un des soixante composant le « mitard » ou « jetard » situé au-delà de la troisième division. Il s'agit d'une cellule disciplinaire, non chauffée, et à l'aménagement réduit au plus strict minimum. En hiver, le froid y est d'autant plus intense que le « mitardé » n'a qu'une couverture. Son régime alimentaire se résume à une soupe claire tous les quatre jours et un morceau de pain quotidien.

est remercié à la fin du mois d'avril 1945. Il est ainsi le quatrième aumônier invité à quitter Fresnes depuis la Libération.

À la même époque, la direction spirituelle de la prison est également assurée par le révérend père Mouren [62] qui œuvra auparavant à Drancy. Ce jésuite de carrure et de tempérament, apprécié des prisonniers, a notamment accompagné Joseph Darnand à Montrouge pour son dernier voyage, le 10 octobre 1945. Cinq jours plus tard, il assistait Pierre Laval lors de son exécution dans l'enceinte de Fresnes.

La mission du prêtre auprès des condamnés à mort s'avère aussi exaltante qu'éprouvante pour le religieux. Son ministère l'engage à vivre avec l'homme aux fers, souvent des mois durant, dans l'attente crucifiante de la grâce présidentielle. Advient aussi, parfois jusqu'à deux ou trois ans après la sentence de mort, le « matin rouge », le départ pour les fossés de Montrouge ou de Châtillon.

Aux côtés du condamné pour son dernier transport, l'ecclésiastique est encore là, à quelques pas du poteau.

Aumônier de Fresnes depuis le printemps 1945, l'abbé Thévenaz [63] est terrassé par une congestion en célébrant la messe dominicale du 17 février 1946. Dans l'incapacité de poursuivre son ministère, il est alors remplacé, dès le mois suivant, par le père Laugère. La charge sacerdotale des révérends Mouren et Laugère impose le renfort de l'abbé Jean Popot qui arrive au début du mois de mai 1946. La forte

62. Le père Mouren et l'abbé Thévenaz assistèrent Pierre Laval.

63. Le nom de ce religieux est orthographié Thévenaz par Xavier Vallat qui précise que l'abbé a été terrassé par une attaque en célébrant la messe au quartier, tandis que l'abbé Popot explique que l'abbé Thiévenaz a été frappé d'une congestion au cours d'une exécution.

personnalité de cet ancien prisonnier de guerre, sa proximité avec les détenus, son dévouement de tous les instants et l'envolée de ses sermons en font l'une des figures marquantes de Fresnes jusqu'à son départ de la prison en hiver 1951. Durant toutes ces années, et au-delà, il plaide inlassablement la cause des épurés auprès des gardes des Sceaux successifs parfois indisposés par son insistance. Sous son impulsion et celle de Mouren, la foi chrétienne gagne la prison.
Ralph Soupault, qui consacre six de ses trente-huit lithographies de Fresnes à la religion, représente l'abbé Jean Popot sous les traits d'un homme encore jeune, à l'air sévère, et dans le feu de son sermon, pénétré de sa mission. Il exerce un ascendant reconnu de tous, prisonniers et fonctionnaires de la pénitentiaire. Fresnes est à la mesure de ce conquérant.

La bible, qui trouve sa place dans la plupart des cellules, les messes dominicales, mais aussi les demandes de confession, la préparation des catéchumènes, leur baptême et la célébration d'offices restreints dans la cellule-chapelle aménagée au rez-de-chaussée de chaque division, où se pressent jusqu'à quarante hommes, témoignent d'une authentique ferveur générale.
La vie de l'« enfresné » connaît aussi des moments plus profanes, et particulièrement attendus tels que la douche.

La douche

Qualifiée de « rarissime » [64] par Bénédicte Vergez-Chaignon, la douche est, selon Rio [65], mensuelle, en 1946, et même

64. Bénédicte Vergez-Chaignon, *op. cit.*, p. 138.
65. Rio, *op. cit.*, p. 16.

hebdomadaire[66] d'après l'auteur anonyme des *Prisons de l'Épuration*, paru en 1948
Si sa fréquence est donc variable, son déroulement est, en revanche, immuable.
Comme à chaque déplacement hors des cellules, les prisonniers de l'étage se rangent entre les rails de la coursive. Puis, descendent, en rangs par deux, au rez-de-chaussée, tandis que remontent ceux de la précédente fournée. Là, ils se dévêtissent hâtivement, derrière un ample rideau noir. C'est alors un amoncellement de vêtements et une cohue de corps très dissemblables, d'anatomies de gens de toutes conditions. Ce moment de promiscuité élargie à plusieurs dizaines d'hommes ravive chez certains de lointains souvenirs de caserne. D'humeur folâtre à l'idée de ces quelques minutes d'eau chaude et d'incomparable délassement, ils entrent deux par deux, munis de leur serviette, dans les cabines aménagées sous la coursive du premier étage.

Les prisonniers, que ces sorties réglementaires ne contentent pas, multiplient les prétextes pour se désennuyer.
Ainsi, nombre d'entre eux, en veine de confession, demandent à voir l'aumônier, et certains à se rendre à la désinfection contre la gale. Des athées de toujours se découvrent un intérêt pour les cultes catholique et protestant. D'autres, plus nombreux, se font porter pâle ou inscrire comme « candidats au dentiste ». Ils se rendent alors, en groupe, à la salle de pansement de la division, pourvue d'un poêle, ou au cabinet dentaire. Bavardant avec les autres malades, liant connaissance avec de nouveaux prévenus et faisant provision de nouveaux bruits, ils distraient ainsi une heure, ou plus,

66. Anonyme, *op. cit.*, p. 49.

du temps si morne de la cellule. Les plus habiles, sachant les gardiens accaparés, affectent de chercher leur cellule, flânent sur les coursives et musardent.

Les détenus apprécient aussi le passage du coiffeur qui, de cellule en cellule, colporte activement, avec ses confrères, les nouvelles et rumeurs dont bruit continuellement la prison. Autre prétexte très prisé des prévenus : se faire appeler au service social de la division. La cellule du détenu chargé de gérer cet organisme d'assistance aux prisonniers nécessiteux est, eu égard aux fonctions exercées, ouverte la journée. Dans le besoin ou non, les visiteurs s'y pressent pour le plaisir de bavardages débridés, mais aussi pour de multiples arrangements avec le titulaire du poste. Celui-ci, homme d'entregent et de ressources, s'emploie à obtenir, souvent avec succès, un changement de cellule ou de division, un parloir supplémentaire, et bien d'autres avantages. Georges Prade[67], surnommé « Yoyo », chargé du service social de la première division, est resté par son talent de négociateur et son influence, un modèle du genre.

À ces multiples occasions de diversion s'ajoute le temps consacré à la lecture et au courrier.

Travaux d'écriture et lectures

Les dix à quinze minutes de vacarme du parloir hebdomadaire qui saccage immanquablement tout dialogue entre le détenu et sa famille font de chaque lettre leur seule et véritable relation. En elles s'épanchent peines, espoirs, crain-

67. Georges Prade. Vice-président du Conseil municipal de Paris avant la guerre, administrateur de *Paris-Soir* de 1942 à 1944 et collaborateur des *Nouveaux Temps* de Jean Luchaire.

tes des uns et des autres. Quand bien même doit-elle être remise au gardien sous enveloppe ouverte, à la différence de celles adressées par le prisonnier à son avocat. Les prévenus ont droit à deux lettres par semaine[68]. Le courrier est relevé le lundi et le jeudi. Celui des proches est remis ouvert au détenu.

Mais la lettre peut s'avérer un instrument de torture pour le prisonnier.

De plus en plus rare, insipide et évasive, elle instille le doute chez son destinataire dont les compagnons de cellule, compatissants, observent l'abattement, parfois traversé d'accès de colère furieuse. Sans nouvelle aucune de sa conjointe depuis des mois, le détenu sombre dans une prostration profonde dont il s'arrachera, parfois, pour se précipiter dans la nef de la division.

Outre cette correspondance, certains s'emploient à d'autres travaux d'écriture. Notes destinées à leur avocat ou mémorandum rédigé en vue de l'instruction, « prières et pensées », journal de bord en vue de quelque future publication, ou simplement pour soi. Tel Claude Jamet : « J'écris d'abord pour moi – comme je prendrais des photos –, pour le plaisir du moment, et le souvenir à garder. J'écris pour m'exercer, me connaître, me consoler, m'occuper. »[69]

Ce goût des notes, sur le vif, lui a coûté, on s'en souvient, une première arrestation, avenue de Choisy, le 24 août 1944, par des FFI convaincus d'avoir surpris un espion.

68. Chez les femmes, le règlement en matière de courrier diffère. Mary Marquet, élargie le 25 octobre 1944, indique que les détenues ont droit, chaque semaine, à une lettre non cachetée destinée à la famille, et quotidiennement à une lettre fermée pour leur avocat.

69. Claude Jamet, *op. cit.*, p. 192.

Comme en Allemagne[70], durant sa captivité, il noircit en prison de petits carnets que sa femme lui fournit. À son arrivée à Fresnes, il parvient à en sauver un de la fouille : « Je planque mon couteau dans un quignon de pain, de l'argent dans mes chaussettes, et mon petit carnet – pour faire comme à Lübben – au fond de mes souliers. »[71]
De ce journal, intime, d'épuré, couché sur ces carnets, naîtra trois ans plus tard *Fifi roi*.
Peu amène, Lucien Combelle, passé par plusieurs centrales, remarquera : « Trois mois d'incarcération à Fresnes ont inspiré à Monsieur Claude Jamet un volume de trois cents pages ! Qu'aurait donc écrit notre homme de lettres après cinq ou six ans de centrales et de camps ? »[72] L'ancien directeur de *Révolution nationale* omet de préciser que le témoignage de Claude Jamet déborde très en amont et en aval ses « cent jours » à Fresnes.
Certains prisonniers que leur condamnation à mort plonge dans un état d'urgence déploient une activité littéraire intense.
Ainsi, Robert Brasillach, écroué à Fresnes depuis le 18 octobre 1944, enrichit son œuvre d'une demi-douzaine de textes. Reclus dans sa cellule du quartier des condamnés à mort, il achève l'avant veille de son départ pour Montrouge ses *Poèmes de Fresnes* ; chant d'adieu et testament que toute la communauté des politiques fera sien.

70. De son journal de guerre et de captivité, Claude Jamet tira les *Carnets de déroute* publiés par Sorlot en 1942.

71. Claude Jamet, *op. cit.*, p. 117.

72. Lucien Combelle, *Prisons de l'espérance*, ETL, 1952, p. 77.

Lucien Rebatet, dont la fièvre créatrice est portée à incandescence par la perspective de son exécution, mène à marche forcée son roman majeur, *Les Deux Étendards*.

D'autres prisonniers, anciens journalistes, ont arrêté d'emblée le projet de se faire les reporters de leur propre détention et de témoigner, sur le vif, de la vie quotidienne en milieu carcéral.

Vingt mois à Fresnes offrent à Ralph Soupault[73] le sujet de son « reportage » en trente-huit lithographies dont la finesse d'exécution traduit toute la sagacité de l'observateur. Ces planches, chacune accompagnée d'un commentaire, sont sorties clandestinement de la prison.

Ancien de *Paris-Soir*, Geoges Lupo[74] choisit de tenir la chronique quotidienne, et parfois à l'heure près, de ses six mois de prison qu'il met à profit pour explorer méthodiquement l'établissement pénitentiaire dans tous ses recoins. Son témoignage, paru en 1948, s'assortit d'un exceptionnel « reportage photographique, le seul existant sur la fameuse prison [...] exécuté, souligne l'auteur, au moment où j'en étais l'hôte. »[75]

73. Arrêté en Italie, en mars 1946, Ralph Soupault est écroué à Fresnes début avril 1946. Sa première lithographie est datée des 10-14 avril 1946, la dernière des 9 et 10 mai 1946. L'album paraît au dernier trimestre de l'année 1947.
Condamné le 31 janvier 1947 à quinze ans de travaux forcés, il quitte Fresnes le 17 décembre 1947 pour la Centrale de Fontevrault, près de Saumur. Il est libéré le 21 novembre 1950, pour raisons de santé. Ralph Soupault décède en 1962.

74. Entré à Fresnes le 8 février 1947, Georges Lupo en sort libre le 22 juin de la même année. Son livre *Levée d'écrou* est achevé d'imprimer le 10 novembre 1948.

75. Georges Lupo, *op. cit.*, p. 9.

Le souhait de traiter ses détentions successives, de Fresnes à l'Île de Ré, à la façon d'un reportage, est encore plus affirmé chez Pierre Malo[76], ancien du *Matin.* « En me condamnant, le 22 décembre 1944, à huit ans de travaux forcés, la Cour de Justice a en somme exaucé le vœu, que j'avais souvent formulé, d'effectuer une enquête dans les prisons et de pénétrer les sombres mystères de la vie pénitentiaire française [...]. Cet ouvrage, précise-t-il, n'est qu'un reportage, écrit par l'envoyé spécial permanent en prison du *Journal des Honnêtes Gens.* »[77]

Écrire et lire sont pour les politiques, issus en grand nombre de la presse et des lettres, des activités de prédilection, que concurrencent, bien sûr, les occupations quotidiennes de la prison, mais aussi le temps dévolu à la parole. Tous les détenus, même les plus lucides tels Claude Jamet, sont des boulimiques de « tuyaux » et autres « informations de première main », qui se répandent en bavardages incessants entre prisonniers.

À la différence des centrales, où le silence est de rigueur, la maison d'arrêt de Fresnes, la tolérance des gardiens aidant, laisse libre cours aux échanges verbaux dont témoignent, on s'en souvient, les « émissions » tonitruées par la fenêtre grande ouverte. Le temps disponible pour la lecture est de

76. Arrêté le 7 octobre 1944, Pierre Malo est écroué le soir même à Fresnes. Le 22 décembre 1944, il est condamné à huit ans de travaux forcés. Le 8 février 1945, Pierre Malo est transféré de Fresnes à la Centrale de Poissy, puis envoyé, début août 1946, à l'Île de Ré dont il sort libre un an plus tard. Son livre *Je sors du bagne* paraît au dernier trimestre 1948.

77. Pierre Malo, *Je sors du bagne*, p. 11.

surcroît limité par les longues veillées qu'imposent l'extinction des feux[78], dès 19 heures en hiver et 21 heures en été. Loisir, source d'informations, dérivatif à l'ennui, le livre n'en conserve pas moins toute son importance.

Chaque cellule peut emprunter trois livres par semaine à la « bibliothèque » de la division. Classiques, romans policiers, publications populaires constituent l'essentiel du fonds.

« Ça va de Saint-Simon à l'*Almanach du marin breton*, et de *Paysan voici ton Dieu*, à *Mimi Quatre sous* »[79], résume François Brigneau dont le choix se porte sur Balzac.

Claude Jamet, sans prévention aucune, s'en remet au hasard qui paraît présider à la distribution. « Je lis n'importe quoi, très soigneusement. Ou je relis, tout ce que je peux attraper, c'est presque le hasard qui choisit pour moi, *La Religieuse*, Dominique, Machiavel, Emerson, *Les Hauts de Hurlevent*, ou quelque *Code américain of prison discipline.* »[80]

Le hasard peut être aussi malicieux : « Benoist-Méchin a reçu un livre de la bibliothèque : *Moisson de quarante* de Benoist-Méchin »[81] s'amuse à relever Jean Hérold-Paquis.

Deux classiques, d'un genre très distinct mais au succès impérissable, voisinent sur la plupart des étagères des cellules : la Bible et... le Dictionnaire des rimes.

78. Au début du mois d'avril 1945, l'« heure allemande », toujours en vigueur, réduit d'autant plus la soirée des prisonniers.

79. François Brigneau, *op. cit.*, p. 44.

80. Claude Jamet, *op. cit.*, p. 202.

81. *Des illusions, désillusions ! Mémoires de Jean Hérold-Paquis* (texte posthume), Genève, Bourgoin, 1948, p. 180.

Claude Jamet brocarde le « "bibliothécaire" qui vous a réservé, parce que c'est vous, deux anciens numéros de la *Revue des Deux Mondes*, janvier 1919 et août 1923. »[82] Quant aux ouvrages d'actualité politique et aux nouveautés littéraires, ils sont introduits clandestinement par les avocats ou les proches et se répartissent en plusieurs domaines plus particulièrement prisés. Les premiers témoignages critiques sur l'épuration dont *Double Prison* et *Au nom des Silencieux* d'Alfred Fabre-Luce sont très demandés. Dans sa *Lettre-pamphlet à François Mauriac*, Maurice Bardèche se fait l'interprète des épurés qui le plébiscitent. Ces derniers vibrent aussi à la lecture du *Journal d'un condamné à mort* du journaliste belge Robert Poulet[83], gracié après trois ans d'attente, dans les chaînes. En revanche, *Le Temps des illusions* exaspère et scandalise d'autant plus que son auteur, Du Moulin de Labarthète, qui fut le premier directeur du cabinet de Philippe Pétain, dénigre à l'envi le défunt régime et ses dévots, pour mieux se disculper. En mai 1947, Georges Lupo s'étonne de trouver, dans la bibliothèque même de la prison, *Voyage en Absurdie*, cette satire féroce du nouveau régime, paru quelques mois auparavant. Le genre historique a également la faveur des détenus qui relisent avec émotion *Les Dieux ont soif* d'Anatole France. Ils se passionnent aussi pour ces œuvres de fiction ou d'anticipation dénonçant l'utopie soviétique, quintessence du totalitarisme, que sont *Le Zéro et l'Infini* et *1984*. Condamnés durement pour leur engagement anticommuniste, les épurés s'étranglent de colère à la lecture des nombreux récits

82. Claude Jamet, *op. cit.*, p. 147.

83. Robert Poulet, Journal d'un condamné à mort, La Jeune Parque, 1948. L'auteur, écrivain-journaliste belge, fut gracié en octobre 1948.

qui, en ces premières années de Guerre froide, dénoncent désormais l'hégémonisme mortifère du communisme. *J'ai choisi la Liberté* et *La vingt-cinquième heure* font alors référence.

Dans un registre fort différent, *Tropique du Cancer*, et quelques autres titres de la même inspiration ont aussi la faveur de certains épurés. Dévorés, prêtés, échangés à la promenade, commentés, tous ces ouvrages font, à l'intérieur de la prison, l'objet d'un trafic incessant qu'alimentent également les journaux.

Si la presse en général, et donc celle aussi issue de la Résistance, est interdite à Fresnes, les journaux y circulent pourtant sans encombre.

Ils entrent avec la complicité des avocats, de certains gardiens et des AX, ces auxiliaires des surveillants, recrutés parmi les détenus de droit commun [84] pour effectuer certaines tâches subalternes. Ces pourvoyeurs rétribués s'efforcent de répondre à une demande aussi pressante que générale. « Nous avons un plombier de droit commun qui, chaque fois qu'il peut, nous passe des journaux par la conduite d'eau, derrière le robinet ; ça coûte deux cigarettes pour une demi-heure d'usage » [85] précise Claude Jamet qui est un lecteur d'autant plus assidu qu'il doit alimenter ses émissions « de "Radio Fresnes" ».

84. L'administration se défie pourtant des droits communs. Trafiquants notoires et d'une grande vénalité, ils sont à l'origine de la plupart des tentatives d'évasion. Ceux employés comme AX (auxiliaires) à l'hôpital, seront progressivement remplacés à partir de juin 1945 par des politiques. Toutefois, leur nombre augmentera à nouveau lorsque seront admis, à partir de 1947, les droits communs aux initiales patronymiques A, B, et C.

85. Claude Jamet, *op. cit.*, p. 166.

Les détenus sont surtout attentifs à suivre l'évolution de l'opinion publique sur l'épuration. Aux articles du *Figaro* dont les grandes plumes, François Mauriac et Wladimir d'Ormesson, appellent à la clémence, répondent les imprécations vengeresses, entre autres titres, de *Franc Tireur*, *Ce Soir* et de *L'Humanité*. Cette dernière mène une campagne opiniâtre pour le châtiment des traîtres qu'elle poursuit de sa vindicte, notamment en octobre 1946, par une série de papiers dénonçant les « nazis » et les « hitlériennes » que sont, à Fresnes, les aumôniers et les assistantes sociales de la Croix-Rouge.

Une telle publicité ainsi que les visites organisées, sur place, par les élus communistes, conduisent alors l'administration à durcir, momentanément, le régime quotidien des prisonniers.

La presse connaît, malgré les restrictions drastiques de papier, les fréquentes coupures d'électricité et les grèves à répétition, une luxuriance[86], aujourd'hui difficilement imaginable. Les titres les plus fréquemment cités sont, outre *L'Humanité*, *Franc Tireur* et *Ce Soir*, *Combat*, *L'Aube*, *L'Aurore*, *Libération-Soir*, *La Marseillaise*, *L'Ordre*, *Front National*, *L'Époque*.

Robert Brasillach, éclectique dans le choix de ses sources, suit le déroulement de la bataille des Ardennes dans le *Journal de Genève* et consulte le Journal Officiel pour le compte rendu des procès !

À la même époque, en décembre 1944, Claude Jamet et Robert Brasillach disent disposer d'un journal presque chaque jour.

86. En 1946, les vingt-huit quotidiens nationaux étaient vendus à plus de 6 millions d'exemplaires.

Ces journaux sont introduits en nombre dans la prison. « C'est, à l'occasion, observe Abel Hermant au printemps 1945, un gardien qui les apporte de la ville. » Mais leur possession n'est pas sans risques. Et l'ancien académicien d'ajouter : « Dès qu'on les a reçus, il faut prudemment les cacher, non seulement aux autres gardiens, mais aussi, et plus soigneusement encore, à celui qui les a procurés, qui se ferait un devoir de les confisquer, sans doute pour expier sa coupable complaisance, et qui ne manquerait pas d'en faire son rapport à l'Administration. Les sanctions sont sévères. »[87]

Les gardiens

L'implication des gardiens dans les trafics que recèle la prison ne se limite pas aux journaux. Henry Charbonneau voit en ces « petits fonctionnaires, mal payés, peu considérés [...] »[88] les plus actifs des ravitailleurs clandestins. Certains surveillants monnayent avantageusement leurs services auprès des détenus les plus riches, tandis que d'autres « balluchonnent » pour le commun des détenus moyennant de modiques rétributions. C'est à ces derniers que Henry Charbonneau rend hommage, à « tous ces simples matons, gagne-petit consciencieux qui, pour quelques dizaines de francs d'alors, vont loin dans la grande ville, grimpent les étages,

87. Abel Hermant, *Le treizième cahier*, p. 68.
Cet écrivain et académicien collabora à partir de 1941 à *Aujourd'hui* et aux *Nouveaux Temps*. Il apporta en outre sa caution au Groupe Collaboration et au Comité d'honneur de la LVF. Âgé de 83 ans, il est condamné le 15 décembre 1945 aux travaux forcés. Libéré en 1948, pour raisons médicales, il décède deux ans plus tard.

88. Henry Charbonneau, *op. cit.*, p. 229.

sonnent discrètement aux portes, remettant de doux ou douloureux messages et remportent gâteries et affectueux billets. Chaque matin, dans la cellule du comptable, les "balluchonneurs", arrivés caparaçonnés de paquets et de journaux, débardent leur fardeau avant de répartir à chacun son bien. Longtemps à notre étage, nous eûmes un hardi et vertueux "balluchonneur". Il s'appelait Monsieur Simon et il avait l'âme d'un apôtre. »[89]
Cette complicité, parfois non rémunérée, naît de la confiance qui, à la faveur de leur cohabitation, s'instaure entre maints détenus et gardiens ; en complément d'une estime réciproque. De ces surveillants devenus si proches de leurs prisonniers, Henry Charbonneau assure : « De beaucoup nous savions la carrière, le *cursus honorum* pénitentiaire, les origines, les ambitions, les espoirs... les peines aussi... et les défauts. [...] Comme d'autres camarades, j'ai souvent encouragé, conseillé, admonesté même nos gardiens, j'ai écrit pour eux lettres officielles et billets doux, j'ai corrigé des devoirs de leurs gosses, etc. »[90]
Certains gardiens se départissent ainsi de leurs préventions les plus radicales. Et Henry Charbonneau de rappeler le cas du surveillant Dalloz « qui se fit exclure de la cellule communiste de Rungis parce qu'il avait osé soutenir, lui vieux militant, que tous les "Kollabos" n'étaient pas des salauds... »[91]

L'influence des « politiques » sur les surveillants s'exerce en bien des occasions. Et notamment lors des nombreuses

89. *Ibid.*, p. 230.
90. *Ibid.*, p. 355.
91. *Ibid.*, pp. 355-356.

élections qui ponctuèrent les années 1945 et 1946[92]. Aux gardiens qui s'en enquièrent auprès d'eux, certains prisonniers prodiguent ainsi explications et... conseils de vote. Après s'être rendu aux urnes pour les élections d'octobre 1945, le « balluchonneur » Simon confie à Paul Marion[93], l'ancien secrétaire général à l'Information, son embarras. Le surveillant n'est pas sûr d'avoir glissé le bon bulletin.

92. Six scrutins sont organisés durant les années 1945 et 1946.
Élections municipales du 29 avril et 13 mai 1945. Ces élections, les premières depuis neuf ans, sont l'occasion d'un suffrage véritablement universel, les Françaises étant appelées à voter pour la première fois. Sur quelque trente-six mille communes, modérés et radicaux n'en emportent que vingt-deux mille, au lieu de trente-deux mille avant guerre. Les socialistes et les communistes s'installent dans la plupart des autres communes. Le Mouvement républicain populaire, fondé en novembre 1944 et d'inspiration chrétienne-démocrate, n'administre que quelques centaines de municipalités.
Élections à la Constituante du 21 octobre 1945. Le Parti communiste obtient cent cinquante-deux sièges, le Parti socialiste cent quarante-deux et le MRP cent quarante et un.
Référendum du 5 mai 1946. Rejet par 53 % des suffrages exprimés de la constitution adoptée par l'Assemblée élue le 21 octobre 1945.
Élections législatives du 2 juin 1946. Le MRP recueille 28,22 % des suffrages exprimés, le PC et apparentés 25,9 %, la SFIO, 21,1 %.
Référendum du 13 octobre 1946. (Approbation de la Constitution adoptée par l'Assemblée élue le 2 juin 1946.) Adoption par 53,3 % des suffrages exprimés contre 46,5 %.
Élections législatives du 10 novembre 1946. Des cinq cent quarante-quatre sièges de la métropole, les communistes obtiennent cent soixante-quatre, le MRP cent cinquante-sept, les socialistes quatre-vingt-dix.

93. Paul Marion. Secrétaire général à l'Information de février 1941 jusqu'à son remplacement par Philippe Henriot, le 6 janvier 1944. Il se constitue prisonnier en juillet 1945. Condamné en décembre 1948 aux travaux forcés à perpétuité, il est gracié en 1953 pour raisons médicales.

Cette familiarité de relations entre détenus et gardiens [94] n'exclut pas cependant de la part de ces derniers civilité et déférence à l'égard des nombreuses personnalités qui peuplent la maison d'arrêt. De son histoire presque cinquantenaire, la prison de Fresnes n'avait jamais reçu un tel contingent de notabilités. Leur présence en si grand nombre ne pouvait être sans effet sur le personnel pénitentiaire, tout au moins sur une partie des « gaffes ».

L'académicien Abel Hermant observe, amusé : « Jamais on ne m'avait honoré d'autant de titres de courtoisie depuis que je suis sous les verrous. Ceux qui se piquent d'être au courant des usages littéraires m'appellent maître. [...] D'autres disent "Monsieur l'Académicien". Ceux qui ne peuvent concevoir qu'Abel Bonnard [95] et moi soyons deux personnes différentes m'appellent Monsieur le Ministre, et comme je suis voisin de cellule de l'amiral Robert [96], chaque fois qu'un surveillant se trompe de porte, il s'adresse à moi en me qualifiant, respectueusement, du grade de mon voisin. Les auxiliaires m'appellent simplement grand-père, et cela ne me fâche pas. Les détenus de droit commun m'appellent camarade. » [97]

94. Bénédicte Vergez-Chaignon dénombre, au total, deux cents surveillants, travaillant par tranches de huit heures. (Bénédicte Vergez-Chaignon, *op. cit.*, p. 137.)

95. Abel Bonnard. Cet académicien, né en 1883, fut membre du PPF, et secrétaire d'État à l'Éducation nationale en 1942. Réfugié en Espagne, en 1945, il décéda à Madrid en 1968.

96. Amiral Georges Robert (1875-1965). Nommé par le Maréchal Pétain Haut commissaire de la France aux Antilles. Condamné en mars 1947 à dix ans de travaux forcés, il est libéré six mois plus tard.

97. Abel Hermant, *op. cit.*, p. 68.

Souvent caustique et persifleur, Claude Jamet, porte un autre regard sur ces gardiens qui « à force d'avoir sous leur commandement, ici, des amiraux, des savants, des ministres [ils] finissent par se croire quelque chose ; c'est naturel. »[98]
Récits et mémoires ne rapportent pas, parmi les gardiens, d'exemples de sadisme ou de persécution mais esquissent plutôt le portrait du surveillant d'une rusticité obtuse et enclin à rudoyer les politiques. Ainsi, nombre de témoignages colportent l'anecdote du brigadier qui croisant l'amiral de Laborde le rabroue vertement pour n'avoir pas ôté son couvre chef. Et l'officier de répliquer : « Sachez qu'un amiral de France ne se découvre jamais, même devant le président de la République ! » C'est encore ce même type de gardien qui tance à distance le général Dentz pour n'être pas bien aligné dans la file des extraits. « Ah ! toi, on voit tout de suite que t'as pas connu le service ! »[99]
Ce pittoresque du gardien est illustré par quelques spécimens demeurés dans la mémoire collective des « enfresnés ». Le brigadier Fontan, alcoolique notoire, mais toujours prêt à régaler les détenus d'une bouteille, est passé à la postérité. Xavier Vallat évoque le cas du brigadier Boissavy, surnommé « Bobos », sosie saisissant de Fernand de Brinon et arrêté deux fois par méprise. Parmi ces portraits de surveillants, dont le souvenir, pareil à celui de certains pions d'internat, se fixe à jamais, celui de la « Toupie » a marqué plus d'un épuré. Surnommé ainsi car virevoltant inlassablement, le premier surveillant Arnaud, toujours à l'affût de prisonniers

98. Claude Jamet, *op. cit.*, p. 145.

99. Ces deux exemples présentent d'un récit à l'autre des variantes. Mais si l'identité des protagonistes change, la situation, humiliante, demeure la même.

et même de subalternes en défaut, est honni de nombreux détenus. Rio a représenté ce « gâffe pointilleux » avançant à pas de loup pour surprendre un petit groupe de prisonniers guignant depuis la galerie de leur étage une jeune et fort accorte avocate.

D'autres figures de surveillant[100], autrement plus odieuses, reviennent dans les récits ; dont celle du gardien chef Enoux[101] qui voue une haine manifeste aux « politiques », ou du brigadier Poupardin tout aussi hostile aux « nationaux » et qui exulta au départ des policiers de la SPAC[102] pour le poteau d'exécution.

Le gardien, soulignent plaisamment plusieurs témoins, c'est aussi l'uniforme, qui supplée à la médiocrité de la fonction. « Les gardiens sont des fonctionnaires, il ne faudrait pas qu'on l'oublie. Mal payés, certes, mais habillés, en uniforme, presque aussi beaux que des agents cyclistes, avec une casquette, et des grades. Le "chef de section" [...] porte deux galons blancs comme un lieutenant de chars ! »[103] raille Claude Jamet.

100. Henry Charbonneau mentionne un surveillant-chef très attaché à la discipline surnommé « Babar » qui sévit vers 1946-1947. Georges Lupo, détenu en 1947, garde le souvenir du surveillant-chef Léger. Jean Bocognano cite, en 1947, le « gafe Pin, le plus détesté de Fresnes ».

101. Ce surveillant-chef, fréquemment cité, est parfois nommé Eynoux.

102. Constitué à l'initiative du secrétaire d'État Pierre Pucheu, et à l'occasion de l'étatisation des polices municipales, le Service de la Police Anticommuniste lutta avec une redoutable efficacité contre les communistes. Ce service dont l'action s'inscrivait dans la continuité, et l'esprit, des décrets pris en 1938 et 1939, par Édouard Daladier puis Paul Reynaud, paya à la Libération un très lourd tribut. Ainsi, par exemple, des onze policiers condamnés à mort, le 13 juillet 1946, et appartenant à la même brigade, huit furent fusillés le 19 août 1946.

103. Claude Jamet, *op. cit.*, p. 145.

À certains détenus, l'uniforme de la pénitentiaire rappelle celui de l'aviateur. Mais pour Georges Lupo, c'est la navale qu'évoque celui du « surveillant à la casquette bleue d'officier de marine, cerclée du galon d'argent, au long manteau, aux boutons de métal [...]. »[104]
Aux yeux de Claude Jamet, capable du sarcasme le plus cruel, les surveillants, imbus de leurs fonctions aussi dérisoires que réductrices, s'accomplissent bravement dans des tâches mécaniques et répétitives. « À vrai dire, ils me font surtout penser aux Houyhnhnms du roman de Swift, ces généreux quadrupèdes, altiers, indomptables, dans le pays de qui avait échoué Gulliver. [...] Ils hennissent en chœur en haut des escaliers. Ils caracolent dans les galeries. »[105]
Directeurs et sous-directeurs, personnages aux apparitions plus rares, ne sont guère évoqués dans les récits. Mention en est parfois faite à l'occasion de leur départ ou de leur arrivée. Maxime Escoffier est nommé à la tête des prisons de Fresnes en octobre 1944. Il est secondé par Rougier. En mars 1947, Garnier, jeune directeur de la Santé, remplace le premier, tandis que Marti devient son sous-directeur. Ce dernier deviendra lui-même directeur de Fresnes.

Les rigueurs de la vie carcérale sont tempérées par la capacité d'adaptation de la plupart des détenus. Améliorant l'ordinaire grâce à leur ingéniosité, rémunérant l'indulgence de certains gardiens, exploitant tout à leur profit les faiblesses du fonctionnement interne de la prison et bénéficiant, pour quelques-uns, des avantages liés aux

104. Georges Lupo, *op. cit.*, p. 39.
105. Claude Jamet, *op. cit.*, p. 146.

emplois supplétifs, les prisonniers s'entendent à aménager leur vie quotidienne. Chez certains, la monotonie même de leur existence, réduite à l'essentiel, les conduit à un quiet assoupissement, et la règle qui régit minutieusement la communauté pénitentiaire, proche à certains égards de la communauté monastique[106], les soustrait aux soucis et tracasseries de dehors. Pris en charge pour le principal par une administration étroitement normative, plus d'un détenu semble s'accommoder de son incarcération.

À son vingt-sixième jour de détention, Claude Jamet, dont l'optique varie au gré d'un moral quelque peu labile, accepte alors sereinement son sort. « Tout le malheur des hommes – on connaît le mot de Pascal – vient de ne savoir demeurer en repos dans une chambre. [...] La simplification, extrême, de la vie fait assez mon affaire. [...] J'ai mon temps tout à moi. Je ne suis pas débordé ! [...] Je crois que je ferais un très bon condamné. Tranquille, content de peu ; patient tant qu'on voudra. »[107]

Quelque deux mois plus tard, Xavier Vallat fait écho à cet aveu de résignation : « Je songe que la prison est une peine bénigne pour ceux qui n'ont à s'inquiéter de personne au-

106. Le monde carcéral s'apparente, par plus d'un trait, à celui de la communauté monastique. Comme les moines, les détenus de Fresnes sont encellulés. Ils vivent, pour la plupart, dans un certain dénuement et sont astreints à l'abstinence. Le régime alimentaire de la prison, hormis les compléments des colis, est d'une frugalité comparable à celle de l'ordinaire des moines. La méditation à laquelle s'adonnent nombre de détenus, et une dévotion ambiante parachèvent la comparaison. Celle-ci est plus probante encore s'agissant de la centrale. Les forçats y prennent, comme les cénobites, leur repas en commun, et comme eux sont tondus, vêtus de bure et tenus à la règle du silence.

107. Claude Jamet, *op. cit.*, p. 172.

dehors, car pour soi-même, rien n'est plus simple que de s'habituer à rester tranquille en une chambre... »[108]
Ce confinement, allié à une vie au ralenti, invite au repli sur soi et à l'introspection.
Placés dans la situation du retraitant, certains détenus se livrent à la prière et à la méditation. Robert Cardinne-Petit constate : « Nous devenons des contemplatifs. Un pan de ciel favorise l'évasion spirituelle et les rêves lucides. [...] Sur cet écran aérien où nous posons souvent notre regard [...] nous y projetons notre petit cinéma intime, avec nos prières. »[109]
Bernard Faÿ, dont la longue et douloureuse incarcération aiguisera la dévotion, ajoute : « Dans la vie de cellule, il y a un recueillement qui peut aller jusqu'au délire. [...] On se tait en regardant les nuages, les libres nuages par la fenêtre grillagée. »[110]

Mais une autre vie carcérale, mitoyenne de cette existence entre internat et hospice, n'égrène, au contraire, que drames, crises et tensions.

Une justice bâclée

À la charnière des deux, le procès conclut la phase d'instruction et, bien souvent, une détention préventive débutée des mois, voire deux à trois ans auparavant.
Pierre Malo est jugé deux mois et demi après son arrestation, mais Henry Charbonneau, inculpé certes d'importance,

108. Xavier Vallat, *op. cit.*, p. 135.
109. Robert Cardinne-Petit, *op. cit.*, p. 38.
110. Bernard Faÿ, *De la prison de ce monde*, p. 21.

comparaît devant la cour de justice, en juillet 1947, soit vingt-cinq mois après sa reconduite à la frontière suisse par des douaniers helvétiques.

La sentence scandalise alors d'autant plus l'accusé qu'elle est souvent rendue après une très brève délibération de la cour.

Condamné aux travaux forcés à perpétuité alors que les magistrats n'ont délibéré que quelques minutes, le général Amand Pinsard s'écrie : « Si c'est ça la justice ! La France est fichue ! »[111]

Au procès de Philippe Saint-Germain, la cour rend son verdict après « dix minutes » de délibération.

La cour de justice qui frappe, en décembre 1944, Pierre Malo de huit années de travaux forcés n'a délibéré que « huit minutes ».

Expéditive et rigoureuse, la justice, alors « d'exception », paraît aussi inique qu'aléatoire. Ainsi, les « économiques » et autres munitionnaires de l'armée allemande, fortune faite grâce à l'occupant, parviennent, pour beaucoup, à faire classer leur affaire ou à bénéficier d'une liberté provisoire pour raisons médicales.

Jean Paulhan observe que les entrepreneurs qui ont contribué, par exemple, à la construction du mur de l'Atlantique, ont échappé aux foudres de la justice, alors que les journalistes qui ont vanté la solidité de l'ouvrage n'ont pas été épargnés[112].

111. Général Armand Pinsard, *op. cit.*, p. 258.

112. Xavier Vallat mentionne toutefois l'exemple d'un fournisseur de draps à l'armée allemande, un certain Marquer, que la Cour de Justice condamne en octobre 1945, conjointement avec sa femme, à vingt ans de travaux forcés, après avoir infligé au couple une amende d'un milliard et demi. Jusqu'alors, précise Xavier Vallat, la peine la plus lourde pour un

Les sanctions accusent aussi de saisissantes disparités, liées certes aux ressorts, à l'époque, à la personnalité des magistrats comme à la composition des jurys, mais que relèvent, bien sûr, tous les épurés.

Xavier Vallat qui compare la justice d'épuration à une loterie ou une tombola observe en janvier 1948 : « Hier Bassompierre a été condamné à mort, alors que Charbonneau voici quelques semaines s'en tirait avec dix ans de TF. Toujours la loterie. »[113]

Henry Charbonneau dit avoir « empoché [sa] peine de dix ans de "Trav" avec allégresse. »[114]

Emporté alors par ses supputations les plus optimistes, il ne doute pas, de remise de peine en bonification réglementaire, obtenir sa libération conditionnelle après quelques mois !

Il sera libéré en octobre 1950.

Procès bâclés, sentences imprévisibles et incohérentes, la justice épurative apparaît aux yeux des condamnés comme une « parodie », une « mascarade » ou encore une « farce ». Confrontés à un commissaire du gouvernement toujours

« économique », n'excédait pas deux ans de prison. Xavier Vallat, *op. cit.*, pp. 109, 110.

En novembre 1945, certains « économiques », frappés de sept ans de travaux forcés, paraissent avoir été jugés à l'aune du précédent Marquer, comme le constate l'ancien commissaire général aux Questions juives. Mais, nombre de ces munitionnaires semblent, si l'on en juge d'après les fréquentes récriminations de leurs contemporains, avoir obtenu le classement de leur affaire ou leur liberté provisoire pour raisons médicales.

113. Xavier Vallat, *ibid.*, p. 258.

Henry Charbonneau lui-même confie : « [...] j'écopais d'une peine ridicule pour l'époque et vu mon cas : dix ans de travaux forcés ! » Henry Charbonneau, *op. cit.*, p. 342.

114. Henry Charbonneau, *ibid.*, p. 343.

virulent et à un jury[115] composé le plus souvent d'une majorité de communistes, les épurés se déclarent condamnés d'avance. L'influence prépondérante du Parti communiste dans les cours de justice et les sentences, aussi lourdes que convenues, conduisent certains épurés, Guerre froide aidant, à comparer les tribunaux français à ceux d'Union soviétique. D'une rigueur excessive ou d'une mansuétude inexplicable, l'épuration judiciaire, qui croule sous les dossiers, ne peut donc qu'expédier et manquer de pompe ; ce dernier trait semblant affecter un peu plus les condamnés.

Henry Charbonneau constate : « Les tribunaux de l'épuration, n'avaient même pas d'appareil extérieur. Ils ont siégé sans faste quatre ans durant, rendant une cinquantaine de milliers de jugements, le plus souvent à la chaîne. »[116]

Cette absence de solennité fait dire à Philippe Saint-Germain : « [...] On se croirait à la Chambre de Commerce, un soir de réunion du Conseil. »[117]

Près de deux décennies plus tard, Henry Charbonneau lui fait écho : « On aurait pu se croire devant un tribunal de prud'hommes. »[118]

115. La présence majoritaire de communistes au sein du jury est une constante. En revanche, le nombre des jurés et la répartition hommes-femmes varient fréquemment. Six jurés, dont une femme, au procès du général Armand Pinsard, en novembre 1944. Quatre jurés, dont une femme, au procès de Pierre Malo, en décembre 1944. Cinq hommes et une femme au procès de Georges Lupo, en juin 1945. « [...] Quatre jurés aux visages obtus dont deux mémères grassouillettes [...] » face à Henry Charbonneau, en juillet 1947. Henry Charbonneau, *op. cit.*, p. 339.

116. Henry Charbonneau, *ibid.*, p. 340.

117. Philippe Saint-Germain, *op. cit.*, p. 88.

118. Henry Charbonneau, *op. cit.*, p. 340.

Mais cette justice « au rabais », si sordide en ses antichambres du Dépôt et de la Souricière, puis miteuse dans les austères bureaux en galetas des juges d'instruction, peut infliger les travaux forcés à vie et fulminer des sentences de mort.

Les épurés, hormis ceux dont le cas a défrayé la chronique, ne font qu'évoquer leur comparution devant les tribunaux, qu'ils récusent pour la plupart.
Mais s'ils relatent presque avec réticence leur procès, les accusés s'arrêtent tous à la peine d'indignité nationale dont s'assortit le plus souvent leur condamnation.
Instituée par l'ordonnance du 26 juin 1944, l'indignité nationale vise les actes mineurs comme les faits imprécis de collaboration ne ressortissant pas au code pénal. À ce titre, les Chambres civiques [119] condamnent à la dégradation nationale plus de quatre-vingt-dix mille personnes. Celles-ci sont alors déchues de leurs droits civiques et exclues de la vie politique, économique, artistique, intellectuelle, associative du pays, pour une période de plusieurs mois à plusieurs années, voire à vie. Additionnelle à la condamnation prononcée par les cours de justice, l'indignité nationale a également été appliquée comme sanction unique et non privative de liberté. Mais cette « peine d'infamie », cette « loi d'ostracisme politique » entachée de rétroactivité, parce que réprimant des faits postérieurs au 16 juin 1940, est redoutée pour ses conséquences immédiates sur la vie quotidienne et familiale des réprouvés [120] qui sont, bien sûr,

119. Instituées le 26 décembre 1944, les Chambres civiques ne prononcent que des peines d'indignité nationale, à temps ou à vie. Elles se situent entre les commissions professionnelles d'épuration et les cours de justice.

120. Henri Amouroux considérant le cas des cinquante mille Français, indignes nationaux, estime que « [...] cela signifie vraisemblablement deux

radiés d'emblée, de leur profession. Il advient, comme pour Jacques Benoist-Méchin, que le condamné « à mort » le soit aussi à l'indignité nationale « à vie ».

À son juge d'instruction qui écarte une peine de prison et n'envisage pour Claude Jamet que l'indignité nationale « tout au plus », l'auteur de *Fifi roi* se récrie : « Mais c'est énorme, Monsieur le Juge, dans ma situation. [...] Pour moi, qui suis professeur, c'est mon métier perdu ; c'est ma famille, femme et enfants, condamnés avec moi à crever de faim... » [121]

Claude Jamet, père de six enfants, échappera à l'indignité nationale. Son retour à la vie professionnelle n'en sera pas moins chaotique et difficile.

Xavier Vallat, le général Pinsard, et bien d'autres sont, eux, frappés, outre leur condamnation à la prison ou aux travaux forcés, de l'indignité nationale à vie. Georges Lupo, condamné à six mois de prison ferme, est sanctionné de cinq années de dégradation nationale. La peine s'aggrave fréquemment de l'interdiction de quitter la France et surtout de la « confiscation des biens présents et à venir » [122]. La situation matérielle des « indignés nationaux » qui avaient été auparavant internés administratifs se dégrade d'autant plus que leur logement a été auparavant pillé, fréquemment occupé et leurs comptes bancaires bloqués.

cent mille ou deux cent cinquante mille personnes directement touchées dans leur vie quotidienne, réduites à la pauvreté, parfois à la misère. » Henri Amouroux, *op. cit.*, p. 210.

121. Claude Jamet, *op. cit.*, p. 154.

122. L'ordonnance du 31 décembre 1945 inflige aux indignes une majoration de 10 % de leurs impôts.

Avant sa généralisation, cette décision de bloquer les comptes bancaires, prise le 2 septembre 1944, semble avoir laissé à certains épurés ou leur famille le temps de procéder à des retraits précipités ou d'user d'expédients.
Dans une lettre à sa sœur, datée du 12 octobre 1944, Robert Brasillach confie : « Alors, j'ai réfléchi que le mieux si mon compte est bloqué, s'il est imprudent de rien faire à mon nom, c'est de faire échanger les billets par des amis nombreux, chacun en petite quantité, de façon à ce que ça ne leur fasse pas d'ennuis à eux [...]. » [123]
La mesure perdure, et, à son procès en février 1947, Georges Lupo objecte au président qui s'enquiert : « J'ai sous les yeux votre relevé de compte. Il est ridicule. Vous avez bien un livret à la Caisse d'Épargne ?
– Oui, vingt mille francs. Il est bloqué... » [124]
Dépossédé de ses biens et de son patrimoine, mais aussi de tous ses droits civils et nationaux, l'indigne national devient donc un mineur. Leur dignité et leur fierté d'hommes accomplis ainsi ravalées, condamnés des cours de justice comme des chambres civiles exhalent leur amertume.
Recru de colère, le général Pinsard déclare : « J'étais donc traité comme étant mineur à la charge de ma femme qui avait droit à une rente de "veuve". » [125]
Lucien Combelle, lui aussi, en même temps qu'il découvre sa nouvelle condition de condamné, s'avise : « Et ces quinze ans de travaux forcés étant "peine infamante", je suis devenu mineur légal, j'ai perdu, ce soir, tous les droits d'un

123. Robert Brasillach, *op. cit.*, p. 32.
124. Georges Lupo, *op. cit.*, p. 25.
125. Général Armand Pinsard, *op. cit.*, p. 287.

citoyen... Je ne peux vivre désormais qu'à l'aide d'un tuteur ! »[126]
Pour comble de détresse, la condition ignominieuse du condamné conduit certaines épouses, à bout d'épreuves, à demander le divorce, qui leur est accordé d'office.
Bien des épurés s'indignent de cette facilité qui aggrave l'état de déréliction des détenus.

Ceux condamnés aux travaux forcés seront bientôt dirigés vers les camps et les centrales, redoutées de tous, tandis que resteront à Fresnes les condamnés à mort, reclus dans leur quartier spécial, et les détenus dont les peines n'excèdent pas cinq ans. Pour ces derniers, fixés sur leur sort, les affres de l'attente et de l'incertitude laissent place à l'espoir d'une amnistie, qui, on l'a vu, enfièvre fréquemment la prison toute entière, d'une grâce médicale ou d'une libération conditionnelle.
Mais aux tourments endurés des prisonniers, déjà très éprouvés par des mois de préventive, une peine d'indignité et par un divorce imposé, la vie carcérale peut encore infliger d'autres épreuves dont la succession mène sur le chemin d'une inéluctable perdition.

Prétoire et mitard

Bien que selon l'époque et les divisions, quelques gardiens fassent preuve d'une certaine tolérance, souvent rémunérée, un écart à la discipline ou un manquement, même véniel, au règlement de la prison conduisent généralement le détenu fautif devant le prétoire, ce tribunal propre à l'administra-

126. Lucien Combelle, *op. cit.*, pp. 9-10.

tion pénitentiaire. Ainsi, être surpris à lire le journal, à jouer aux cartes ou à marcher en dehors des rails qui servent aussi à canaliser les déplacements en groupes dans la prison, peut valoir le prétoire et ses humiliations auxquelles le contrevenant se montre peut-être le plus sensible.
« En attendant le commencement des audiences, se souvient l'auteur des *Prisons de l'Épuration*, les "prévenus" du prétoire sont placés sur un rang, face au mur, mains derrière le dos et pieds alignés. L'arrivée du directeur et de son état-major est soulignée par un "Fixe !" qu'ordonne le brigadier de service. Tout le monde se met au garde-à-vous. C'est grotesque. Ce serait même comique, si l'on ne voyait astreints à se plier à ces puérilités, à ces vestiges du service militaire, des hommes d'âge, et parfois même des généraux. » [127]
Le prétoire qui, deux fois par semaine, réunit le directeur, le sous-directeur et le surveillant chef, évoque pour Robert Brasillach, coupable d'avoir reçu un numéro du *Canard Enchaîné*, l'image d'un « [...] Conseil de discipline de lycée, où le directeur de la prison joue le rôle de Proviseur. Mais il n'a pas devant lui des gamins accusés d'avoir copié en composition : il a des hommes faits, des ministres qui ont reçu en fraude des cigarettes, et les "corps du délit" devant lui, une tranche de galantine pour Benoist-Méchin, mon journal, le coussin chauffant de M. Lehideux. » [128]
Robert Brasillach est privé, durant huit jours, de colis et de visite. René Bousquet, l'ancien secrétaire à l'Intérieur, est traduit devant le prétoire pour avoir dissimulé un petit poste de radio dans sa cellule !

127. Anonyme, *op. cit.*, pp. 67, 68.
128. Robert Brasillach, *op. cit.*, p. 105.

La sentence, résume l'auteur des *Prisons de l'Épuration* « va de la réprimande, comme aux enfants, à quatre-vingt-dix jours de mitard [...] »[129].
Ces quelque trois mois consécutifs, rarement infligés, sanctionnent les récidives et les cas plus graves dont les tentatives d'évasion. Au mitard, en effet, les prisonniers sont soumis aux pires conditions de détention. Celui des femmes est situé au rez-de-chaussée de l'un des petits bâtiments des services pénitentiaires, disposés en carré, face à la première division. Jean Bassompierre, arrivé le 10 décembre 1947, à la première division, découvre l'existence de ces « sombres cellules aux fenêtres murées. Par les vasistas, on peut entendre, note l'ancien responsable milicien, des voix féminines tantôt plaintives, tantôt joyeuses, appelant leurs compagnes ou engueuler leurs geôlières. Il s'agit de jeunes dévoyées, dont j'admire du moins le cran dans ces caves humides où elles grelottent de froid ; car il fait terriblement froid, plusieurs degrés en dessous de zéro. »[130]
Situé à l'autre extrémité de la prison, derrière la troisième division, le mitard des hommes fait face à la chapelle. « C'est [...] une bâtisse lépreuse, observe Claude Jamet, aveugle, aux fenêtres murées, verte et suintante de partout. »[131]
Le mitard ou le « chtar » dans le langage des droits communs, compte soixante cellules. À chacune d'elle, une lucarne borgne, haut perchée, à trois barreaux, dispense un jour parcimonieux et ne laisse voir, avec tout le recul possible, qu'un peu de feuillage ou de mur. Du côté du couloir, ce n'est, sur toute la hauteur d'un homme, qu'un

129. Anonyme, *op. cit.*, p. 68.

130. Jean Bassompierre, *Sacrifice de Bassompierre*, pp. 200-201.

131. Claude Jamet, *op. cit.*, p. 190.

alignement de barreaux serrés encadrant la grille de la porte de la cellule-cage. Deux barreaux sont, à leur base, élargis, pour le passage de la gamelle.
Ces cellules disciplinaires, sont, en hiver, autant de glacières, avec pour tout mobilier un WC et un méchant bas flanc en bois. Muni d'une seule couverture, le prisonnier a pour ordinaire un morceau de pain quotidien et une soupe tous les quatre jours. Tout séjour au mitard débilite immanquablement les organismes déjà fragilisés par la détention en divisions. Dans celles-ci, l'humidité règne au point de faire ruisseler les murs des cellules dont les occupants hésitent, aux premiers froids, à ouvrir la fenêtre.

Des heures durant, les détenus, transis, battent de la semelle, martelant le plancher de leur pas dont résonne lugubrement la prison. Les canalisations de Fresnes, toujours privée de chauffage, gèleront en décembre 1946[132]. L'eau manque alors cruellement. Les prisonniers souffrent de l'onglée et surtout d'engelures multiples, notamment aux doigts qu'ils soulagent en urinant dessus. En 1945-1946, leur ration, à l'image d'une France en proie à toutes les pénuries, diminue, aggravant l'état général des détenus, admis en nombre à l'hôpital de la prison.

132. La température extérieure relevée le 19 décembre 1946, serait tombée, selon Xavier Vallat, à – 14 °C, transformant en bloc de glace l'eau des brocs des poitrinaires. La fenêtre de leur chambre-cellule devait néanmoins restée ouverte, la nuit, afin d'atténuer l'hygrométrie de la pièce.

X

L'HÔPITAL DE FRESNES

Les trois divisions abritent chacune une infirmerie annexe, souvent appelée « salle de pansements ». Mais un personnel peu qualifié dispense dans ces locaux inadaptés des soins quelque peu sommaires. Et si les prisonniers se font porter pâle c'est surtout pour le plaisir de se retrouver entre eux autour du poêle avant de devoir céder leur place à d'autres. Les cas sérieux sont envoyés à l'infirmerie principale [1]

1. Les descriptions de l'infirmerie des femmes manquent. En 1946, à plusieurs reprises, Xavier Vallat mentionne simplement « l'infirmerie des femmes ». Corinne Luchaire, qui y séjourna en octobre 1945, apporte une précision : « Nous étions à l'infirmerie, à l'infirmerie des femmes, bien entendu. Cette infirmerie était séparée par un très joli jardin de l'infirmerie des hommes. Mais nous ne pouvions pas voir ce qui se passait en face, et réciproquement. » Corinne Luchaire, *Ma drôle de vie*, Éditions Déterna, 2000, p. 191.

qu'administre plus particulièrement le sous-directeur de Fresnes[2].

Située à quelque cinq cents mètres de l'enceinte des divisions, celle-ci occupe un gros bâtiment de deux étages, complété de courettes de promenade ; l'ensemble est clos de son propre mur. Ses différentes sections, chirurgie, médecine, radiologie, notamment, servies par un personnel de professionnels, son bloc opératoire, ses deux cent cinquante lits, son dortoir, entre autres locaux, classent cet établissement comme « l'hôpital central des prisons de France ». Des praticiens émérites, le docteur Thouvenel[3] et le célèbre médecin légiste Paul, y exercent. Ils sont assistés de confrères détenus, tels que l'ancien ministre de la Santé, le docteur Grasset, le chirurgien Leuret, les docteurs Rothon, Meuvret, et Guglielmi, radiologue, libéré en août 1947. À leurs côtés œuvre un personnel composé d'internes, de bonnes sœurs-infirmières[4] et de droits communs dont l'un d'eux est « chef-panseur ».

À ces nouveaux pensionnaires venus des divisions et des camps, l'infirmerie centrale, sa désignation la plus courante, présente certains avantages.

Xavier Vallat qui a éprouvé durant ses sept semaines au Dépôt la rudesse du coucher sur le sol ou le bat-flanc en bois, apprécie de dormir, en pyjama, sur un lit de camp

2. Le sous-directeur de la prison, M. Girardot, assura cette responsabilité jusqu'en septembre 1946.

3. Xavier Vallat nous apprend que le docteur Thouvenel, remercié par le garde des Sceaux le 31 décembre 1947, quitte l'infirmerie centrale où il avait succédé à son père.

4. Xavier Vallat souligne le dévouement et l'inlassable activité de ces religieuses dont sœur Saint-Denis et sœur Sainte-Claire, laquelle œuvrait jusqu'en novembre 1945 à la prison de la Roquette.

garni d'une paire de draps et de deux couvertures, le tout fourni par l'administration pénitentiaire ! Il note aussi que le chauffage, même parcimonieux et intermittent, atténue l'humidité des cellules. L'infirmerie, dotée d'une bibliothèque de quelque deux mille quatre cents livres donnés par les malades, est en outre équipée de baignoires, mais en si petit nombre que l'ancien commissaire général aux Questions juives prend son premier bain vingt jours après son admission. Les hospitalisés peuvent, de surcroît, bénéficier d'un parloir individuel.

Mais l'arrivée massive des épurés conduit à une rapide dégradation des conditions d'hébergement. Prévue à l'origine pour un malade, chaque cellule est occupée, comme en division, par quatre pensionnaires. L'étroit passage entre leur lit est embarrassé d'une ou deux chaises, d'un broc, d'une petite table et des deux habituels seaux hygiéniques. « Le mieux, se résigne Xavier Vallat, c'est de rester allongé sur son lit. »[5]

La promenade, quatre fois par semaine, est donc, même dans d'austères courettes, particulièrement appréciée.

L'infirmerie centrale est depuis la Libération majoritairement peuplée de « politiques »[6] dont l'état justifie la présence.

Grand cardiaque, que sa condamnation a suffoqué, le général Amand Pinsard y est envoyé au début du mois de novembre 1944. Il partage la cellule de l'avocat André Ber-

5. Xavier Vallat, *op. cit.*, p. 46.

6. En 1945, les politiques représentent, selon Xavier Vallat, les deux tiers des hospitalisés. En 1948, la proportion s'inverse. Les « droit co » deviennent majoritaires. La moyenne d'âge des hospitalisés, de ce fait, rajeunit sensiblement.

thon[7], de l'éditeur Baudinière[8] et du parlementaire Clamanovas.

Amené le 9 juin 1945, Fernand de Brinon, que crucifie une crise d'anurie, est opéré de la vessie dès le lendemain. Mais sa santé toujours précaire retarde son procès en Haute Cour[9]. L'attention particulière que le gouvernement porte au cas exemplaire de l'ancien délégué général du gouvernement dans les territoires occupés vaut à celui-ci d'être transporté à l'hôpital Cochin pour y subir, en mars 1946, une résection de la prostate[10]. L'ancien ministre de l'Agriculture, Pierre Caziot, quitte également l'infirmerie centrale, en février 1945, pour une clinique.

L'ex-préfet de la Seine, René Bouffet, très violemment frappé lors de son arrestation en août 1944, part lui aussi de la section chirurgie de Fresnes pour une clinique, où il décède en avril 1945 d'un cancer du côlon.

D'autres détenus n'arrivent à l'infirmerie centrale que pour y trépasser peu après. Ainsi, Paul Allard[11], auteur de nom-

7. Maître André Berthon. Cet ancien député communiste et avocat à la Cour, très violemment matraqué à son entrée au Vél' d'Hiv', avait failli perdre un œil. Détenu à Fresnes, il sera mis en liberté provisoire fin janvier 1945.

8. Gilbert Baudinière édita dès avant-guerre un certain nombre d'ouvrages antisémites et antimaçonniques. Il fut, fin janvier 1945, opéré de la prostate dans une clinique privée.

9. Très affaibli par ses opérations, Fernand de Brinon est condamné à mort le 6 mars 1947 et exécuté au fort de Montrouge le 15 avril de la même année.

10. Eu égard à la moyenne d'âge des hospitalisés, l'opération de la prostate est fréquemment pratiquée tant à l'hôpital de la prison qu'à l'extérieur.

11. De Paul Allard, beau-frère de Léon Daudet, Xavier Vallat écrit le 2 février 1945 : « Quant à Paul Allard, il agonise tout doucement en

breux écrits collaborationnistes, expire le 3 février 1945, lors de son séjour en section chirurgie.
En janvier 1946, deux anciens de la LVF, tabassés par la police française après leur arrestation en Allemagne, décèdent la même nuit.

De fait, la mortalité est élevée. La morgue de la prison se trouve d'ailleurs à quelques pas des fenêtres des hospitalisés. L'infirmerie centrale de Fresnes s'impose comme une plaque tournante du système hospitalier pénitentiaire national.
Des détenus, leur traitement terminé, quittent le Val de Grâce, ou l'hôpital pénitentiaire de Nanterre pour revenir à celui de Fresnes. Des tuberculeux des camps d'Épinal, dans les Vosges, et de Noë, près de Toulouse, transitent par l'infirmerie centrale de Fresnes avant d'être envoyés au sanatorium de Liancourt, dans l'Oise.
À ces différents mouvements s'ajoutent les départs successifs des travaux forcés, en fin d'hospitalisation, vers les centrales, ou l'évacuation, au printemps 1947, sur la Celle-Saint-Cloud[12], des condamnés de plus de 65 ans.
L'infirmerie centrale de Fresnes accueille depuis la fin de l'été 1944 une majorité de « politiques », d'un âge souvent avancé. En 1946, leur doyen n'est plus l'académicien Abel Hermant[13], 84 ans, mais un journaliste sans renom particulier, Roëls, de deux ans son aîné.

chirurgie ; il n'est même plus transportable. » Xavier Vallat, *op. cit.*, p. 52.

12. La Celle Saint-Cloud désigne un établissement de soins aménagé dans les communs du château de la Châtaigneraie.

13. Abel Hermant. Académicien, membre du comité d'honneur du groupe Collaboration, de celui de la LVF, membre du PPF et collaborateur de *Je Suis Partout.* Né en 1862, condamné à la réclusion à perpétuité, il

Représentants décrépits d'une classe politique déchue, figures séniles d'une presse bannie, militaires et intellectuels fourvoyés dans la collaboration hantent l'établissement dont l'ambiance évoque celle d'un asile de vieillards.
L'un des rares cinquantenaires de la maison, Xavier Vallat, ancien combattant de 1914-1918, borgne et amputé d'une jambe, y côtoie le savant Georges Claude [14] que sa profonde surdité confine dans un impénétrable exil intérieur ; Gendrot [15], témoin d'un temps révolu et dernier directeur du *Pilori*, le philosophe Jacques Chevalier [16], anéanti par sa condamnation à vingt ans de travaux forcés pour son hostilité au maquis et à la franc-maçonnerie.
Viennent donc s'échouer à l'infirmerie centrale, par vagues successives, d'antiques personnages d'un monde défunt tels que Bunau-Varilla [17], l'ancien directeur du *Matin*, les ami-

sortira de Fresnes pour l'hospice de Chantilly où il restera jusqu'à sa mort en 1950.

14. Georges Claude. Physicien de renom international. Membre de l'Institut. Met notamment au point la fabrication de l'oxygène liquide. Auteur, entre autres brochures, de *De l'hostilité à la collaboration*, publié aux Éditions de France, en 1941. Né en 1870, il est condamné à la réclusion à perpétuité. Libéré en 1950, il décède en 1960.

15. Jean Drault, dit Alfred Gendrot. Ce journaliste et écrivain, ami de Edmond Drumont, qu'il disait avoir rencontré en 1889, fut notamment le directeur politique de la *France au travail* et du *Pilori*. Né en 1866, il meurt, libre, en 1951.

16. Jacques Chevalier. Né en 1882, ce philosophe et ancien ministre de l'Éducation nationale est condamné en mars 1946 à vingt ans de travaux forcés. En mars 1948, il bénéficie, après expertise médicale, d'une libération conditionnelle.

17. Maurice Bunau-Varilla. Propriétaire du *Matin*, octogénaire au moment de son arrestation. Sa femme a séjourné au Dépôt en septembre 1944.

raux Abrial[18] et Robert[19], l'ancien député-maire de Courbevoie, Grisoni[20], Amédée Bussière[21], naguère préfet de police de Paris, Hubert Lagardelle[22], le comte Armand de Puységur[23], Pierre Taittinger, président du Conseil municipal de Paris jusqu'au 19 août 1944. Ce microcosme compte également de pittoresques figures telles que le marquis de Polignac[24], Jacques Benoist-Méchin[25], Monseigneur Jean de Mayol de Luppé[26], Bernard Faÿ[27], l'administrateur de la Bibliothèque nationale, le romancier

18. Amiral Abrial. Défenseur, avec l'amiral Platon, de Dunkerque où purent rembarquer du 27 mai au 4 juin 1940, le corps expéditionnaire britannique et une partie des troupes françaises menacées d'encerclement par l'avancée des troupes allemandes. Ministre de la Marine.

19. Amiral Robert. Septuagénaire en 1945. Ancien commandant de la flotte des Antilles.

20. André Grisoni. Ancien député-maire radical de Courbevoie. Membre important du RNP. Quinze ans de travaux forcés.

21. Amédée Bussière. Condamné aux travaux forcés en juillet 1946. Libéré en mars 1951.

22. Hubert Lagardelle. Né en 1874. Ministre du Travail. Condamné par la Haute Cour en 1946 aux travaux forcés à perpétuité. Décède en septembre 1958.

23. Comte Armand-Marie-Louis de Puységur. Responsable d'une lettre périodique collaborationniste. Né en 1869. Condamné à mort dès le 31 octobre 1944, et alors doyen de ses compagnons de chaînes, il est gracié en juin 1945 et meurt en prison en 1949.

24. Marquis de Polignac. Président d'honneur du groupe Collaboration. Arrêté le 2 septembre 1944, libéré le 27 avril 1945.

25. Jacques Benoist-Méchin (1901-1983), Secrétaire d'État chargé des rapports franco-allemands. Libéré en décembre 1954.

26. Né en 1873, cet aumônier de la LVF devient, sous l'uniforme des Waffen SS, celui de la Charlemagne. Condamné en 1947 à quinze ans de réclusion. Malade, il est libéré en juin 1951 et décède en 1955.

27. Bernard Fäy, né en 1893, mort en 1978. Échappe à la condamnation à

Pierre Benoît[28], et l'ancien directeur général de la gendarmerie, le général Martin.

La mortalité qui sévit à l'infirmerie centrale, située à quelques pas de la morgue, est élevée[29], comme le constate durant son séjour de trente-huit mois Xavier Vallat. Chroniqueur attentif, celui-ci consigne notamment la fin des détenus trépassés peu après leur arrivée. Ainsi, Paul Allard, auteur de nombreux écrits collaborationnistes, expire le 3 février 1945, en section chirurgie. Le général Dentz, gracié après six mois d'attente dans le quartier des condamnés à mort, succombe à une crise cardiaque en février 1945 ; un mois après son admission.

De la Santé, où il a été durant cinq mois martyrisé par des droits communs, arrive dans un état d'épuisement extrême, l'ancien cagoulard Moreau de la Meuse, qui expire en janvier 1946. Un prisonnier du camp d'Épinal envoyé à Fresnes pour y subir l'ablation d'un rein ne survit pas à l'opération. Xavier Vallat, incomparable mémorialiste de l'infirmerie centrale, mentionne le cas, unique, semble-t-il, dans l'histoire de l'établissement, de Gourvès. Ce dernier, alors qu'il était condamné à mort depuis plus de quatre mois, fut emmené, un matin de janvier 1948, de l'infirmerie où il était soigné pour un pneumothorax, et fusillé.

mort. Condamné en décembre 1946 aux travaux forcés à perpétuité. S'évade le 30 septembre 1951.

28. Pierre Benoît. Il est, outre plusieurs romans à succès, l'auteur, en 1956, de *Fabrice ; célébration du Maréchal et dénonciation de la justice épurative.*

29. Xavier Vallat note, à la date du 3 février 1945 : « Hélas ! presque chaque jour, on emmène un cadavre à la morgue ». *Feuilles de Fresnes*, pp. 52-53.

À l'infirmerie arrivent également les détenus qui ont tenté de mettre fin à leurs jours.

Suicides

Ils se sont pour la plupart jetés de la coursive du quatrième étage de leur division. Cette chute d'une hauteur de quinze à seize mètres n'entraîne pas toujours la mort immédiate et nombre d'entre eux décèdent après une agonie de plusieurs heures. Un cas rapporté par l'abbé Popot illustre la détermination de ces désespérés. L'un d'eux, seul occupant de sa cellule, est confessé en tête à tête par l'aumônier de Fresnes. Puis bousculant l'abbé, il se rue dehors par la porte restée entrouverte et se précipite dans la nef de la division. Si la majorité des suicidés ont résolu de sauter dans le hall depuis une passerelle ou la coursive du dernier étage, d'autres se suppriment au Gardénal ou parviennent à se pendre. Robert Cardinne-Petit mentionne le cas particulièrement tragique d'un prévenu qui se pendit dans le placard où sont enfermés les nouveaux arrivants avant de passer à la fouille. Le malheureux en proie à la terreur panique des grands claustrophobes ou croyant que cet obscur et étouffant réduit lui tiendrait lieu de cellule s'étrangla.
À l'origine de la plupart des suicides, les politiques, à la notable différence des « droits communs », risquent rarement la belle. Mais, certains confient en avoir au moins caressé le projet.

Évasions, mutinerie et grèves de la faim

François Brigneau se plaît ainsi à échafauder des plans, des « songes creux », reconnaît-il, mais grâce auxquels le prisonnier s'échappe, du moins en esprit, ou rêve l'évasion d'autres détenus. Il échafaude celle de l'ancien secrétaire d'État au Ravitaillement, François Chasseigne[30] dont la cellule du quatrième étage a vue sur le mur d'enceinte. Il projette aussi la sortie en nombre des hommes sur le chemin de la chapelle.

L'évasion est le plus souvent tentée par le mur d'enceinte, au moyen d'une corde de linge tressé, lestée d'un crochet. Les détenus s'efforcent donc de se faire admettre à l'infirmerie centrale enclose d'un mur unique.

Le général Pinsard déclare avoir étudié, durant son séjour à l'infirmerie, plusieurs « possibilités d'évasion. [...] Si je n'ai pas tenté cette aventure parfaitement réalisable, précise-t-il, c'est par crainte d'occasionner des ennuis à mon fils, incarcéré dans la même prison. »[31]

Quoique très désireux de s'expliquer devant le tribunal sur ses engagements passés, Jean Basssompierre est tenté par l'évasion, qu'il sait, lui aussi, envisageable depuis l'infirmerie. Il échoue par deux fois à s'y faire muter et comparaît devant la Cour de Justice le 15 janvier 1948.

Mais l'obstacle, haut de 7 mètres, est souvent insurmontable pour des hommes affaiblis et, bien sûr, sans entraînement. C'est ainsi qu'en 1947 l'ancien adjoint de Joseph Darnand au ministère de l'Intérieur, Joseph Gallet, invalide de guerre, est surpris, épuisé, à pied d'œuvre par les gardes.

La même année, des droits communs s'échappent du dortoir de l'infirmerie, situé au premier étage du bâtiment. « Trois

30. François Chasseigne. Cet ancien communiste et député du Front populaire succéda à Max Bonnafous au ministère de l'Agriculture et du Ravitaillement.

31. Armand Pinsard, *op. cit.*, p. 260.

d'entre eux, note Xavier Vallat, avaient réussi à grimper sur le toit, et deux étaient déjà arrivés au poteau de transport électrique qu'ils comptaient utiliser pour franchir le mur d'enceinte[32]. » L'alerte promptement donnée mit fin à leur entreprise.

Tentée depuis les divisions que de puissants projecteurs cernent, le soir venu, de leur lumière, l'évasion s'avère plus difficile encore. Car, s'il passe le premier mur de la double enceinte, haute également de 7 mètres, le prisonnier est alors rejoint par les gardes mobiles et leurs chiens qui patrouillent nuit et jour sur le chemin de ronde[33].

L'occasion, aussi soudaine qu'inattendue, peut aussi être exploitée.

Robert Brasillach rapporte qu'à la faveur d'une panne d'électricité survenue à la fin des visites, une trentaine de prévenus chercha à se sauver par le parloir, mais furent dénoncés par un détenu[34].

Une opération, tout à rebours de cette échappée improvisée, est restée dans la mémoire carcérale de Fresnes. En 1947, des détenus, politiques et droits communs, avaient, des mois durant, creusé depuis le sous-sol de la troisième division un tunnel[35] filant, par-dessous le second mur d'enceinte, en

32. Xavier Vallat, *op. cit.*, p. 174.

33. L'un des voisins de cellule de Jean Bassompierre parvient, en 1947, à franchir le deuxième mur et à disparaître.

34. Robert Brasillach, *op. cit.*, p. 271.

35. Bénédicte Vergez-Chaignon signale que « le 20 novembre 1946, se produit une quintuple évasion par le souterrain qui part de l'usine pour aboutir en dehors des murs de ronde. » Bénédicte Vergez-Chaignon, *op. cit.*, p. 329.
Bénédicte Vergez-Chaignon et Xavier Vallat (cf. note suivante) semblent rapporter une version quelque peu différente d'une même évasion.

direction de la route nationale. Les prisonniers, mouchardés, furent pris à quelques mètres de leur sortie en plein champ. En novembre 1947, cinq prisonniers s'évadèrent par les égouts[36], mais furent repris après vingt-quatre heures de cavale.

En 1945, le commandant Demessine[37], qui se savait promis au poteau, risqua une audacieuse tentative que fit échouer un bien malheureux hasard. Alors qu'il venait de franchir la première grille après avoir exhibé au gardien une carte d'avocat, il fut reconnu par un authentique avocat qui le félicita chaleureusement d'avoir été libéré.

Hormis ces quelques exemples, les évasions sont, comme le constate Xavier Vallat, surtout imputables aux droits communs ; d'autant plus que la surveillance intérieure, s'accordent à noter les témoins, n'est pas des plus attentives. Les cellules sont inspectées épisodiquement et les fouilles au corps rares, à la différence de certains politiques dont l'administration redoute, depuis la tentative de Pierre Laval, qu'ils ne se suppriment. Quant aux barreaux, c'est au son qu'ils rendent au passage de ses clefs que le gardien, machinalement, en vérifie l'état. Scies et lames ne sont pas rares. Surpris en leur possession, le détenu est renvoyé, le plus souvent, à la Santé d'où viennent aussi nombre d'auxiliaires. À chaque tentative, plusieurs d'entre eux sont déclassés pour manque de vigilance tandis que la discipline générale connaît un durcissement provisoire.

Si la vie de la prison est émaillée par ces moments d'émotion récurrents que sont les évasions, et les rumeurs d'amnistie,

36. Xavier Vallat, *op. cit.*, p. 244.

37. Demessine, commandant de la LVF sur le front de l'Est, fut condamné à mort. Exécuté le 15 mars 1945.

elle connaît aussi quelques grèves de la faim et même une mutinerie. Celle-ci se déclare le 6 mai 1947 à la suite d'une gifle administrée par un gardien à une détenue du quartier des mineures. Ces dernières détroussant alors l'une de leurs gardiennes, une bonne sœur d'âge vénérable, de ses clefs s'empressent d'ouvrir le mitard des femmes, avant de piller l'économat. Certaines tentent, malgré les lances à incendies, de gagner la troisième division des hommes par les sous-sols.

Moins exceptionnelles, les grèves de la faim demeurent néanmoins assez rares. Deux mouvements d'origine fort différente, mais nés au printemps 1947 d'une même exaspération, se succèdent à dix jours d'intervalle. Le premier se déclenche chez les détenus politiques nord-africains [38] incarcérés depuis mai 1945 et toujours dans l'attente de leur jugement. Puis, le 29 mai 1947, alors que les tentatives de suicides se multiplient, une quarantaine de politiques cessent de s'alimenter pour protester, souligne Georges Lupo, « contre les lenteurs de la justice, contre l'épuration, et pour le rétablissement du régime politique. » [39]
Quatre jours plus tard, la grève de la faim est suivie, à l'exception des malades de l'infirmerie annexe, par l'ensemble de la première division, la plus politique de la prison. L'ancien maire de Bordeaux et éphémère ministre de l'Intérieur, Adrien Marquet, refuse son colis de vivres. Les autres justiciables de la Haute Cour suivent son exemple. Les quatre-vingt-deux détenus de la Haute surveillance et les vingt et un condamnés à mort ne s'alimentent plus. Des

38. Nombre de ces détenus ont été incarcérés à la suite des émeutes antifrançaises survenues dans le Constantinois du 8 au 12 mai 1945.

39. Georges Lupo, *op. cit.*, p. 165.

droit communs, pourtant peu enclins à ce genre de manifestation, se solidarisent. Le mouvement[40] s'étend bientôt à toute la prison, aux J3 et aux pavillons des femmes, gagnant même les nourrices et l'infirmerie centrale.
Le 7 juin, la grève s'achève, constate désabusé, Georges Lupo, « en queue de poisson sur de vagues promesses de ces messieurs de la Justice. »[41]

Secouée très épisodiquement par ces accès de désespoir que sont les mutineries et les grèves de la faim, la prison est en revanche travaillée sourdement et de façon continue par la présence obsédante, dans ses murs, des condamnés à mort. Ceux-ci sont relégués dans un quartier particulier, au rez-de-chaussée de la première division.

Dans l'attente de la grâce, ou de la mort

La courbe du nombre des condamnés à mort s'esquisse de récit en récit.
Écroué en automne 1944 à la deuxième division, Robert Cardinne-Petit note : « Il y a douze condamnés à mort, quelque part pas loin de nous. »[42]
Dans un chapitre intitulé « La course des chaînes », l'auteur des *Prisons de l'Épuration* mentionne la présence de « dix condamnés à mort dans les cellules spéciales du rez-de-

40. « Le mouvement déborde Fresnes et gagne les camps du Midi. » *ibid.* p. 166.
Se met également au diapason la Centrale de Clairvaux où plusieurs centaines de forçats, réclamant le régime politique et l'amnistie, observent, en juin 1947, la grève de la faim.

41. *Ibid.*, p. 167.

42. Robert Cardinne-Petit, *op. cit.*, p. 79.

chaussée »[43], vraisemblablement durant le dernier trimestre de l'année 1945. En février 1946, Xavier Vallat fait état de seize condamnés à mort[44].

« En mai 1946, se souvient l'abbé Popot, lorsque je pris mon poste, quarante-sept "politiques" sur quatre-vingt condamnés avaient déjà été exécutés. »[45]

L'ancien commissaire aux Questions juives dénombre, le 7 mars 1947, quinze condamnés à mort[46]. Mais le 7 mars de la même année, Georges Lupo en compte, quant à lui, dix-huit, puis vingt et un le 1er juin 1947[47]. Début avril 1947, Lucien Rebatet, informé de sa grâce, assiste à la messe « chantée par les quinze ou seize condamnés rangés contre le mur. »[48]

Dans un poème composé le 5 juin 1947, le journaliste Peyronnet, exécuté en août 1947, évoque « les vingt-deux enchaînés ».

Vers juillet 1947, Jacques Benoist-Méchin participant à la messe célébrée dans l'une des cellules du couloir de la mort, note : « Jamais, peut-être, le Saint-Office célébré en présence d'une dizaine de condamnés, tous voués à la mort n'a pris un tel degré de dépouillement et de ferveur. »[49]

43. Anonyme, *op. cit.*, p. 197.
44. Xavier Vallat, *op. cit.*, p. 133.
45. Jean Popot, *op. cit.*, p. 145.
46. *Ibid.*, p. 201.
47. Georges Lupo, *op. cit.*, pp. 71, 166.
48. Lucien Rebatet, *Lettres de prison*, p. 210.
49. Jacques Benoist-Méchin, *À l'épreuve du temps*, p. 438.

Fin août 1947, Jean Bocognano, infirmier au quartier des « fauves », veille sur seize condamnés[50]. Le nombre des graciés comptabilisé de façon erratique ne permet pas d'en tracer la courbe parallèlement à celle des condamnés en attente.

Le 25 décembre 1947, Jean Bassompierre pénétrant dans « l'Antichambre de la Mort » découvre de chaque côté du couloir « une dizaine de "cercueils" – les caisses en bois blanc où doivent être rangées, chaque soir, les affaires des condamnés à mort – devant des cellules au guichet ouvert. »[51]

Et à son tour, l'ancien responsable milicien rejoint le 16 janvier 1948 les dix condamnés à mort du quartier spécial.

En octobre 1949, l'abbé Popot, cité par Robert Cardinne-Petit, évoque « le sort des trente personnes attendant l'exécution capitale [...] dont une femme, depuis neuf mois. »

Ces dénombrements qui n'offrent certes pas la certitude statistique des archives pénitentiaires et judiciaires permettent néanmoins de fixer des totaux, qui sont d'ailleurs inférieurs à ceux cités par l'historienne Bénédicte Vergez-Chaignon : « Ils sont encore en permanence plus de quarante au quartier de Haute Sécurité de Fresnes entre juillet 1948 et mai 1949. »[52]

Les condamnés ont auparavant vécu, souvent avec un détachement mêlé d'incrédulité ou une remarquable indifférence[53], le verdict de la mort. La funèbre sentence

50. Jean Bocognano, *Quartier des fauves*, pp. 44-45.

51. *Sacrifice de Bassompierre*, par Charles-Amboise Colin, suivi de *Frères ennemis* par Jean Bassompierre, p. 203.

52. Bénédicte Vergez-Chaignon, *op. cit.*, p. 324.

53. Henri Béraud, condamné à mort fin décembre 1944, déclare : « Cet

déclenche en revanche la stupeur des proches dans l'assistance, que parcourt une houle de bruyante indignation. L'effusion des adieux prend fin avec le départ souvent hâtif et à la dérobée du Palais.
Dans le fourgon cellulaire pour Fresnes, l'escorte des gendarmes se montre attentive, presque prévenante, à l'égard des condamnés à mort, menottés durant le trajet.

« On nous traitait poliment, se souvient Henri Béraud, avec même certains égards, que nos gendarmes, tous fort jeunes, croyaient probablement dus à des gens si près de quitter ce monde. »[54]
Jean Bassompierre, de retour à Fresnes, témoigne de cette considération générale qui est l'apanage des condamnés à mort : « [...] Je suis accueilli cette fois non plus comme un

instant dont j'escomptais des émotions uniques, ne m'a laissé qu'un souvenir mêlé de surprise et de détachement. Imaginez un homme assis au cinéma et qui figurant par hasard dans un film d'actualité, se reconnaît sur l'écran. » Henri Béraud, *op. cit.*, p. 119.
Robert Brasillach, condamné à mort le 19 janvier 1945, ne se montre pas plus ému que Henri Béraud par la sentence dont il écrit : « On écoute cela d'ailleurs comme si l'on croyait à peine que ce soit de soi qu'il s'agit. » Lettre de Robert Brasillach à Maurice Bardèche, du 20 janvier 1945.
Benoist-Méchin est, lui aussi, d'une grande impassibilité, comme étranger à lui-même : « Selon les dires d'un témoin, je n'ai pas bronché durant la lecture de l'arrêt. Comment pourrait-il en être autrement puisque d'être condamné à mort me laisse indifférent ? » L'ancien secrétaire d'État à la présidence du Conseil ajoute n'avoir « entendu » ni plaidoirie ni réquisitoire car, souligne-t-il, « ayant achevé de répondre aux questions des magistrats, je me suis senti enveloppé par une nuée si profonde qu'elle m'a rendu quasi insensible à ce qui se passait autour de moi. » Jacques Benoist-Méchin, *À l'épreuve du temps*, pp. 420, 422.

54. Henri Béraud, *op. cit.*, pp. 126, 127.

prévenu, mais en condamné de marque, porteur de l'étiquette CAM ! »[55]

Mais un rituel, immuable, marque véritablement l'entrée du nouveau dans la communauté des condamnés à mort. Le condamné, à peine arrivé, doit entièrement se dévêtir pour endosser la tenue de rigueur : caleçon, chemise, veste de bure, manteau composé de vieilles couvertures, béret, sabots et pantalon. Celui-ci, appelé « pantalon mexicain », se boutonne, sur le côté extérieur, des hanches aux chevilles, pour être ôté malgré la chaîne qui désormais relie nuit et jour les chevilles du prisonnier[56]. Ce dernier n'en est débarrassé que le temps de la douche hebdomadaire.

Ces entraves, de quinze livres, scellent son appartenance au microcosme des morts en sursis. Chaque pas du prisonnier fait cliqueter ses fers, qui résonnent lugubrement dans le hall de la première division. Robert Brasillach écrit plaisamment : « On m'a mis des chaînes aux pieds qui font un bruit de V1. »[57]

Et le soir venu, à chaque retour des condamnés du Palais de Justice, c'est ce bruit de métal raclant le sol, plus encore que

55. *Sacrifice de Bassompierre* par Charles-Ambroise Colin suivi de *Frères ennemis* par Jean Bassompierre, p. 217.

56. Lucien Rebatet, condamné à mort le 23 novembre 1946, signale : « Nous avions du reste la chance insigne de ne pas porter des menottes, en usage, au moins pour la nuit, dans beaucoup d'autres prisons. » Lucien Rebatet, « On ne fusille pas le dimanche », *Le Crapouillot*, n° 21, 1953, p. 49.

Or, l'abbé Jean Popot, aumônier de Fresnes depuis le printemps 1946, précise qu'à 18 heures, le surveillant menotte le condamné pour la nuit, c'est-à-dire jusqu'à 7 heures 30. Chanoine Jean Popot, *op. cit.*, pp. 148, 156.

57. Robert Brasillach, Lettre du 20 janvier 1945. Les fers du condamné à mort lui inspirent le poème « Les bijoux », daté du 29 janvier 1945.

le claquement des sabots, qui annonce à toute la première division, tendue dans l'attente des sentences du jour, l'arrivée d'un nouveau condamné à mort. Celui-ci occupe seul sa nouvelle cellule dont les barreaux sont recouverts d'un fin grillage empêchant le prisonnier de recevoir ou de passer un objet au moyen du « Yo-yo ». Autre particularité, la pièce est éclairée toute la nuit[58] et le guichet de la porte demeure ouvert continuellement, permettant au gardien, toujours à proximité, de surveiller le prisonnier. Hormis sa nouvelle tenue, le plus souvent ridiculement courte ou ample, et humiliante, ce dernier bénéficie d'un régime unique, dont les multiples avantages, inconnus de tous les autres détenus, trahissent le souci de l'administration de conserver le condamné dans les meilleures conditions possibles jusqu'au matin de son départ pour les fossés du fort de Montrouge. S'il ne peut plus rencontrer sa famille ni recevoir de colis, le locataire de l'« Antichambre de la mort » est entouré de la bienveillance des gardiens. Avocats et aumôniers, par leurs fréquentes visites, contribuent à atténuer cet isolement compensé par d'autres dispositions que résume Pierre-Antoine Cousteau fin novembre 1946 : « Lecture à volonté, lumière à volonté, cigarettes à volonté. Et une extravagante suralimen-

58. On relève d'un récit à l'autre une différence. Henri Béraud, décrivant sa cellule de condamné à mort, en décembre 1944, évoque « la dure clarté de la lampe, qui, jusqu'au départ pour les fossés de Montrouge, brûlera nuit et jour » Henri Béraud, *op. cit.*, p. 132.
La cellule de Benoist-Méchin, condamné en juin 1947, est elle aussi éclairée d'une ampoule au plafond « qui reste allumée vingt-quatre heures sur vingt-quatre. » Jacques Benoist-Méchin, *op. cit.*, pp. 426-427. Mais, en janvier 1948, lorsque Jean Bassompierre découvre sa cellule de condamné à mort, celui-ci précise : « Il y fait plus clair la nuit que le jour, car l'électricité reste allumée constamment de 19 heures à 7 heures. » Jean Bassompierre, *op. cit.*, p. 218.

tation. Comme s'ils voulaient à toute force nous faire regretter la vie. »[59]

À ces aspects d'un confort pénitentiaire, très relatif en l'absence de tout chauffage[60], s'ajoutent une entière liberté épistolaire et jusqu'à quatre heures de promenade quotidienne dans une courette voisine[61]. Malgré l'exiguïté de cette dernière et le poids de leurs chaînes, c'est l'occasion pour les plus vaillants de s'ébattre et même de rivaliser entre eux d'adresse et d'agilité, sous les encouragements des étages de la première division. Les chaînes[62] dont le condamné

59. Pierre-Antoine Cousteau, *En ce temps-là...*, Déterna, 2004, p. 185.

60. Enfermé, à partir du 16 janvier 1948, dans le couloir de la mort, Jean Bassompierre consigne : « Notre lit est assez confortable, notre "sac à viande" changé chaque quinzaine, et quatre couvertures. » Jean Bassompierre, *op. cit.*, p. 218.

61. Quatorze préaux sont réservés à la promenade des condamnés à mort.

62. Les chaînes, ou plus exactement la chaîne. La plupart des témoignages évoque « les chaînes » ; laissant supposer que l'anneau métallique enserrant chaque cheville est relié à l'autre par, au moins, deux chaînes. Or, quelques récits, dont celui de l'abbé Popot, se rapportant à la même époque, 1946-1947, font mention d'une seule chaîne. L'abbé Popot la décrit ainsi : « Deux bracelets retenus par une grosse chaîne comme on en voit pour arrimer les tonneaux sur les plate-formes. » Chanoine Jean Popot, *op. cit.*, p. 145.

La gravure XXXVII de l'album que Rio a consacré à Fresnes est datée de mai 1947 et représente, rassemblés, dans leur cellule-chapelle, des condamnés à mort. Tous ont les chevilles reliées par une chaîne unique. Dans son poème, intitulé « Les bijoux », et daté du 29 janvier 1945, Robert Brasillach évoque « la chaîne aux pieds » et « la chaîne aux chevilles ». Il s'agit bien d'une seule chaîne mais composée de deux longueurs égales de maillons et reliées entre elles par un gros anneau central.

René Biard, droit commun affecté en 1948, au magasin d'habillement, livre aux condamnés à mort leur linge propre. Au condamné qui souhaite changer de sous-vêtements sur le champ, le surveillant doit d'abord ôter « les chaînes ». « Pour mettre le caleçon, il fallut que le maton lui enlève les "chaînes", ou

n'est libéré qu'au matin de son départ pour les fossés du fort de Montrouge, ou une fois gracié, sont un châtiment supplémentaire aux affres de l'attente, dont le prisonnier porte souvent les stigmates jusque dans sa chair. Enchaîné plusieurs mois, le prisonnier souffre immanquablement d'ulcères aux chevilles que ne suffisent pas à protéger les simples bandelettes de tissu confectionnées par le détenu. Cependant, quelques rares dérogations au régime en vigueur peuvent être consenties par l'administration pénitentiaire. Le comte Armand de Puységur, condamné à mort dès le 31 octobre 1944, doit à ses 75 ans de ne pas traîner les 7,5 kilogrammes des « fers de justice » réglementaires, mais des chaînes de 3,7 kilogrammes. « Huit mois plus tard, note François Brigneau, il les porte encore, soutenues par une ficelle, nouée autour de sa taille fluette. »[63]

L'amiral Jean de Laborde[64], son cadet pourtant de neuf ans, est quelques jours après sa condamnation en Haute Cour, désentravé sur instruction du ministre de la Justice.

D'autres dispositions sont rendues nécessaires par certaines invalidités. Les chaînes sont épargnées au condamné, unijambiste, Gangloff, qui sera néanmoins fusillé, tandis

plutôt "la" chaîne, car il s'agissait d'une seule attache, longue d'environ cinquante centimètres, dont chaque extrémité se terminait par des anneaux enserrant les chevilles. Les CAM se plaignaient surtout de souffrir des plaies occasionnées par le frottement de l'acier sur la peau. Ils y remédiaient en plaçant autour de leurs chevilles des morceaux de tissu, évitant ainsi le contact direct. » René Biard, *Maffia en taule*, La Table Ronde, 1969, p. 160.

63. François Brigneau, *op. cit.*, p. 18.

64. L'amiral comte Jean de Laborde (1878-1977). Responsable du sabordage de la flotte à Toulon, en 1942, est gracié en 1947, par le président Vincent Auriol.

qu'elles sont imposées au cul-de-jatte Giot[65], qui en est ceinturé.

Mais, hormis ces quelques exceptions, le port des chaînes reste, en toutes circonstances, de rigueur, comme l'illustre le cas si particulier de Jacques Benoist-Méchin. Déjà condamné à la peine capitale, celui-ci est appelé à comparaître, à nouveau, et de surcroît un dimanche, devant la Haute Cour[66] qui siège en ce mois de juin 1947 à Versailles. Une telle convocation est sans précédent, mais l'ordre d'extraction est aussi authentique... qu'erroné. Jacques Benoist-Méchin se persuade alors qu'il sera, à la faveur de ce déplacement, abattu par des résistants hostiles à sa grâce éventuelle. L'ancien secrétaire d'État auprès du chef du gouvernement doit à son départ revêtir ses vêtements personnels mais être menotté et conserver, malgré ses protestations, ses chaînes. Arrivé à la hauteur des Écuries royales du château, le véhicule pénitentiaire, hors d'âge, tombe en panne. Accompagné d'un surveillant, Jacques Benoist-Méchin doit donc poursuivre à pied le chemin et traverser

65. Jean Giot. Le cas, assez exceptionnel, de ce condamné à mort, revient dans plusieurs récits. Ancien membre des Brigades spéciales de police, dirigées par le commissaire David, il participa à l'arrestation de nombreux communistes. À la Libération de Paris, il s'engagea dans l'armée Leclerc où il se distingua par sa conduite au feu, notamment à Strasbourg. Il y perdit les jambes. Décoré plusieurs fois, notamment de la Croix de guerre avec palmes, il n'en fut pas moins arrêté et condamné à mort pour ses activités policières. Il sera gracié en février 1946.

66. Instituée par l'ordonnance du 18 novembre 1944 pour juger ceux qui ont assumé une « responsabilité éminente dans la capitulation ou la collaboration », la Haute Cour de justice tient ses premières séances début mars 1945 et cesse de siéger en 1949. Elle réside d'abord au Palais de Justice, au Sénat, à Versailles, et à nouveau au Palais de Justice.

la cour d'honneur qui résonne, au grand effroi des touristes, du bruit de ses chaînes !

Apprenant du greffier de la Haute Cour, alors en vacances, que cette convocation est une erreur du secrétariat, le surveillant et son prisonnier regagnent Fresnes. Jacques Benoist-Méchin est d'autant plus éprouvé par le voyage qu'il souffre d'un début de septicémie provoquée par une dent de sagesse. Atteint d'un phlegmon à la gorge, accompagné d'un trismus, le prisonnier est perdu s'il n'est pas opéré avant deux jours, explique l'interne de service au sous-directeur que contrarie fort ce contretemps. Qu'un condamné à mort puisse échapper au peloton d'exécution, autrement que par une grâce présidentielle, contrevient à cet ordre administratif particulièrement intangible en milieu carcéral. Aussi, la direction pénitentiaire, de concert avec le ministère de la Justice, ne néglige pas, du moins pour les condamnés de haut rang, de leur dispenser les soins nécessaires pour les maintenir en état d'être menés, le jour dit, aux fossés de Montrouge. Cette sollicitude intéressée n'échappe évidemment pas aux condamnés.

Les fers au pied, Jacques Benoist-Méchin gagne donc l'infirmerie centrale où arrive, vers une heure du matin, le seul praticien disponible en ce début de juillet, un oto-rhinologue joint lors d'un dîner en ville. Le patient rapporte les conditions de son opération : « "Retirez votre veste et allongez-vous sur le billard", me dit le docteur, tout en ouvrant une boîte de compresses. D'un geste, je lui désigne mes chaînes. "Gardez-les, me dit-il, elles ne me gêneront pas". Le surveillant qui m'accompagne lui lance un regard reconnaissant. »[67]

67. Jacques Benoist-Méchin, *op. cit.*, p. 454.

L'opération achevée mais bâclée, Jacques Benoist-Méchin, épuisé et toujours enchaîné, regagne à pied sa cellule du quartier des condamnés à mort. Victime d'une hémorragie dans la nuit, il doit être transporté à l'hôpital central où il est, sur les instances d'une sœur-infirmière, délivré de ses fers.

Xavier Vallat précise, début juillet, que l'ancien secrétaire d'État, très affaibli, porte désormais des chaînes moins lourdes. Celui-ci est gracié par le président de la République, cinquante-neuf jours après sa condamnation à mort[68].

La grâce du condamné est jusqu'en septembre 1944 prononcée par une commission départementale réunie sous l'autorité du préfet. Le droit de grâce échoit ensuite au général de Gaulle, puis à ses successeurs à la tête du gouvernement provisoire, Félix Gouin, Georges Bidault et Léon Blum, avant d'être dévolu au président de la République. Celui-ci statue sur les demandes de grâce après avis du Conseil supérieur de la magistrature, qu'il préside.

Bénédicte Vergez-Chaignon rappelle que « la mise en place des institutions de la IVe République, l'élection d'un président, la création effective d'un Conseil supérieur de la magistrature suspendirent cinq mois durant l'exercice du droit de grâce. Le sort de quatre-vingts condamnés resta en suspens, ce qui créait une situation inédite dont la cruauté n'a échappé à aucun observateur. »[69] Cette séquence transitoire contribue à expliquer que Lucien Rebatet et Pierre-Antoine Cousteau,

68. Le 4 août 1947, à 10 heures, le directeur de Fresnes informe Jacques Benoist-Méchin que Vincent Auriol l'a gracié par un décret... du 30 juillet 1947.

69. Bénédicte Vergez-Chaignon, *op. cit.*, pp. 293, 294.

tous deux condamnés le 23 novembre 1946, soient graciés cent quarante et un jours plus tard.

Hormis cette période intermédiaire, les délais dans lesquels la grâce du condamné est éventuellement accordée varient néanmoins de quelques jours à plusieurs mois. Si Henri Béraud est gracié par de Gaulle quinze jours après le verdict, bien d'autres condamnés séjournent dans le couloir de la mort de nombreux mois. Doyen de ces lieux, le comte Armand de Chastenet de Puységur, obscur folliculaire, voit, en juin 1945, sa peine commuée après huit mois d'attente. Certains condamnés à mort bénéficient d'une véritable campagne de soutien et d'une mobilisation à la mesure de leur notoriété[70]. L'expectative de la mort, si elle se prolonge, conduit certains prisonniers à l'acceptation de leur fin à laquelle ils se préparent en véritables retraitants ; à l'exemple de Jacques Benoist-Méchin.

Celui-ci, au terme d'un entretien avec l'un des religieux de la prison, demande à ce dernier : « Faites des vœux, mon père, pour que j'arrive au dépouillement suprême avant la minute finale. Et puis, si vous le voulez bien, allez voir ma mère. Dites-lui que je ferai de mon mieux pour mourir dans des dispositions telles qu'elles n'exigeront plus aucun courage de ma part, puisque ce qui s'accomplira ne sera pas la volonté des autres, mais la mienne. »[71]

Henri Béraud, lui aussi, inaccessible aux secours de la foi, se livre à un opiniâtre travail intérieur, fondé sur une intense figuration, qui le conduit à constater : « L'acceptation du

70. Les cas de Robert Brasillach et de Lucien Rebatet en sont, parmi quelques autres, la meilleure illustration.

71. Jacques Benoist-Méchin, *op. cit.*, p. 442.

néant étonne d'abord, puis engendre une espèce de détachement, qui lui-même détermine une plus facile acceptation. »[72] Se disant prêt à ce néant, il déclare : « Mon entrée parmi les morts satisfera bien plus mes aspirations qu'elle ne mettra le comble à ma résignation. »[73]
À rebours d'Henri Béraud qui, apprenant sa grâce, ne boude pas son retour parmi les vivants, Lucien Rebatet, n'exulte pas et se dit simplement « abasourdi ».
Jacques Benoist-Méchin accuse, quant à lui, une profonde déception. Avisé de sa grâce par le secrétaire général de la Haute Cour, il réagit : « Pour moi c'est un coup terrible. Au moment même où il prononce ces mots, je sens – physiquement – le poids de la vie me retomber sur les épaules. Tout le travail que j'ai effectué sur moi-même, depuis l'instant où un roulement de tambours a retenti dans la salle du Congrès, est réduit à néant. »[74]
Le cas de Bernard Faÿ illustre une variante de cette attitude. En effet, l'ancien administrateur de la Bibliothèque nationale se croyant voué à la mort, notamment en raison de ses activités antimaçonniques, fut, contre toute attente, condamné aux travaux forcés à perpétuité, « ce que, affirme-t-il, je considérais comme pire que la mort. »[75]

Gracié, le condamné, dont la peine est commuée en travaux forcés, est d'abord libéré de ses chaînes, puis conduit au greffe pour y retirer ses effets personnels qu'il n'aurait, autrement,

72. Henri Béraud, *op. cit.*, p. 191.

73. *Ibid.*, p. 209.

74. Jacques Benoist-Méchin, *op. cit.*, p. 461.

75. Bernard Faÿ, *De la prison de ce monde*, *Bulle*, Édition du Sapin vert, 1952, pp. 40-41.

revêtu que pour son ultime voyage. Il a ensuite le droit de se rendre à nouveau au parloir, bonheur insigne ; avant son départ, dans les semaines suivantes, pour quelque centrale. Quant à ceux qui continuent de se morfondre dans le quartier des condamnés à mort, leur vie quotidienne s'étire interminablement, réglée et monotone.

Jean Bocognano, infirmier des condamnés à mort, d'août à octobre 1947, détaille l'emploi du temps quotidien des « Fauves » :

« 7 h 30 : Réveil. Café. Reprise des vêtements [déposés chaque soir, dehors, près de la porte de la cellule]. Courrier départ.
8 heures : Coiffeur.
8 h 30 à 10 heures : Soins médicaux.
10 heures : Distribution régime. Cuisson plats divers.
11 heures : Soupe.
11 h 30 : Cantine personnelle. Courrier arrivé.
13 heures à 16 heures : Promenade.
17 heures : Soupe. Courrier arrivé.
18 heures : Contrôle des cellules, des barreaux et des chaînes. Enlèvement des vêtements. Distribution cigarettes récoltées en étage par brigadier.
20 heures à 22 heures : Soins du soir. Distribution médicaments. Tisane. »

La semaine est marquée le lundi, à 9 heures, par la messe catholique, le mercredi, à 15 heures, par la visite du pasteur, le jeudi à 10 heures par le « changement de linge administration » et le vendredi, à 9 heures, par la douche.

Jean Bocognano ajoute : « Tous les matins – flinguage possible, sauf dimanche. »[76]

76. Jean Bocognano, *op. cit.*, pp. 47-48.

XI

DERNIER VOYAGE

Si l'« on ne fusille pas le dimanche », il advient que l'on exécute la veille de Noël. Le cas de Serge Marongin, parmi d'autres [1], a marqué durablement les détenus. De conviction communiste, déporté à Buchenwald, mais accusé d'avoir livré le réseau Défense de la France, il est fusillé, à 24 ans, le 24 décembre 1946.

La date à laquelle le condamné est passé par les armes est, se persuadent certains, choisie à dessein. Le 5 avril 1947, Pierre-Antoine Cousteau consigne dans son journal : « Ils ne nous ont pas fusillé, ni le Vendredi Saint, ni le Samedi Saint. Ils baissent. D'habitude, ils avaient la coquetterie de faire des flaques de sang les jours de fête. Avec, une aimable impartialité. Le 13 juillet, pour célébrer la prise de la Bastille, et le 24 décembre, pour la Nativité. Ils ont aussi tué le jour

1. Chanoine Jean Popot, *op. cit.*, pp. 161-163.

de l'élection du Président de leur République. Ça aurait été complet avec un carnage du Vendredi Saint. »[2]

L'abbé Popot lui-même, bouleversé par la première exécution, celle d'un jeune garçon, à laquelle il assiste, le 23 mai 1946, confie : « Le 13 juillet suivant – ces dates, veilles de fêtes, religieuses ou nationales, étaient intentionnellement choisies – on fusilla un inspecteur de police. »[3]

Le départ pour Montrouge met un terme à une attente, souvent de plusieurs mois, et parfois même de deux ou trois années. En 1954, un an après le vote de la grande loi d'amnistie, est exécuté un condamné[4], enchaîné depuis trois ans, en faveur duquel l'abbé Popot intercéda auprès de Vincent Auriol.

La dernière aube se lève dans un silence[5] incomparable, qui trahit les jours d'exécution. Un silence sépulcral qui en se prolongeant sonne l'alerte dans toute la division. Et soudain, retentit le claquement en rafale des guichets que referment

2. Pierre-Antoine Cousteau, *En ce temps-là*, Éditions Déterna, 2004, p. 212.

3. Chanoine Jean Popot, *op. cit.*, p. 157.

4. L'exécution de ce condamné, dont l'aumônier de Fresnes ne divulgue pas l'identité, est exceptionnellement tardive. Déjà, la mort, en 1948, un 20 avril, de Jean Bassompierre unanimement estimé, fut pour beaucoup aussi révoltante qu'anachronique.
Le 20 décembre 1949, était fusillé au fort de Montrouge Guy Glèbe de Marcheret d'Eu, qui permit l'arrestation de trente-cinq jeunes résistants abattus, le 16 août 1944, près de la cascade du bois de Boulogne.
L'abbé Popot, aumônier de Fresnes du printemps 1946 à l'hiver 1951, accompagna jusqu'aux fossés de Montrouge quatre-vingts condamnés. « Sur plusieurs femmes condamnées à mort, relève-t-il, je n'en ai conduite qu'une à Montrouge. C'était le 8 juin 1948. » Le 25 janvier 1949, l'exécution d'un prêtre en faveur duquel le cardinal Suhard était intervenu, le marqua particulièrement.

5. « Ce silence anormal qui réveille les dormeurs, plus que le jour, plus que les bruits » note l'auteur anonyme des *Prisons de l'Épuration*, pp. 202-203.

promptement les gardiens au long du couloir de la mort. Puis, des bruits de pas résonnent. Ceux du procureur, des avocats, du directeur de la prison, des gendarmes et du médecin légiste qui se rendent à la cellule du « voyageur pour Montrouge ». L'effroi pétrifie alors chaque condamné qui fixe éperdument sa porte. L'auteur des *Prisons de l'Épuration* rappelle l'attente atroce : « Est-ce moi que l'on vient chercher ? [...] Les minutes sont plus longues que des heures. Ah, ces minutes-là, même s'il est gracié un jour, il les aura vécues comme les morts ! Par elles, à cause d'elles, il aura été exécuté une fois, deux fois et plus. »[6]
Un matin de la fin décembre 1946, Lucien Rebatet s'affole : « Nom de Dieu ça signifiait une exécution. Je me rappelais. Mais je n'arrivais pas à savoir ce que m'avaient dit les gaffes, si l'on fermait tous les guichets, ou un seul, celui du partant. »[7]
L'auteur des *Prisons de l'Épuration*, en 1948, et Lucien Rebatet, en 1953, ont relaté la même et terrible méprise survenue à deux condamnés à l'époque, antérieure à 1946, où les vêtements personnels du condamné étaient, la veille de son exécution, discrètement accrochés par les gardiens près de sa porte : « Les suppliciés de ce matin, explique l'auteur des *Prisons de l'Épuration*, ont des cellules en vis-à-vis. Par le guichet ouvert ils peuvent se voir. Et chacun d'eux a vu le costume et le pardessus pendus au mur, d'en face. Et chacun d'eux respire, soulagé, en pensant : “C'est pour lui. Ce n'est pas pour moi !”[...] On a ouvert simultanément leurs deux cellules, on leur a dit simultanément les

6. *Ibid.*, p. 203.

7. Lucien Rebatet, « On ne fusille pas le dimanche », *Le Crapouillot*, n° 21, 1953, p. 50.

mêmes paroles. Ils sont partis ensemble, trébuchant de l'espoir vaincu à la froide et mortelle réalité. »[8]

Opiniâtrement préparé à son trépas par l'aumônier, le condamné est, l'ultime matin venu, exhorté par les officiels à partir dignement. Le commissaire du Gouvernement prononce alors la formule rituelle : « Ayez du courage. Votre grâce a été refusée : vous allez mourir. »

Le condamné, digne et résolu, prend alors congé de ses voisins.

La division est déjà entrée en communion avec le malheureux.

Avant la fermeture des guichets, un prisonnier, parfois, peut de sa cellule opposée à celle du partant, fixer à jamais la scène du départ.

Pierre Malo note le 9 janvier 1945 : « Paul Chack a été exécuté ce matin. La cellule où, un éternel sourire sur les lèvres, il attendait la mort depuis vingt-deux jours, est située au rez-de-chaussée, face à la mienne. J'ai donc pu assister, à travers l'œilleton, à son départ. Quand j'ai regardé, un groupe d'hommes sombres se tenait, immobile, devant la porte ouverte. [...] Quelques instants après, celui qui allait mourir apparut à son tour. Coiffé d'un béret basque, le cou enveloppé d'un ample foulard, un long fume-cigarette entre les dents, mains gantées... Non ! Je n'oublierai jamais la silhouette de cet homme. Il était d'un calme extraordinaire, d'un calme hautain, impavide, méprisant. »[9]

Paul Chack passant devant le guichet encore ouvert d'Henri Béraud salue celui-ci. Mais, l'auteur du *Martyr de l'obèse*, ensommeillé, cherche vainement ses lunettes. Croyant à la

8. Anonyme, *op. cit.*, p. 204.

9. Pierre Malo, *Je sors du bagne*, pp. 28-29.

libération de cet homme qu'il ne parvient à reconnaître, Henri Béraud félicite alors Paul Chack qui le détrompe. À Henri Béraud Robert Brasillach [10], lui aussi, aurait, en partant le 6 février 1945, crié au revoir.

Jean Bassompierre qui a accueilli les Gardes mobiles avec une sérénité empreinte de dédain, fait ses adieux : « Alors, très calme, il s'approcha de la fenêtre ouverte de sa cellule, et d'une voix forte, il appela un à un, par leur prénom les autres condamnés à mort. Chacun répondait à son adieu. » [11]

Ces départs, dont certains ne manquent pas de panache [12], bouleversent les détenus.

L'exécution, presque à la dérobée, de Pierre Laval, nauséeux et avachi, dans l'enceinte même de la prison, avait soulevé la fureur des prisonniers de la troisième division, témoins, depuis leur fenêtre, de la scène. Une immense vague de protestations se propagea jusqu'à l'infirmerie centrale.

Entre ces condamnés, enchaînés des mois durant, au rez-de-chaussée de la division, et les détenus des étages s'instaure une profonde solidarité.

François Brigneau rapporte ce moment de paroxysme où toute la division semble figée dans l'attente.

« La prison se tait. Elle est aux aguets. Elle attend un cri, celui d'un témoin qui, du premier étage, voit la scène et prévient :

10. Jean Bocognano, *op. cit.*, p. 169.

11. Charles-Ambroise Colin, *op. cit.*, p. 88.

12. Joseph Darnand s'en est allé, le 10 octobre 1945, pour le fort de Châtillon, en chantant dans les couloirs « Ce n'est qu'un au revoir mes frères ». Partant le lendemain pour la même destination, Jean Hérold-Paquis, revêtu de sa chemise bleue du PPF, entonne le chant des Miliciens.

– C'est Untel qu'on emmène.
Alors la division rugit. C'est le charivari dans les cellules. On tape sur les gamelles, les portes et les barreaux. Une grande clameur monte :
– Assassins ! Assassins ! »[13]
Le départ, le 19 août 1946, de sept policiers du SPAC[14] dont la radio, en violation de la loi[15], avait, la veille, annoncé l'exécution, déclencha aussi un déferlement de colère : « Il se déchaîna dans l'immense vaisseau une tempête telle que nous n'en avions jamais entendue et que je ne devais point réentendre : tous les détenus frappèrent dans leurs portes en hurlant :
"Assassins ! Misérables ! Lâches !"
Je me demande encore comment certaines de ces portes ne volèrent pas en éclats. »[16]
La dernière sortie de Jean Bassompierre, se souvient son défenseur Maître Charles-Ambroise Colin, fut aussi des plus tumultueuses : « Alors, tout à coup, un bruit immense s'éleva de la prison. Les poings des détenus faisaient retentir les portes des cellules à travers lesquelles on entendait des

13. François Brigneau, *À Fresnes au temps de Robert Brasillach, Mes derniers cahiers, troisième série, n° 4*, p. 42.

14. Service de Police Anticommuniste

15. La publication par voie de presse de toute indication, de tout document relatif à l'exécution est interdit par la loi de 1939, article 378, alinéa 3 du Code d'instruction criminelle. L'exécution de Darnand, fusillé le 10 octobre 1945, avait été annoncée, par voie de presse, pour le 9 octobre ! Les cas les plus retentissants font souvent, par voie de presse, l'objet d'annonces intempestives ou erronées. « Plusieurs journaux avaient annoncé notre exécution imminente, et dans la prison presque tout le monde la tenait pour certaine ce soir-là. » Lucien Rebatet, *Les Mémoires d'un fasciste, II, 1941-1947*, Pauvert, 1976, p. 254.

16. Chanoine Jean Popot, *op. cit.*, p. 159.

hurlements, des adieux, et aussi des cris de vengeance pour une mort si injuste. »[17]

Le condamné, libéré de ses chaînes aux pieds, mais menotté, parfois accompagné de son défenseur, l'aumônier et quelques gardes prennent place dans le fourgon cellulaire stationné dans la cour principale de la prison, en bas de l'escalier, où attendent dans leurs véhicules les officiels et les motards de l'escorte policière. Le convoi gagne le fort de Montrouge ou de Châtillon en quelque vingt minutes.

Vingt minutes le plus souvent d'une ultime confession et de prières ferventes avec le prêtre.

À l'arrivée dans le fort, le cours des choses paraît se précipiter. Voici, après quelques pas, la butte de tir et le poteau, auquel le condamné, après d'ultimes embrassades, est promptement ligoté.

Face à lui, et si proche, le peloton d'exécution. « Ce qui me frappe, moi, c'est l'effrayante proximité du peloton au poteau, un mètre cinquante à deux mètres[18]. Douze fusils à bout portant sur deux rangs de six »[19] constate, épouvanté, le père Raymond Léopold Bruckberger qui assiste Joseph Darnand. Bientôt retentit le feu de salve, puis la détonation du coup de grâce. Le décès constaté par le médecin légiste, qui fut longtemps le docteur Paul, le corps est placé dans une bière, puis emporté au cimetière de Thiais-Parisien. Après à nouveau vingt minutes de trajet, le fourgon mortuaire et le service d'ordre pénètrent, de grand matin, dans la nécropole aux allées encore désertes. Le voyage s'achève au carré des

17. Charles-Ambroise Colin, *op. cit.*, p. 88.

18. Xavier Vallat évoque, à propos de l'exécution de Robert Brasillach, la distance réglementaire de six pas, soit environ deux mètres.

19. Raymond-Léopold Bruckberger, *Nous n'irons plus au bois*, p. 63.

suppliciés, un espace aux allures de friches. Quelques soldats, l'arme au pied, attendent. « Devant eux, le trou était creusé, honteusement, loin des autres tombes. On y descendait le cercueil qui, durant le trajet, s'était teinté de sang. Parfois les planches en étaient tout imprégnées. [...] Le supplicié n'avait droit à aucun signe distinctif, ni croix ni tumulus. Il était enfoui, non enterré. »[20]

Des repères permettent cependant à la famille de retrouver le défunt et de le faire inhumer plus tard en des lieux plus dignes[21].

« Darnand, se souvient son neveu Henry Charbonneau, fut enterré au carré des condamnés à mort du cimetière de Thiais. En octobre 1950, à ma sortie de captivité, je le fis exhumer et assistais au transfert de son corps dans une humble tombe du même cimetière. »[22]

En 1957, sa dépouille mortelle fut à nouveau exhumée pour être mise en terre au cimetière des Batignolles.

Les absents laissent les vivants, las et mélancoliques, à la monotonie de leur existence. La vie de la prison, un moment suspendue par ces départs à la mort, a repris son cours, ponctuée de ses bruits quotidiens qui la découpent aussi sûrement qu'une horloge.

20. Jean Popot, *op. cit.*, p. 155.

21. La dépouille de Robert Brasillach connut aussi une translation en trois temps. « François Mauriac avait obtenu du préfet de police que le corps de Robert pût être transféré du cimetière de Thiais où il était inhumé dans le carré des condamnés. J'achetai une concession au cimetière du Père-Lachaise. On fit ce transfert au petit matin à la fin du mois d'avril. Plus tard, le corps de Robert fut inhumé, selon la volonté qu'il en avait exprimée, au cimetière de l'église de Charonne, où il repose actuellement. » (Maurice Bardèche, *Souvenirs*, Buchet-Chastel, 1993, pp. 206-207.)

22. Henry Charbonneau, *op. cit.*, p. 299.

Les « extractions », dès 5 heures du matin, pour le Palais de justice ou la rue Boissy d'Anglas, inaugurent la journée. Un peu plus tard, des sous-sols s'élèvent en grinçant, comme d'une machinerie de navire, les monte-charges acheminant le jus du matin, les wagons ferraillent sur les rails des coursives, les clefs fourragent dans les serrures, les semelles à clous gémissent... Les portes s'ouvrent, les détenus s'ébrouent, puis conversent le temps de la distribution. D'autres en profitent pour s'interpeller de fenêtre en fenêtre. Peu après la distribution du viandox matinal, résonnent les premiers appels des aboyeurs pour « aller à l'avocat ». Suivent les coups de pied dans chaque porte pour la levée du courrier, relever les demandes de soins, annoncer la sortie pour la promenade, les multiples déplacements à l'intérieur de la division mais aussi, durant les mois d'hiver, le martèlement obstiné des prisonniers frigorifiés, et en toute saison, le raclement obsédant des chaînes. Aux lisières de ce monde enclos, d'autres sons, d'autres bruits, ceux de la vie du dehors, jeux et cris des enfants de gardiens, jappements de chiens, ronflements de moteur, avivent douloureusement la peine des reclus. Le chant du coq, le clocher de l'église de Rungis, et au début du printemps la note entêtante du coucou soulignent le caractère encore champêtre du cadre immédiat de la prison. « J'aperçois, écrit en 1944 Robert Brasillach, depuis sa cellule du troisième étage, la campagne rousse de l'automne, la ligne des collines, le lycée Lakanal au loin, et le parc de Sceaux. »[23] Aux portes de l'établissement pénitentiaire se déploie un monde presque géorgique dont certains prisonniers captent une image. En se rendant à l'office du matin, Robert Car-

23. Robert Brasillach, *Écrit à Fresnes*, « Lettre à un soldat de la classe 60 », Plon, 1967, p. 132.

dinne-Petit aperçoit par une fenêtre de la prison un paysan, l'outil à l'épaule, cheminant dans la quiétude de la campagne baignée de la lumière de l'aube.

La ville et ses bruits dessinent autour de Fresnes un autre périmètre. Trois ans après Brasillach, Georges Lupo, détenu également au troisième étage de la première division, décrit son horizon : « Au-delà des deux murs d'enceinte encerclant le passage de ronde, une maison de briques claires, celle du surveillant-chef. Puis la campagne, quelques pavillons. À ma droite, un terrain de sport, celui de la Croix-de-Berny. Dans le lointain, Robinson et ses guinguettes vides, des bois, des champs et le métro aérien dont on perçoit de temps à autre le roulement sourd. »[24] Jean Hérold-Paquis, lui aussi, évoque durant son bref séjour au rez-de-chaussée de la première division, le « roulement proche du métro ».

Chaque dimanche, parviennent du vélodrome de la Croix-de-Berny les acclamations du public, les résultats tonitrués par haut-parleur et portés par le vent. Les prisonniers de Fresnes, situé entre les aéroports de Villacoublay et Orly, écoutent aussi, dans le silence nocturne, le bourdonnement lointain des avions.

Douce et douloureuse musique d'une vie libre si cruellement proche.

La sortie

Pour les épurés restés à Fresnes, le grand jour, cependant, advient après quelques mois de détention ; soit en raison d'un classement du dossier, d'une libération conditionnelle, d'une grâce médicale ou à l'expiration de la peine prononcée.

24. Georges Lupo, *op. cit.*, p. 39.

Qu'il soit averti par son avocat de son prochain élargissement ou en subodore l'imminence, le détenu est toujours saisi par l'annonce abrupte de sa libération. Celle-ci lui est intimée par un gardien qui faisant irruption dans la cellule lance aussi laconiquement que péremptoirement : « X, liberté immédiate ! »

L'intéressé distribue alors à ses voisins de paillasse, dont certains lui confient une lettre, ses provisions et quelques menus objets personnels. Quittant après bien des effusions ses compagnons d'infortune qui lui ont préparé sa valise, il est conduit à la fouille pour y retirer papiers, montre, portefeuille et clefs. Il signe le registre de décharge puis rend sa gamelle et sa cuillère. On le mène ensuite au greffe pour la levée d'écrou. Après avoir encore signé, il appose ses empreintes. Son argent et sa carte d'alimentation lui sont restitués avant une dernière signature. Enfin, on lui délivre son bulletin de sortie, une feuille bleue indiquant notamment ses nom et prénom ainsi que la date d'écrou, celle de son élargissement et sa destination au sortir de Fresnes.

La grande grille franchie, une certaine griserie le gagne.

Le voici à présent sur le perron.

Une dernière cour à traverser, puis la liberté recouvrée aux côtés de l'épouse ou de la mère... !

À peine dehors, Jean Bocognano et un camarade de détention traversent le boulevard de la Liberté pour se désaltérer au *Bon accueil*[25].

Comme pour Mary Marquet, un chauffeur particulier attend Sacha Guitry à sa sortie. Mais le comédien a le

25. À son arrivée à Fresnes, en mai 1946, l'abbé Jean Popot évoque le bar-tabac à l'enseigne *Ici, mieux qu'en face.*

front de s'enquérir de l'arrivée de sa voiture auprès d'un gardien. L'échange entre les deux hommes est savoureux : « Non, sans blague, vous croyez qu'il y a des voitures à la porte pour attendre les clients ?
– Comment voulez-vous que je rentre chez moi ?
– Par le métro, comme tout le monde, tiens pardi ! Il lui faut une voiture, à celui-là ! »[26]
C'est en effet en métro que le commun des épurés regagne Paris.
Alfred Fabre-Luce, libéré un 25 novembre 1944, note : « Nous avons pris le métro, plein de catherinettes, qui chantaient sous des coiffures extravagantes. »[27]
Étourdi lui aussi par ce retour soudain à la vie extérieure, Claude Jamet se souvient : « [...] Je me suis retrouvé avec mon balluchon près de moi, dans un métro de rêve – ligne de Sceaux –, plein de lumières, de soldats en kaki et de sourires de femmes... »[28]

Ils sont quinze, la moitié de nos témoins, à regagner ainsi leurs pénates après quelques mois d'incarcération. Quant aux autres, ils partiront bientôt de Fresnes, en convois, enchaînés et menottés, deux à deux, pour entrer dans ce monde de rigueur expiatrice, implacablement déshumanisante, la Centrale.

26. Sacha Guitry, *op. cit.*, pp. 660-661.
27. Alfred Fabre-Luce, *Double prison*, p. 240.
28. Claude Jamet, *op. cit.*, p. 239.

Bibliographie sélective

Jean-Pierre Abel (René Château), *L'Âge de Caïn.* Premier témoignage sur les dessous de la libération de Paris, Paris, Les Éditions nouvelles, 1948.

Henri Amouroux, *La grande histoire des Français après l'occupation. Les règlements de comptes. La page n'est pas encore tournée. Septembre 1944-octobre 1945*. Éditions Robert Laffont, coll. « Bouquins », 1999.

Arletty, *La Défense*, La Table Ronde, 1971.

Robert Aron, *Histoire de l'épuration*, 5 vol., Paris, Fayard, 1969-1977.

Arouet, *Voyage en Absurdie*, Éditions du Soleil, Bruxelles, 1946.

Pierre Assouline, *L'épuration des intellectuels*, Bruxelles, Éditions Complexe, 1990.

René Bail, *Les croix de Monseigneur de Mayol de Lupé*, Irminsul éditions, 2002.

Maurice Bardeche, *Lettre à François Mauriac*, La Pensée Libre, 1947.

Jean Bassompierre, *Frères ennemis* (texte posthume), Paris, Amiot-Dumont, 1948.

Jacques Benoist-Mechin, *À l'épreuve du temps*, 1940-1947, T. II, Paris, Julliard, 1989.

Henri Beraud, *Quinze jours avec la mort, La Chasse au lampiste*, Plon, 1951.

René Biard, *Bagnards en culottes courtes*, La Table Ronde, 1968.

René Biard, *Maffia en taule*, La Table Ronde, 1969.

Jean Bocognano, *Quartier des fauves. Prisons de Fresnes*, Paris, Éd. du Fuseau, 1953.

Philippe Bourdrel, *L'épuration sauvage*, t. 2, 1944-1945, Perrin, 1991.

Pierre Bourget, *Paris 44*, Plon, 1984.

Robert BRASILLACH, *Poèmes de Fresnes*, Louvain, 1946.

Robert BRASILLACH, *Lettres écrites en prison*, Les Sept couleurs, 1952.

Robert BRASILLACH, *Écrit à Fresnes*, Plon, 1967.

François BRIGNEAU, *À Fresnes au temps de Robert Brasillach*, 1, Publications F B, Mes derniers cahiers, Troisième série, 1994.

Alain BROSSAT, *Les tondues. Un carnaval moche*. Éditions Manya, 1992.

Raymond-Léopold BRUCKBERGER, *Nous n'irons plus au bois*, Amiot-Dumont, 1948.

Marie-José BRUNET, *L'Aube sanglante de Montrouge*, Paris, La Pensée universelle, 1981.

Henri CALET, *Les murs de Fresnes*, 1945, Viviane Hamy, 1993.

Robert CARDINNE-PETIT, *Les otages de la peur*, Les Éditions Nouvelles, 1948.

Marie CHAIX, *Les Lauriers du Lac de Constance*, Éd. du Seuil, 1974.

Henry CHARBONNEAU, *Les Mémoires de Porthos*, t. II, Éd. du Clan, 1969 ; rééd. La Librairie Française, 1981.

Charles Ambroise COLIN, *Sacrifice de Bassompierre*, Amiot-Dumont, 1948.

Lucien COMBELLE, *Prisons de l'espérance*, ETL,1952.

Lucien COMBELLE, *Péché d'orgueil*, Olivier Orban, 1978.

Lucien COMBELLE, *Liberté à huis-clos*, Paris, Éd. de la Butte aux Cailles, 1983.

Henri COSTON, « Le Livre noir de l'Épuration », n° 89-90 août-septembre 1964 de *Lectures Françaises*.

Pierre-Antoine COUSTEAU, *Les lois de l'hospitalité*, La Librairie Française, 1957.

Pierre-Antoine COUSTEAU, *En ce temps-là*, Paris, La Librairie Française, 1959.

Pierre-Antoine COUSTEAU et Lucien REBATET, *Dialogue de "vaincus"*, Paris, Berg international, 1999.

DÉFENSE DE L'OCCIDENT : « L'Épuration », n° 39-40 spécial, janvier-février 1957.

Abbé DESGRANGES, *Les crimes masqués du résistantialisme*, Édition de l'Élan, 1948.

Serge DUMARTIN, *Dialogue de la solitude*, Paris, Gallimard, 1954.

Claude ELSEN, *Accusé et témoin*, La Table Ronde, 1949.

L'Épuration, arme politique, Défense des Libertés Françaises, 1947.

René ÉTIEMBLE, *Littérature dégagée, 1942-1953*, Gallimard, 1979.

Alfred FABRE-LUCE, *L'ENFERMÉ*, L'AUTEUR, 1945.

Alfred FABRE-LUCE, *Au nom des silencieux*, L'auteur, 1945.

Alfred FABRE-LUCE, *Double prison*, L'auteur, 1946.

Bernard FAY, *De la prison de ce monde*, Bulle, Éd. du Sapin vert, 1952.

Jean GALTIER-BOISSIERE, *Mon Journal depuis la Libération*, La Jeune Parque, 1945.

Jean GALTIER-BOISSIERE, *Mon Journal pendant la grande pagaïe*, La Jeune Parque, 1950.

José GERMAIN, *Mes catastrophes, souvenirs*, La Couronne Littéraire, 1948.

Sacha GUITRY, *Soixante jours de prison*, L'Élan, 1949.

Pierre HAMP, *L'Éternel*, Éditions Self, 1948.

Noémi HANY-LEFEBVRE, *Six mois à Fresnes*, Flammarion, 1946.

HARY-MITCHELL, *Les massacres de septembre 1944*, NEL, 1959.

Abel HERMANT, *Le treizième cahier, rêveries et souvenirs d'un philosophe proscrit*, Amiot-Dumont, 1949.

Des illusions! Désillusions! Mémoires de Jean Hérold-Paquis (texte posthume), Genève, Bourgoin, 1948.

Sisley HUDDELSTON, *Terreur 1944, témoignage d'un embastillé*, Éditions de la Couronne, 1947.

Yves-Frédéric JAFFRE, *Les tribunaux d'exception*, Paris, Nouvelles Éditions Latines, 1963.

Claude JAMET, *Fifi roi*, L'Élan, 1948.

Claude JAMET, *Le Rendez-vous manqué de 1944*, Paris, France-Empire, 1964.

Dominique JAMET, *Notre après-guerre. Comment notre père nous a tués*, Paris, Flammarion, 2003.

Marcel JOUHANDEAU, *Journal sous l'Occupation*, Gallimard, 1980.

Le Crapouillot, « À bas les prisons », n° 21, 1953.

Lise LAMARRE, *Prisons folles*, Paris, La maison des écrivains, 1949

Christian de LA MAZIÈRE, *Le rêveur casqué*, Paris, Robert Laffont, 1972.

François LEHIDEUX, *De Renault à Pétain*, Pygmalion, 2001.

Laurent LEMIRE, *L'Homme de l'ombre. Georges Albertini*, Paris, Balland, 1990.

Herbert LOTTMAN, *L'Épuration, 1943-1953*, Paris, Fayard, 1986.

Georges LUPO, *Levée d'écrou*, Paris, André Bonne, 1948.

Pierre MALO, *Je sors du bagne*, Paris, L'Élan, 1948.

Mary MARQUET, *Cellule 209*, Librairie Arthème Fayard, 1949.

Geneviève MAUGIS, *Mon demi-frère Robert Brasillach*, suivi de *Il fallait bien vivre quand même*, Paris, La Pensée universelle, 1981.

Jean MAULOY, *Les nouveaux saigneurs*, Paris, Éd. de la Balance, 1948.

Claude MAURIAC, *Un autre de Gaulle, Journal 1944-1954*, Hachette, 1970.

Jean MAZE, *Le Système*, s. l. Ségur, 1951.

Les Morts vivants, Défense des Libertés françaises, 1947.

Romain MOTIER, *Traité de la délation*, Imprimerie nouvelle, 1947.

Romain MOTIER, *Traité de l'intolérance*, Éditions de la Couronne, 1948.

Albert NAUD, *Pourquoi je n'ai pas défendu Pierre Laval*, Paris, Fayard, 1948 ; *Les défendre tous*, Paris, Robert Laffont, 1973.

Patrie... tu n'es qu'un mot par X bagnard (20 ans de travaux forcés), Les Actes des Apôtres, 1947.

Peter NOVICK, *L'épuration française, 1944-1949*, Éditions Balland, 1985.

Jean PAULHAN, *De la paille et du grain*, Gallimard, 1948.

Jean PAULHAN, *Lettre aux directeurs de la résistance (1951), suivi des répliques et des contre-répliques*, Pauvert, Libertés Nouvelles, 1968.

Marcel PEYROUTON, *Du service public à la prison commune*, Paris, Plon, 1950.

Abbé Jean POPOT, *J'étais aumônier à Fresnes*, Paris, Perrin, 1962.

PELVOUX, *Le silence amer*, 1947.

Denis PESCHANSKI, *La France des camps. L'internement, 1938-1946*, Paris, Gallimard, 2002.

Général Amand PINSARD, *Du ciel à l'enfer*, Irminsul éditions, s. l. s. d.

Documents sur ce temps. Prisons de l'épuration. (l'épuration vécue : Fresnes 1944-1947), Paris, Le Portulan, 1948.

Dominique PONCHARDIER, *Les pavés de l'enfer*, Gallimard, 1953.

Jean QUÉVAL, *Première page, cinquième colonne*, Librairie Arthème Fayard, 1945.

Philippe RANDA, *Dictionnaire commenté de la Collaboration française*, Jean Picollec, 1997.

Lucien REBATET, *On ne fusille pas le dimanche*, « Crapouillot » ; n° 21, 1953

Lucien REBATET, *Lettres de prison adressées à Roland Cailleux, 1945-1952*, Paris, Le Dilettante, 1993.

Pierre RIGOULOT, *Les Enfants de l'épuration*, Paris, Plon, 1993.

RIO (Ralph Soupault) *Fresnes, reportage d'un témoin*, Paris, Éd. de la Couronne, 1947.

Jean-Pierre RIOUX, *La France de la Quatrième République*, 1, « L'ardeur et la nécessité (1944-1952) », Éditions du Seuil, 2002.

Jean-Pierre RIOUX, *L'épuration en France (1944-1945)*, « L'Histoire » n° 5, octobre 1978.

Philippe SAINT-GERMAIN, *Article 75*, Bureau d'études et de publications sociales, 1951.

Philippe SAINT-GERMAIN, *Les Prisons de l'Épuration (Article 75)*, La Librairie Française, 1975.

SAINT-PAULIEN, *Histoire de la Collaboration*, L'Esprit nouveau, 1964.

SERVUS JURIS, *Lettre ouverte à Messieurs les présidents des Cours de Justice*, Paris, André Bonne, 1948.

Pierre TAITTINGER, *... Et Paris ne fut pas détruit*, L'Élan, 1948.

André THERIVE, *La littérature clandestine sous la IVe République*, Écrits de Paris, janvier 1949.

Louis TRUC, *La ballade de la geôle de Fresnes*, Ateliers Flaguière, 1945, Rééd. Le Troll, 1964.

Bernard ULLMANN, *Lisette de Brinon, ma mère, Une Juive dans la tourmente de la Collaboration*, Éditions Complexe, 2004.

Xavier VALLAT, *Feuilles de Fresnes, 1944-1948*, Aubenas, Imprimerie Lienhart, 1971

Dominique VENNER, *Histoire de la collaboration*, Pygmalion-Gérard Watelet, 2000.

Jeannine VERDES-LEROUX, *Refus et violences. Politique et littérature à l'extrême droite des années trente aux retombées de la Libération*, Paris, Gallimard, 1996.

Bénédicte VERGEZ-CHAIGNON, *Vichy en prison, Les épurés à Fresnes après la Libération*, Gallimard, 2006.

Jean-Claude VIMONT, *La prison. À l'ombre des hauts murs*, Paris, Gallimard, 2004.

Olivier WIEVIORKA, *Les mécanisme de l'épuration*, « L'Histoire », numéro spécial, n° 179, juillet-août 1994.

Table des matières

Deuxième partie
Fresnes

Cet ouvrage a été imprimé en France par

CPI BUSSIÈRE

à Saint-Amand-Montrond (Cher)
en janvier 2011

N° d'impression : 103838/1
Dépôt légal : janvier 2011